Receitas para dormir bem

Dr. EDUARD ESTIVILL
Dra. MIRTA AVERBUCH

Receitas para dormir bem

Tradução
ELZA MARIA GASPAROTTO

wmf martinsfontes
SÃO PAULO 2009

1ª edição *2009*

Tradução
ELZA MARIA GASPAROTTO

Preparação
Renato da Rocha Carlos
Maria Luiza Favret
Acompanhamento editorial
Luzia Aparecida dos Santos
Revisões gráficas
Sandra Regina Fernandes
Ana Maria de O. M. Barbosa
Produção gráfica
Geraldo Alves
Paginação/Fotolitos
Studio 3 Desenvolvimento Editorial

Dados Internacionais de Catalogação na Publicação (CIP)
(Câmara Brasileira do Livro, SP, Brasil)

Estivill, Eduard
Receitas para dormir bem / Eduard Estivill, Mirta Averbuch ; tradução Elza Maria Gasparotto. – São Paulo : Editora WMF Martins Fontes, 2009.

Título original: Recetas para dormir bien.
ISBN 978-85-7827-097-1

1. Sonhos 2. Sono 3. Sono – Distúrbios I. Averbuch, Mirta. II. Título.

CDD-616.8498
09-01535 NLM-WM 188

Índices para catálogo sistemático:
1. Sono : Distúrbios : Medicina 616.8498

Rua Conselheiro Ramalho, 330 01325-000 São Paulo SP Brasil
Tel. (11) 3241.3677 Fax (11) 3101.1042
e-mail: info@wmfmartinsfontes.com.br http://www.wmfmartinsfontes.com.br

A você que não consegue (ou a quem não deixam) dormir

Sumário

Introdução

A cozinha do sono

Algumas pessoas provocam inveja em nós: nada, absolutamente nada, lhes tira o sono. Aconteça o que acontecer, vão felizes para a cama, dormem profundamente e pela manhã levantam bem-dispostas e relaxadas. Essas pessoas certamente têm seus problemas e preocupações, como todos nós, mas por alguma misteriosa razão não se deixam afetar por eles. Pelo menos, não na hora de dormir.

É como se tivessem o dom de saber dormir bem, ou como se alguém lhes tivesse ensinado um truque, um remédio infalível, cujo segredo só alguns privilegiados conhecem.

Sem dúvida, *Receitas para dormir bem* não foi elaborado para esses felizardos. Este livro destina-se a pessoas que têm dificuldade para dormir (e elas são cada vez mais numerosas!) e também às que, mesmo dormindo bem, desejam melhorar a qualidade de seu sono ou prevenir-se contra situações ou etapas da vida que possam "roubar" esse sono.

Ao falar de distúrbios do sono, logo se pensa no insone crônico, naquele que pôs em prática todos os conselhos de parentes e amigos: o banho relaxante, o copinho de leite... Até contou carneirinhos! Mas nada funcionou. Agora tem receio do momento de deitar e procura adiá-lo ao máximo. Amanhã terá de levantar na mesma hora de sempre, mas não importa: melhor esperar e depois dormir um pouco do que não dormir nada. Está nervoso e cansado, mas tem esperança de que, com o passar das horas, fique esgotado. Então, se tudo correr bem, ele irá desabar na cama e só acordará no dia seguinte. Caso contrário, se mais uma vez ficar rolando na cama sem conseguir dormir, tomará uma medida radical: voltará a tomar comprimido para dormir. Amanhã será outro dia...

A insônia é um transtorno grave, mais comum do que seria desejável, e por isso vamos falar dela neste livro. Mas os problemas do sono não se reduzem à insônia. Vamos primeiro ao outro extremo, para ver se você se identifica com a situação descrita a seguir.

Jamais em sua vida você tinha sentido dificuldade para pegar no sono. Na adolescência, era daqueles que acordavam por último, principalmente no fim de semana. Mas, de uns tempos para cá, isso mudou. Você ficou mais sensível ao barulho da rua e dos vizinhos. Tem preocupações no trabalho e não consegue deixar de pensar nelas quando cai na cama. De manhã, levanta sonolento. Sabe que descansou pouco, mas ouviu dizer que, quando ficamos mais velhos, dormimos menos, então se conforma.

A grande maioria dos adultos, em algum momento de sua vida, esteve numa situação ao menos parecida com essa. Seja por motivos pessoais (estresse, ansiedade, uma época de mudanças, um novo horário de trabalho), seja por motivos alheios (barulho da rua, roncos do companheiro, um bebê que nos acorda a cada três horas), de repente nos damos conta de que reduzimos nossas horas de sono e começamos a levantar sonolentos, cansados e, em alguns casos, muito mal-humorados.

Como especialistas em medicina do sono, constatamos essa realidade diariamente no consultório: em nossa sociedade, a grande maioria das pessoas descansa pouco, e mal. E esperamos que isso não nos afete durante o dia! É um problema do qual se fala relativamente pouco, mas ele existe. O importante é saber que podemos atenuá-lo. Seja qual for nossa idade, não há motivo para renunciar ao prazer de dormir bem e desfrutar um descanso profundo e reparador. Além disso, se solucionarmos esse problema adequadamente, poderemos evitar que volte a ocorrer, ou o que seria pior, que essas alterações do sono acabem resultando em um mal crônico.

Há uma infinidade de pequenos e grandes transtornos do sono, e até os que se gabam de ser dorminhocos já sofreram de um desses transtornos em alguma ocasião. Quem já não passou uma noite inteira sem pregar o olho? Quem já não perdeu o sono porque na manhã seguinte tinha uma prova, ou uma importante entrevista de trabalho, ou ia casar? Quem, ao voltar das férias, não demora a se acostumar a levantar cedo de novo? Outro exemplo muito simples: se você já fez um voo intercontinental, deve ter uma ideia do que é o *jet lag* (se não tiver, vamos explicá-lo no livro... e também vamos dizer como diminuir seus efeitos).

Com exceção dos transtornos mais graves, que sempre requerem a consulta ao especialista, nós mesmos poderíamos resolver muitas dessas situações. Ou pelo menos é isso que desejamos que você consiga fazer depois de ler este livro, porque nosso objetivo é:

- Ajudar você a reconhecer e solucionar – e até prevenir – os problemas de sono mais comuns.
- Ensinar você a dormir bem de novo, para que controle seu sono e não seja controlado por ele – ou melhor, pela falta dele.
- Prolongar seu descanso noturno, para que possa aproveitar melhor os dias. Embora não possamos resolver suas preocupações por você, com algumas horas a mais de sono e a cabeça desperta pela manhã as coisas tornam-se mais claras e fica mais fácil encontrar soluções para os problemas.

Sobretudo, queremos que você recupere o prazer de dormir, que volte a ter todo dia um bom e merecido descanso. Isso não tem preço e é possível em qualquer idade.

Um dom de poucos privilegiados

Bem, e como pretendemos conseguir tudo isso que prometemos? Para começar, derrubando alguns mitos.

No início desta introdução, falamos dos poucos "privilegiados" que têm um "dom" para dormir esplendidamente. Cai por terra o primeiro mito! Dormir bem não é nenhum dom. Não é algo que uma fada madrinha concede ou nega a alguém. Tampouco um maravilhoso presente do céu (embora, para um insone, possa parecer).

Dormir é uma necessidade vital, que nosso corpo e nossa mente exigem de nós. Isso, todos sabemos. O que às vezes esquecemos é que dormir bem é um hábito, que tentamos ensinar a nossos filhos. São algumas regras e rotinas que também aprendemos desde pequenos. De tanto praticá-las e repeti-las, nosso cérebro acabou incorporando-as de forma automática. Se começamos a mudar essas rotinas ou as abandonamos, com o tempo perdemos esse hábito.

Todos nós, e não só alguns poucos "privilegiados" (cai o segundo mito!), podemos aprender ou recuperar o hábito de dormir bem. Todos, sem exceção, temos a capacidade e as ferramentas para conseguir isso. Alguns as utilizam de forma automática, inconsciente, desde quando foram ensinados. Outros precisarão recordá-las ou aprendê-las a partir do zero e depois praticá-las até que seu cérebro e seu corpo as assimilem. Para alguns, isso levará pouco tempo; para outros, custará um pouco mais, mas no final o sucesso é garantido.

É como andar de bicicleta. Se ficamos anos sem praticar, ao recomeçar, os primeiros minutos são difíceis, e pensamos: "Como pude esquecer?" Depois de alguns instantes, já estamos pedalando e dispostos a dar um pequeno passeio. Possivelmente, após alguns dias, estaremos preparados para um longo trajeto.

É questão de vontade e de prática. A capacidade, você tem. Não duvide. As ferramentas, nós lhe forneceremos. São nossas "receitas".

As receitas de suas noites

"Doutor, não consigo dormir" – esta é a queixa mais comum dos pacientes que procuram nosso consultório. Ouvimos o paciente com atenção, analisamos seu caso, emitimos um diagnóstico e damos algumas instruções para solucionar o problema. Podemos não fazer uma prescrição médica usual, do tipo "dois comprimidos de XXX a cada oito horas", mas não deixamos de fornecer a nossa "receita".

Embora cada caso seja único, depois de tratar milhares de pacientes com transtornos de sono e de falar com outras pessoas que não têm esse problema, sabemos que alguns "ingredientes" funcionam com todo o mundo. Cada um precisará adaptar ligeiramente a receita a seus gostos e necessidades, mas os ingredientes básicos estão ali. São sempre os mesmos.

Agora, vamos nos distanciar por um momento da medicina e entrar num campo mais apetitoso: o de outras receitas, as da culinária. Para ser um grande *chef*, é preciso estudar, praticar muito, conhecer e ter à mão os melhores ingredientes e – neste caso, sim! – ter um dom. No entanto, não é necessário ser um *chef* premiado com três estrelas do guia Michelin para preparar um prato maravilhoso, capaz de surpreender a família ou os amigos, se temos uma boa receita e estamos dispostos a segui-la.

Na primeira vez, talvez o prato não fique bom. Aliás, pode ser que ele saia bem ruim, embora tenhamos seguido as instruções ao pé da letra e utilizado bons ingredientes. Então, temos duas possibilidades: ou jogamos fora a receita e nos esquecemos dela (e ficamos com água na boca), ou experimentamos repeti-la. Vale a pena tentar de novo, pois todos sabemos, e o melhor *chef* confirmaria isto, que cozinhar é questão de prática.

De tanto repetir a receita que nos desafiava, usando os ingredientes corretos, de qualidade e na medida exata, o resultado vai ser cada vez melhor! E chegará um dia em que saberemos prepará-la de cor. Então, poderemos tomar a liberdade de introduzir variações, para adaptá-la um pouco mais a nosso gosto. De qualquer modo, não mudaremos os ingredientes básicos. Sem eles, não poderíamos obter nosso saboroso prato.

Como especialistas em medicina do sono, nós, autores deste livro, queremos que as pessoas passem a ter um ótimo descanso. Conhecemos os ingredientes necessários para que durmam bem e sabemos como combiná-los, e os apresentaremos em algumas receitas simples e práticas, uma para cada ocasião, para que aprendam a prepará-las sozinhas. Somos quase como os "*chefs* do sono".

São "receitas", não fórmulas mágicas ou infalíveis. Como acontece quando se prepara um prato novo, alguns se sairão bem logo de início, outros levarão um pouco mais de tempo. Mas, com persistência e paciência, de tanto praticar e repetir essas receitas, o efeito desejado será conseguido. A experiência – e a repetição – ensinará a acrescentar o que falta e tirar o que sobra, para adaptá-las a gostos e necessidades específicos.

No fim, cada um encontrará um método próprio para dormir, uma rotina pessoal que lhe proporcionará o melhor dos descansos – mantendo, porém, sempre é bom lembrar, os ingredientes básicos. Para dar um exemplo muito simples: se você sofre de insônia e deseja superá-la, entre os "ingredientes" de nossa receita encontrará a redução de bebidas estimulantes, como o café. Se você tem o costume de tomar oito xícaras de café por dia e nos garante que isso não lhe causa problemas, só nos resta responder com outra pergunta: você se atreveria a fazer um risoto... sem arroz?

Se você custa a pegar no sono; se dorme poucas horas ou não prega o olho a noite inteira; se levanta cansado todo dia; se você ou seu companheiro roncam; se você teve um bebê; se trabalha no turno da noite ou acorda às quatro da manhã e não consegue voltar a dormir... neste livro você encontrará as receitas para resolver essas e muitas outras situações. Elas indicarão desde como organizar um quarto que convide a dormir até como acabar com a insônia que tanto preocupa você.

Encontrar soluções para nossos problemas de sono pode mudar nossa vida. Esperamos que você as encontre neste livro.

DR. EDUARD ESTIVILL e DRA. MIRTA AVERBUCH
Barcelona e Buenos Aires, novembro de 2005

Antes de começar... Receita para ler este livro

Nosso desejo é que este livro seja um manual de consulta útil a toda a família. Embora ofereça soluções principalmente para os transtornos do sono dos adultos, também contém "receitas" para a criança da casa, o adolescente e o avô.

Na primeira vez, se quiser, você poderá lê-lo na sequência, do princípio ao fim, para ter uma visão geral do assunto. No entanto, pode ser, por exemplo, que você não tenha filhos ou que eles já estejam bem crescidos, e, por isso, as partes que tratam do sono de bebês e adolescentes não lhe interessem muito. Então, pule-as! Queremos que este livro seja realmente útil, que lhe ensine algumas coisas sobre o sono e, sobretudo, que ajude você a se concentrar em *seus* problemas.

Para selecionar os capítulos e "receitas" que lhe interessam mais, o melhor é verificar primeiro o sumário. Você verá que o primeiro capítulo responde a perguntas habituais que todos nós fazemos e o último trata dos distúrbios do sono mais graves. Os demais estão organizados por temas e grupos de idade. Você poderá então escolher os capítulos que deseja ler a fundo agora e aqueles em que dará uma rápida espiada e depois "guardará na geladeira", para o caso de algum dia precisar deles.

Uma advertência: apesar de não haver duas "receitas" iguais, os "ingredientes" são quase sempre os mesmos, apenas ajustados a cada circunstância. Se você pretende ler todas de uma só vez, talvez acabe tendo uma sensação de indigestão. Mais importante do que conhecer todas as receitas é ler uma delas com muita atenção e colocá-la em prática – se você não passar à ação, nenhuma receita surtirá efeito.

Este é um livro para consulta, e ficaremos contentes em saber que você o terá sempre à mão. Permita-nos sugerir que o deixe no criado-mudo.

1

Tudo o que você queria saber sobre o sono... e agora vai conhecer

Embora dormir seja uma atividade que realizamos todos os dias e que ocupa um terço de nossa vida, a maioria das pessoas tem muitas dúvidas sobre o que é e como funciona o sono. Neste capítulo, respondemos às perguntas mais comuns que os pacientes fazem em nosso consultório.

1. Por que dormimos?

O sono é fundamental para conservar a saúde e a vitalidade do corpo e da mente. O tempo que permanecemos dormindo – uma pessoa que viver 90 anos terá passado o equivalente a 37,4 anos na cama – não é uma pausa em que não acontece nada. Ao contrário: é um período ativo, em que se produzem alterações hormonais, bioquímicas, metabólicas e de temperatura corporal que exigem um bom sono e são imprescindíveis para um correto funcionamento ao longo do dia. Dormir nos permite ficar acordados, e ficamos acordados para poder dormir.

2. O que acontece com as pessoas que não conseguem descansar bem?

Está comprovado que, a curto prazo, a saúde física, mental e emocional dessas pessoas fica debilitada. É indispensável dormir bem para ter uma boa qualidade de vida. Prova disso é que, depois de uma noite maldormida, ficamos cansados, irritáveis e pouco concentrados. Um bom descanso depende da maneira como nos comportamos tanto na vigília como na hora de dormir. Se à noite estivermos ansiosos ou tensos, teremos mais dificuldade em pegar no sono e descansar bem. Nesse caso, a ação reparadora de que o organismo precisa não acontecerá adequadamente.

3. Algumas pessoas garantem que quase não precisam dormir. Isso é possível?

De jeito nenhum. Dormir é uma necessidade fisiológica tão essencial para a sobrevivência quanto comer ou beber – está demonstrado cientificamente que, se uma pessoa ficasse sem dormir, morreria em menos de sete dias. A privação ou mesmo a má qualidade do sono podem desencadear graves transtornos para a saúde corporal e psicológica.

4. Quais são os sintomas que indicam que não estamos descansando de forma adequada?

A sonolência em momentos inadequados é um sinal evidente de que não estamos desfrutando de um ótimo sono noturno. Se sentimos sono durante o dia, o mais provável é que isso aconteça porque dormimos poucas horas ou porque nosso sono foi superficial. Assim, a sonolência diurna pode ser considerada um transtorno patológico, já que afeta os estímulos externos que nos permitem ficar acordados. Quando a sonolência é grave, é possível que se trate de um importante transtorno conhecido como "sonolência excessiva diurna". Esta, por sua vez, pode ser sintoma de afecções mais importantes, como a "síndrome da apneia obstrutiva do sono", a narcolepsia, a insônia, ou pode resultar de mudanças radicais nos horários de sono.

5. Além das dificuldades na vida profissional ou familiar, que outros problemas os transtornos do sono podem provocar?

Um dos efeitos mais alarmantes da sonolência são os acidentes de trânsito. Foi comprovado que, nas horas de máxima sonolência – entre duas e seis da manhã e duas e quatro da tarde –, ocorrem mais acidentes, por causa do cansaço ou da fadiga. Por exemplo, constatou-se que 27% dos acidentes de trânsito no Reino Unido eram decorrentes da fadiga ou do sono excessivo. Entre esses casos, 87% foram fatais. A mesma coisa acontece com os acidentes de trabalho, já que, quando a atenção do trabalhador diminui, automaticamente aumenta o risco. Isso geralmente ocorre com as pessoas que trabalham "por turno".

6. Muitas pessoas chegam a seu consultório com esse problema?

Cerca de um quinto dos pacientes que um laboratório do sono recebe procuram-no por causa desse problema, e quase a metade deles sofreu um acidente de trânsito. Entre os pacientes mais jovens, verificou-se que esse transtorno tem relação direta com o fracasso escolar ou com problemas de comportamento. As consequências desse problema para a saúde pública são enormes, assim como os gastos decorrentes do tratamento incorreto dessas patologias.

7. Como o sono funciona?

O descanso noturno compõe-se de cinco fases, as quais formam um ciclo que é o mesmo para todas as pessoas. Ao longo de uma noite, podemos realizar até quatro ou cinco ciclos completos.

Durante o dia, nosso corpo produz adrenalina, que nos mantém acordados e dispostos a realizar esforços físicos e intelectuais. Quando o dia termina, o cérebro gera o hormônio do sono: a melatonina. O fluxo sanguíneo da musculatura diminui, os reflexos se reduzem, os músculos relaxam e a temperatura do corpo baixa.

À medida que a adrenalina e outras substâncias que nos ajudam a ficar acordados diminuem, vamos perdendo a lucidez. Isso não quer dizer que o cérebro se paralise. É justamente nesse momento que ele produz mais glicose, que é como o combustível que o faz funcionar. Isso significa que o cérebro está em seu máximo rendimento, embora seu trabalho não se traduza em atividade física. É então que começamos a primeira fase do sono, denominada *estado de sonolência*. Os olhos se fecham pelo cansaço, os músculos se distendem e a respiração torna-se uniforme. A atividade do cérebro fica mais lenta do que durante a vigília. Essa primeira fase é curta e dura entre trinta segundos e alguns minutos.

8. E o que acontece depois?

Em seguida passamos para a segunda fase, em que o sono já não é superficial e as ondas do cérebro tornam-se cada vez mais lentas. Avançamos então para o terceiro nível, denominado *sono profundo* ou *sono delta*, que compreende as fases 3 e 4. Nesse estágio, o sono torna-se lento, porque as ondas cerebrais vão ficando cada vez mais pausadas. Se alguém quiser nos acordar, terá de usar fortes estímulos acústicos ou táteis. O tempo transcorrido entre o segundo e o quarto nível do sono pode prolongar-se de sessenta a setenta minutos.

Ao ultrapassar esse tempo, chegamos à última fase do sono, conhecida como REM – sigla em inglês de *rapid eye movement*, "movimento rápido dos olhos". Esse sinal, perceptível para quem está acordado, evidencia o máximo nível de profundidade do sono.

9. O que ocorre nessa última fase?

É justamente nesse momento que sonhamos. Em diferentes experimentos, foi comprovado que, se uma pessoa é acordada na fase REM, poderá lembrar o que estava sonhando, o que não acontece nas outras fases. Quando chegamos a esse ponto, completamos um ciclo do sono, que no total pode durar entre noventa e cento e vinte minutos. Esses ciclos podem se repetir quatro ou cinco vezes na mesma noite. A duração de cada fase varia ao longo da noite. No primeiro ciclo, a fase REM pode durar apenas cinco minutos; no último, pode estender-se por trinta a sessenta minutos.

10. Algumas pessoas afirmam que nunca sonham. Isso pode acontecer?

Todo o mundo sonha quatro ou cinco vezes por noite, mas nem todas as pessoas conseguem lembrar-se de seus sonhos. Precisamos acordar no momento oportuno para nos lembrar deles. À medida que ficamos mais velhos, o número de despertares aumenta. Por isso, as pessoas mais velhas lembram-se de muitos sonhos, enquanto jovens e adultos só recordam o último sonho que tiveram antes de o despertador tocar. Também existem casos de pacientes que tomam determinados medicamentos – como antidepressivos ou remédios contra o mal de Parkinson – que suprimem o sono REM.

Os sonhos são esquecidos rapidamente ao despertarmos. Algumas pessoas recorrem a técnicas e exercícios para lembrar melhor os seus episódios oníricos. Se você deseja lembrar-se deles, deixe lápis e papel no criado-mudo e, assim que acordar, escreva tudo o que lembrar.

11. Muitas pessoas têm grande dificuldade para pegar no sono. Como podem resolver esse problema?

Como qualquer atividade realizada diariamente, dormir é um hábito que exige certas rotinas e rituais. Repetindo determinadas ações todos os dias, podemos passar da vigília ao estado de sonolência sem perceber. Você já pensou nas ações que realiza com frequência antes de deitar? É bem provável que, se não realizar alguma destas atividades, como escovar os dentes ou preparar a roupa para o dia seguinte, você sinta algum incômodo ou mal-estar que lhe dificulte dormir. Nosso corpo está habituado a essas ações, que são os passos prévios para iniciar o sono. Há pessoas que dormem normalmente com o rádio ou a televisão ligados – o que é desaconselhável. Outras gostam de ler um pouco antes de fechar os olhos. Esses atos são rituais fixos que podem ser compartilhados com outra pessoa, no caso de um casal. Por exemplo, não é comum cada um ocupar sempre o mesmo lugar na cama ou se acomodar em determinada posição?

12. Qual é a rotina que favorece o sono?

Ao falar dos mecanismos que ajudam a pegar no sono, podemos dizer que há dois passos imprescindíveis: o relaxamento físico, até que se obtenha uma total imobilidade do corpo, e o relaxamento psíquico ou desligamento mental, quando os neurônios deixam de transmitir informações para permitir que aflore o sono originado nas estruturas profundas do cérebro.

13. Dizem que fazer sexo antes de dormir ajuda a pegar no sono. Isso é verdade?

Não se pode generalizar, depende de muitos fatores e de cada pessoa. Na maioria dos casos, o homem adormece imediatamente após o orgasmo, enquanto a mulher costuma permanecer acordada por um tempo. Por outro lado, para certas pessoas o sexo é estimulante demais e elas perdem o sono. Cada casal deve saber o que mais lhe convém para propiciar o sono.

14. Na hora de dormir, há posições mais recomendáveis que outras para um bom descanso?

Saber qual é a posição mais adequada para pegar no sono é uma das questões fundamentais para um descanso de qualidade. Com frequência, experimentamos diferentes posições e combinações, que vamos testando até adormecer. Mas toda pessoa costuma saber em que posição adormece mais rápido, o que geralmente varia em função do peso corporal. Uma pessoa magra demorará menos tempo para achar sua posição, enquanto as obesas têm mais limites na hora de escolher.

15. A idade influi na posição escolhida para dormir?

Sem dúvida. Enquanto os recém-nascidos e os lactentes podem dormir de barriga para cima, essa posição é incômoda para os adultos, pois dificulta a respiração. Isso porque, quando dormimos nessa posição, os músculos da garganta e da língua relaxam, tornando mais difícil a passagem do ar. O cenário mais propício para uma sinfonia de roncos!

De qualquer modo, existem, sim, posições mais convenientes que outras. Algumas pessoas dizem que dormem de bruços, mas na verdade deitam-se um pouco de lado e, normalmente, colocam o braço embaixo do travesseiro. Não é uma postura ruim, apesar de ser um pouco incômoda para as pessoas mais velhas.

16. O mais comum é dormir de lado?

Sim. Por exemplo, podemos dormir deitados sobre o lado esquerdo. Há pessoas que nunca escolhem essa posição, por medo de prejudicar seu coração, mas é um temor infundado. O coração não sofre por causa de nosso peso. Na realidade, a caixa torácica pode aguentar três vezes o peso de nosso corpo, por isso não há nenhum perigo em dormir sobre o lado esquerdo. Essa posição só deve ser evitada se o incomoda ouvir a batida do coração.

Outra possibilidade é dormir deitado sobre o lado direito. Essas duas posições são as mais recomendáveis tanto para adultos como para bebês. No entanto, não devemos nos preocupar demais com essa questão. Nosso corpo é muito sábio e se acomoda naturalmente no decorrer da noite, graças aos ligeiros despertares inconscientes que acontecem. Isso impede que levantemos com dores ou contraturas, que é o que aconteceria se permanecêssemos numa mesma posição.

17. Quantos desses despertares temos todas as noites?

Nas diferentes fases de cada ciclo do sono, temos entre seis e oito despertares muito breves. No caso das crianças e dos adultos, esses estados não costumam durar mais de trinta segundos. Em compensação, nas pessoas mais velhas, a duração pode estender-se de dois a cinco minutos. Em todo caso, esses despertares são algo normal, e os aproveitamos para encontrar uma posição mais confortável ou nos cobrir se estamos com frio.

18. No momento de adormecer, às vezes temos a sensação de cair em um poço. Qual é a causa disso?

Poucos minutos antes de começarmos a dormir, não é raro sentirmos uma descarga elétrica repentina que interrompe momentaneamente o sono. Passamos de um momento de máximo relaxamento para um de tensão imprevista. Esse tranco costuma ser acompanhado de um movimento brusco de nosso corpo. E não é só quem sofre o tranco que desperta, mas também o companheiro, quando a pessoa dorme acompanhada.

A maioria das pessoas descreve esse fenômeno como uma sensação de tropeçar, de dar um pulo ou cair num poço. Nós, especialistas, usamos a expressão "mioclonia do adormecimento". Trata-se de um fenômeno fisiológico muito normal, que não deve causar preocupação. Ocorre quando estamos na fase de sonolência, que é a que dará origem às fases de sono superficial, profundo e fase REM, que se repetem ciclicamente ao longo da noite e terminam no despertar.

19. Algumas pessoas dizem: "Como posso estar roncando se ainda não adormeci?" Por que elas têm essa percepção?

A explicação é muito simples: assim que fecham as pálpebras e adormecem, as pessoas que roncam ficam também com a garganta fechada. Isso faz com que comecem a roncar imediatamente. Não percebem que dormiram porque estão na etapa de transição da vigília ao sono, que é muito superficial. De qualquer modo, uma coisa é certa: ninguém ronca acordado.

20. Por que algumas pessoas fazem barulho com os dentes enquanto dormem? Pode-se amenizar esse transtorno?

O ranger de dentes durante o sono é conhecido como *bruxismo.* Existem muitas teorias para explicar esse fenômeno: algumas o atribuem a um mau encaixe dos dentes, outras ao estresse excessivo; também se fala de fatores genéticos. Embora não se conheçam bem os fatores que o desencadeiam, as teorias mais recentes relacionam o bruxismo com problemas do sistema nervoso central. Para amenizá-lo ou reduzi-lo, podem ser úteis as placas de mordida prescritas pelos dentistas, assim como os exercícios de relaxamento mandibular antes de dormir. Trata-se de manter os lábios unidos, mas com os maxilares abertos e relaxados, e manter essa posição da boca enquanto se adormece.

21. Algumas pessoas têm ataques de fome em plena noite. Qual é a causa disso? Há alguma maneira de prevenir as "comilanças noturnas"?

Esse problema é mais frequente em pessoas que estão seguindo uma dieta hipocalórica e acabam comendo muito pouco no jantar. É aconselhável então tomar um lanche antes de dormir para evitar o que se conhece como "hipoglicemia noturna". Esses episódios tornam-se mais frequentes em épocas de estresse; por isso, convém guardar na geladeira alimentos dietéticos, de modo que se possa aliviar os ataques de fome e evitar o aumento de peso.

Contudo, se os assaltos à geladeira são reiterados e compulsivos, pode haver um tipo de transtorno psicológico de fundo, e nesse caso é melhor consultar o especialista.

22. Falar durante o sono é um distúrbio?

Algumas pessoas falam em certos momentos enquanto dormem. Esse fenômeno é conhecido com o nome científico de *soniloquia*. A situação pode parecer engraçada ou provocar um susto em quem ouve no meio da noite uma frase absurda de seu companheiro de quarto. Mas falar dormindo é algo normal, que ocorre praticamente com todas as pessoas, em especial com as crianças. Enquanto dormimos, podemos dizer palavras ou frases soltas, que normalmente soam incoerentes. A maioria das pessoas é incapaz de manter um diálogo quando está dormindo. Isso porque as funções cerebrais necessárias para responder não estão ativas. No entanto, alguns conseguem responder a alguma pergunta ou entabular um diálogo absurdo, que diverte o interlocutor que está acordado.

23. Em que fase do sono acontece esse fenômeno?

Na fase onírica, isto é, no período REM. Por isso, as palavras que pronunciamos enquanto dormimos têm relação com o que estamos sonhando. Como a fase REM é mais longa na segunda metade da noite, os conversadores noturnos costumam iniciar seus solilóquios antes do amanhecer.

24. Quanto tempo é necessário dormir todas as noites?

Não existe um tempo fixo para todas as pessoas. As horas de sono de que cada um precisa dependem de cada pessoa. Entre muitos outros fatores que influenciam essa necessidade encontram-se desde a idade até os genes. Apesar de não se saber com exatidão qual a exigência de sono do organismo, os limites oscilam entre cinco ou seis horas e entre nove ou dez horas. Normalmente, um lactente precisa de onze a doze horas de sono; uma criança, de nove a dez horas; um adolescente, de oito a nove horas; um adulto, de sete a oito horas; e as pessoas com mais de 70 anos, de cinco a seis horas todas as noites.

25. Então, como podemos saber quanto tempo precisamos dormir todas as noites?

Para determinar essa necessidade com precisão, podemos proceder assim: durante uma semana, a cada noite, dormir um número de horas diferente e ver como nos sentimos no dia seguinte. Para obter dados confiáveis, no dia seguinte devemos anotar quantos cafés tivemos de tomar para nos manter acordados, quantas páginas de nosso livro de cabeceira conseguimos terminar de ler, ou quanto tempo aguentamos acordados diante da televisão depois de comer.

Outro modo, mais simples, é somar as horas que dormimos nos dias úteis de uma semana e dividir o resultado por 5. Depois, somar as horas que dormimos nos últimos três fins de semana e dividir o resultado por 6. Comparando os dois resultados, poderemos ver se há diferenças. Se o primeiro resultado for, por exemplo, seis horas e o segundo, nove horas, ficará claro que durante a semana não estamos dormindo o tempo suficiente para nosso corpo. Devemos então procurar equilibrar os resultados.

Se alguém anda de ônibus ou metrô e passa do ponto, ou se ao longo do dia constantemente sente desejo de dormir, é sinal de que não dormiu o bastante na noite anterior. Pode se tratar de um déficit de horas de sono ou de um problema de qualidade do sono. De qualquer modo, indica que a pessoa não teve um sono reparador.

26. É verdade que dormimos menos do que deveríamos?

Para sentir-se bem durante o dia, a maioria dos adultos necessita de mais horas de sono do que habitualmente tem. Um estudo realizado em cinco países da Europa demonstrou que nós, espanhóis, dormimos, em média, quarenta minutos menos do que o restante dos europeus. Nossos costumes socioculturais têm muito a ver com isso: costumamos trabalhar até tarde, jantamos ainda mais tarde e deitamos entre meia-noite e uma da madrugada, em média. E no dia seguinte levantamos na mesma hora que os outros europeus. Esses costumes também são comuns na Argentina e em outros países da América Latina.

27. As pessoas idosas dormem menos horas por noite. Qual é a causa disso?

Como dissemos antes, a idade é um dos fatores que mais influenciam o sono. Quando envelhecemos, dormimos menos horas à noite ou fazemos isso de um modo descontínuo, acordando várias vezes ao longo da noite. Porém, compensamos essa redução do tempo de sono com pequenos cochilos durante o dia. Portanto, se somarmos o tempo que uma pessoa idosa dorme, veremos que é semelhante ao de um adulto. É normal que uma pessoa de 70 anos durma entre cinco e seis horas cada noite e tire alguns cochilos de dez a vinte minutos durante o dia. Isso não quer dizer que não existam idosos que possam dormir sete ou oito horas seguidas por noite.

28. Que dificuldades podem acarretar essas mudanças no ritmo do sono?

Basicamente, trata-se de desajustes com a rotina familiar. Se uma pessoa idosa levanta da cama assim que acorda, digamos às 5 ou 6 da manhã, pode ser cedo demais para preparar o café-da-manhã para o restante da família. Além disso, ao acender as luzes do corredor e dar a descarga ao usar o banheiro, ou ao tropeçar em algum móvel, haveria o risco de acordar os que ainda estão dormindo. Muitos familiares pensam que essa dificuldade para prolongar o sono noturno deve-se aos cochilos que os idosos tiram durante o dia.

29. E isso é verdade? Os idosos deveriam ser privados dos cochilos para não atrapalhar o descanso noturno?

É um erro tentar evitar os cochilos acreditando que, assim, a pessoa estará mais cansada e prolongará o sono durante a noite. Na realidade, os idosos costumam passar mais tempo na cama descansando do que dormindo. Eles têm pouca necessidade de sono e, em contrapartida, dispõem de muitas horas para ficar na cama. É justamente o oposto de quando se é mais jovem: tem-se muito sono e pouco tempo para ficar na cama.

30. Tirar um cochilo após o almoço é saudável para outras idades?

Embora esse pequeno desligamento diário costume depender das circunstâncias de trabalho, ele é muito saudável para os adultos. Não deve, porém, se estender além dos vinte minutos. Este tempo é suficiente para enfrentar a tarde com um pouco mais de energia. Se dormirmos mais, poderemos entrar em um sono muito profundo, e o despertar poderá ser confuso. Por isso algumas pessoas afirmam que fazer a sesta não é bom para elas: é porque dormem demais. Com exceção da terceira idade, nunca se deve esperar que a sesta compense as poucas horas de sono noturno. Ela deve apenas ajudar-nos a enfrentar melhor o resto do dia, já que satisfaz as pequenas necessidades de sono que nosso cérebro tem entre as 2 e as 4 da tarde.

31. Muitos jovens têm um ritmo de sono caótico. Durante a semana conseguem dormir bem pouco e depois "recuperam" no fim de semana. Isso é prejudicial?

O sono perdido não costuma ser recuperado de fato. Vamos supor que uma pessoa precise dormir oito horas por noite para acordar descansada. Se durante a semana dorme uma hora a menos todo dia, no final da semana terá roubado de seu sono cinco preciosas horas. Se no sexto dia (costuma ser o sábado) pretender "recuperar" dormindo oito horas seguidas, ao levantar terá a sensação de que só dormiu três. Sairá da cama cansada.

32. Outra crença é a de que, quanto mais dormimos, mais sono temos.

Trata-se de outra crença errada. Muitas pessoas não se importam de perder horas de sono para o trabalho render mais. Como se o sono fosse um chiclete que estica e encolhe em função do que nos convém no dia! Nunca se dorme mais do que se precisa. Vamos pensar apenas nas nefastas consequências da falta de sono. As pessoas que dormem menos do que necessitam têm 40% mais possibilidades de sofrer acidentes de trânsito, além de perderem a concentração e ficarem sujeitas a transtornos como a ansiedade e a depressão.

33. Nos dias em que não precisamos ligar o despertador, o que nos acorda?

Temos um relógio interno que funciona todos os dias para nos acordar. Isso porque em nosso corpo existem substâncias químicas relacionadas com o sono e a vigília. O cortisol é uma delas: ele se acumula no sangue quando a luz do sol começa a nascer, isto é, de madrugada. A temperatura do corpo aumenta então alguns décimos, e outro hormônio, a melatonina, começa a desaparecer do sangue. Assim, o despertar fisiológico e espontâneo não é casual; trata-se da resposta final a um processo no qual intervêm hormônios, a temperatura corporal e a luz.

34. Como podemos saber se tivemos um despertar espontâneo e fisiológico?

Devemos prestar atenção à sensação que experimentamos ao despertar. Se sentimos o bem-estar de ter dormido bem, de ter gozado de um sono reparador, não há dúvida de que nosso despertar foi completamente fisiológico. Se não experimentamos essa sensação, é porque tivemos um despertar espontâneo precoce. Não dormimos o suficiente e, no entanto, nosso próprio corpo nos fez abrir os olhos. Muitas pessoas que passam por uma etapa de abatimento físico, ou um estado de depressão leve, acordam antes da hora. Despertam duas ou três horas depois de ter adormecido e não conseguem voltar a pegar no sono.

35. E o despertar provocado?

Se um estímulo interrompe o sono, estamos falando de um despertar provocado. Esses estímulos podem ser variados. O estímulo auditivo, como aquele produzido pelo despertador, é o mais frequente. A campainha, o zumbido ou a música do despertador ajudam-nos a sair do sono e a entrar na vigília. Mas o estímulo externo também pode ser do tipo tátil e mesmo olfativo, como o aroma do café que acabou de ser feito.

36. É interessante que, quando estamos dormindo, ficamos alheios aos estímulos externos. É porque deixamos de ouvir?

Durante a noite, nossa capacidade auditiva permanece ativa, embora com menor intensidade. Por exemplo, se falarmos baixinho perto do ouvido de uma pessoa que dorme, provavelmente ela irá apenas se virar e continuará dormindo – esse movimento pode ser completamente inconsciente. Entretanto, se franzir o cenho ou entreabrir os olhos, isto quer dizer que a perturbamos em uma fase mais superficial de seu sono. Mais ainda: se continuarmos falando no mesmo tom, sem variar a intensidade, o cérebro da pessoa que dorme acabará habituando-se e não se alterará. Porém, se intensificarmos o estímulo – nesse caso, levantando a voz –, acabaremos acordando essa pessoa. Dependendo da fase do sono em que ela se encontrar, fazê-la acordar poderá ser mais ou menos difícil, mas acabaremos conseguindo que recupere o estado de vigília. Quanto mais profundo for o sono, mais intenso e insistente deverá ser o estímulo.

É interessante como o cérebro humano é altamente seletivo para estímulos auditivos. A mãe de um recém-nascido, por exemplo, poderá dormir apesar das trovoadas de uma forte tempestade, mas ao menor gemido de seu bebê ela abrirá os olhos imediatamente.

37. Por que algumas pessoas nunca ouvem o despertador? Como esse problema pode ser remediado?

Em geral, as pessoas que dormem pouco têm muita dificuldade para acordar. Não ouvem o despertador porque estão em um sono muito profundo e tentam compensar o que não dormiram em outras noites. Esse problema é remediado simplesmente dormindo todo dia as horas necessárias. É a única solução.

38. Por que algumas pessoas acordam de mau humor?

Há pessoas que acordam rapidamente. Mal abrem os olhos, já começam a agir. Falam alto, mexem-se com toda rapidez e programam seu dia enquanto escovam os dentes ou tomam o café-da-manhã. Num minuto estão completamente despertas. Outras, em compensação, precisam de um tempo de adaptação, porque seu despertar é muito mais lento. Uma das poucas coisas que seu motor, ainda frio, permite é que façam alongamentos para se espreguiçar. Por isso, elas permanecem alguns minutos atordoadas na cama. Exagerando um pouco, são aquelas pessoas que quando conseguem um ótimo rendimento em seu trabalho... já é meio-dia!

Está demonstrado que essas diferenças têm uma explicação genética. Prova disso é que, a partir dos 6 ou 7 meses, já se pode verificar se o bebê tem um despertar rápido ou lento. Os bebês que acordam rapidamente abrem os olhos quase sem fazer barulho e sorriem logo para a voz que lhes dá bom-dia. Já os bebês de despertar lento precisam de um tempo para encarar o novo dia. Enquanto isso, costumam ficar de mau humor. É comum crianças que despertam rapidamente não terem problemas com os horários da escola. São pontuais tanto ao deitar quanto na hora de entrar na classe. O oposto costuma acontecer com as crianças de despertar lento: quase sempre chegam em cima da hora para as aulas e nunca querem ir dormir.

39. E essa tendência permanece por toda a vida?

Em geral, sim. As pessoas que têm um despertar rápido preferem deitar cedo e madrugar. Não são como as de despertar lento, para as quais parece que nunca chega a hora de deitar.

Porém, há um fato curioso: como é bem sabido, os polos de energia oposta se atraem. Pois bem, o mesmo costuma acontecer entre cônjuges no que se refere ao modo de acordar. O acaso, essa misteriosa força do destino, não poucas vezes une uma pessoa de despertar rápido com outra de despertar lento. O bom-dia do rápido é acompanhado de uma lista de incumbências a cumprir durante o dia, as próprias e as do outro. E o outro, a seu lado, quase não abre os olhos, tentando se concentrar em outra tarefa mais árdua e prioritária: acordar.

Quando as duas pessoas voltam a se encontrar em casa à noite, é muito provável que o cônjuge de despertar rápido comprove que nada ou quase nada do que recomendou surtiu efeito. Esquecimento? De jeito nenhum! A outra pessoa não esqueceu, apenas nem se deu conta! Já era muito pôr o corpo para funcionar!

40. O que deve fazer uma pessoa que sempre tem dificuldades para dormir bem?

Se tem problemas relativos ao sono, a primeira coisa que deve fazer é consultar um médico. Alguns transtornos do sono podem ser solucionados no próprio consultório. Os problemas mais graves devem ser diagnosticados e tratados nas clínicas ou laboratórios do sono. Esses centros prestam serviços médicos voltados ao tratamento de todas as alterações do sono. Hoje em dia, os hospitais mais importantes contam com esses serviços, e também existem prestigiados centros particulares com essa especialidade.

Os laboratórios do sono

Foram iniciados nos Estados Unidos e oferecem serviços médicos multidisciplinares, normalmente reunindo neurofisiologistas, psiquiatras, otorrinolaringologistas, neurologistas, psicólogos, pneumologistas e pediatras, coordenados por um responsável com amplos conhecimentos sobre todas as alterações do sono. Esses laboratórios têm capacidade para diagnosticar – com base em atendimento clínico e em estudos do sono noturno (polissonografias) – e tratar pacientes com patologias relacionadas ao sono. Podem atender tanto crianças com problemas de insônia decorrentes de seus hábitos quanto idosos com "síndrome das pernas inquietas", passando por transtornos como a narcolepsia e a "síndrome da apneia obstrutiva do sono" (SAOS).

2

Um quarto que convide a dormir

A escolha do lugar para dormir varia de espécie para espécie: alguns mamíferos dormem em tocas, em covis ou até em árvores que propiciam segurança; outros preferem o descampado. Alguns descansam no mesmo local todas as noites, enquanto outros, como os grandes símios, preparam a cada entardecer um abrigo em um lugar diferente. Do mesmo modo, cada espécie prepara-se para o sono realizando uma série de rituais. Quem já teve um cachorro sabe que antes de se deitar ele dá voltas ao redor de si mesmo no lugar que será sua cama.

Nós, seres humanos, apresentamos características relacionadas ao sono semelhantes às de outros mamíferos, o que indica que muitas delas são aquisições evolutivas:

- Precisamos de um lugar determinado em nossa casa para dormir, o quarto, e gostamos que seja sempre o mesmo.
- Praticamos certos rituais antes de deitar: vestimos o pijama, escovamos os dentes, tomamos um copo de água ou de leite, lemos algumas páginas de um livro...
- Dormimos sempre no mesmo lado da cama e em geral na mesma posição.

Neste capítulo, vamos nos concentrar no primeiro desses aspectos: o quarto. Porque nem sempre lhe atribuímos a importância que merece.

O AMBIENTE APROPRIADO PARA DORMIR BEM

Sempre há lugares em que as pessoas dormem melhor. Quando voltamos de uma viagem, costumamos falar dos magníficos locais que visitamos, dos pratos novos que experimentamos, do povo que conhecemos... e nos lembramos dos apartamentos ou dos hotéis por ter dormido bem ou mal neles.

Algumas pessoas adaptam-se com facilidade a um novo quarto, enquanto outras têm o sono alterado por qualquer leve mudança – de luz, temperatura, ruído ambiental, ou simplesmente de colchão e travesseiro.

Muitos fatores influenciam nosso descanso noturno, mas o ambiente – o local onde dormimos – é fundamental para um bom repouso.

Neste livro, vamos falar sobre como criar rotinas para "despertar" o sono. Embora nem sempre tenham consciência disso, as pessoas que dormem bem costumam realizar uma série de ações que as ajudam mental e fisicamente a se preparar para ir para a cama. Não damos voltas em torno da cama antes de deitar, mas fazemos nossa higiene, preparamos a roupa para o dia seguinte, vestimos o pijama, entre outras ações.

No entanto, essas rotinas não terão tanta utilidade se depois, no quarto, não pudermos garantir a nosso corpo um descanso de qualidade.

Arrumar um quarto que convide a dormir e garanta um bom descanso não é questão de dinheiro, ou pelo menos esse não é o único fator. Há quartos muito luxuosos que são frios e pouco aconchegantes. Em outros, é tão grande a bagunça que nem parecem um lugar reservado para dormir. E há os que por seu simples calor convidam a deitar. Afinal de contas, uma cama confortável e um quarto silencioso e às escuras são o melhor ambiente para uma noite de descanso reparador.

As receitas a seguir foram pensadas para que você avalie se seu quarto é um ambiente confortável, seguro e tranquilo, que propicia seu sono. E, se não for, ajudam você a criá-lo.

O SANTUÁRIO DO SONO

Fazemos palestras com frequência, e em uma delas pedimos ao público – que tinha cargos médios e executivos em empresas – que respondesse a duas perguntas:

1. Que móveis e objetos há em seu quarto?

2. Que atividades você realiza no quarto?

As respostas foram:

1. *Móveis e objetos*

Cama, criado-mudo, abajur, armário, banquinho, poltrona, despertador, revistas, livros, quadros, telefone, celular, agenda eletrônica, rádio ou aparelho de som, televisor e aparelho de DVD, aparelhos de ginástica...

2. *Atividades (todas elas na cama)*

Telefonar, trocar os canais da tevê, assistir a filmes no DVD, preparar a agenda do dia seguinte, repassar a próxima apresentação, estudar, ler e responder a *e-mails* ou recados no celular, comer, dar uma olhada no jornal, discutir com a mulher, fazer amor... Dormir também!

Ao ver tudo isso escrito na lousa, todos começaram a rir.

Temos de admitir que o mundo mudou, e os quartos atuais não têm muito a ver com os de nossos avós. Para eles, o dormitório era simplesmente o santuário do sono, com uma cama, um criado-mudo, uma banqueta, cadeira ou poltrona, e nada mais. "Ir para a cama" significava simplesmente dormir.

O progresso da tecnologia – que encheu as casas de eletrodomésticos –, os apartamentos cada vez menores e nossa própria tendência à desorganização podem acabar transformando o quarto num espaço multifuncional. Em muitos casos, ele passou a ser uma minissala para assistir à tevê e telefonar, um miniescritório para resolver as pendências do trabalho, uma miniacademia para ficar em forma... E por último é usado para dormir.

Como especialistas do sono, sabemos quanto o ambiente e as rotinas são importantes para a qualidade de nosso sono. Nosso cérebro precisa associar o quarto e a cama à atividade de dormir. Quando fazemos tantas outras coisas nesse lugar, o cérebro recebe uma dupla mensagem e se confunde: já não sabe se, ao entrar no quarto, deve preparar-se para dormir ou permanecer acordado. Essa confusão é uma das principais razões por que algumas pessoas custam a pegar no sono.

A receita seguinte ajudará você a ter um quarto que seja, antes de mais nada, o "lugar para dormir", de modo a propiciar um descanso de qualidade e prevenir a insônia.

Receita para criar um quarto que convide a dormir

Ingredientes

- Somente os móveis necessários
- Muita ordem
- Cores suaves
- Completa escuridão
- Máximo silêncio
- Temperatura média

Modo de preparo, passo a passo

- Faça como nossos executivos: pegue lápis e papel para anotar todos os móveis e objetos de seu quarto. Depois, comece a riscar os que não são realmente necessários para um bom descanso.

A mobília básica é a cama, o criado-mudo, um abajur, uma banqueta (ou cadeira, ou poltrona), a cômoda e o guarda-roupa (dispensável se você dispõe de um *closet*). Leve para outro cômodo da casa o televisor, o equipamento de som, os aparelhos de ginástica (se tiver) e todos os objetos que prendem ao trabalho ou distraem.

É importante que nós – e nosso cérebro – nos acostumemos ao fato de que o quarto e a cama são apenas para dormir (e também para fazer amor).

- Um quarto harmônico deve ter "um lugar para cada coisa e cada coisa em seu lugar".

Se você é uma pessoa organizada, pode pular este passo e ir para o seguinte. Se não é, ponha em prática este truque simples: quando tiver retirado os móveis que estão sobrando, fique perto da porta e dê outra olhada, tentando identificar tudo o que não combina com um quarto.

Ficou espantado ao descobrir que ainda há coisas sobrando no seu quarto? Revistas e livros empilhados no criado-mudo e às vezes no chão, CDs e DVDs, cadernetas com anotações, roupa largada. Mil e um badulaques...

Um quarto cheio de objetos acumula mais pó, a ventilação torna-se mais difícil e o ambiente, opressivo, desorganizado, o que não favorece em nada o descanso. Isso para não falar que, num espaço abarrotado de obstáculos, há mais riscos de tropeçarmos ao levantarmos à noite para ir ao banheiro.

Chegou o momento de guardar, deslocar, presentear ou se desfazer de tudo o que não é indispensável. Você ficará surpreso ao perceber como seu quarto se amplia.

O método St. James

Em seu livro *Simplifique sua vida*, Elaine St. James propõe um método radical para nos livrarmos do que é desnecessário: pôr numa caixa tudo o que não utilizamos habitualmente e colar uma etiqueta com a data. Se após um ano não precisarmos abri-la, poderemos nos desfazer de todas essas coisas sem problemas de consciência.

- Agora que seu quarto ganhou espaço e ordem, se você quiser poderá mudar a disposição dos móveis até encontrar o lugar adequado para colocar a cama. Procure o local e a posição melhor para você dormir.

Embora não existam regras fixas a esse respeito – cada pessoa deve descobrir onde e como dorme melhor –, deve-se evitar colocar a cabeceira da cama embaixo de uma janela, e também não é conveniente que fique perto do ar-condicionado.

■ Agora preste atenção na cor das paredes e nos pôsteres ou quadros que as decoram. Talvez você ache um quarto pintado de vermelho muito original, mas isso não vai ajudar a relaxar. A cromoterapia demonstrou que as cores afetam o estado de espírito. Enquanto os tons intensos – como o vermelho – são excitantes, as tonalidades claras ou pastel produzem um efeito relaxante, contribuindo para melhorar o sono.

Paredes forradas de pôsteres ou cheias de quadros também multiplicam os estímulos visuais e poluem nosso santuário do sono. Retire os excessos.

■ Para dormir, sempre é recomendável um quarto em completa escuridão. Uma cortina grossa ou uma persiana reduzem a claridade que pode entrar de fora. As pessoas muito sensíveis à luz também podem recorrer a uma máscara de dormir.

Se você gosta de ler antes de dormir, escolha um abajur de luz direcionável. Isso evitará que a sua vista seja ofuscada quando acendê-lo ao acordar.

Muitas crianças têm medo do escuro. Nesse caso, em vez de manter um abajur aceso no quarto, é melhor ligar uma luz fora e deixar a porta encostada.

■ A ausência de barulho ajuda a pegar no sono e mantê-lo com qualidade. É importante, então, que impere o maior silêncio em nosso quarto. Embora algumas pessoas escutem música suave para pegar no sono e isso funcione muito bem para elas, não significa que todos devemos fazer assim: nosso cérebro está perfeitamente preparado para dormir sem a necessidade de estímulos sonoros.

Em nossa sociedade, é comum sonharmos com o silêncio e encarar o barulho como nosso calvário. Se esse é seu caso, consulte a "Receita para reduzir o barulho" (p. 48).

■ Só falta verificar o controle da temperatura do quarto. Para isto, preferimos que você consulte, neste mesmo capítulo, a seção "O calor não me deixa dormir" (p. 55).

Os *chefs* recomendam

- Assim como jamais colocaríamos uma geladeira no banheiro, o televisor não é um aparelho que deve ficar no quarto. Seu lugar é na sala de jantar ou de estar. Se você não dispõe de outro espaço para o aparelho (seu apartamento tem um único ambiente, por exemplo), certifique-se pelo menos de desligá-lo antes de deitar. Algumas pessoas usam a televisão para provocar o sono – como uma "chupeta" eletrônica –, mas na realidade o barulho, a luz e a radiação que emite perturbam e fragmentam nosso sono. Você deve dispensar a tevê para adormecer, mesmo que leve um tempo para se acostumar.
- O escritório ou o local de estudo também não deveriam ficar no quarto. No caso das crianças e adolescentes, se não há outro cômodo para estudar, é preciso ensiná-las a recolher tudo, todos os dias, ao terminar seus deveres e tarefas. Na hora de deitar, não deve restar nada sobre a mesa.
- Ver os minutos e as horas passarem quando não se consegue dormir produz muita ansiedade, que por sua vez nos impede de pegar no sono. No quarto não deveria haver relógios. O que fazemos, então, com o despertador? Se você, como a maioria das pessoas, precisa de despertador para levantar, programe o alarme e coloque-o voltado para a parede, como se estivesse de castigo. Você não precisa vê-lo, somente ouvi-lo quando tocar pela manhã!

O barulho não me deixa dormir

Nós que, por vontade ou por obrigação, vivemos em uma grande cidade, temos de lidar com frequência com o incômodo barulho noturno, que favorece o estresse e atrapalha o descanso. Mas os "ataques sonoros" não chegam só de fora; às vezes temos o inimigo em casa ou bem próximo. Vejamos alguns exemplos de barulhos, tanto exteriores como interiores, que podem perturbar nosso sono e impedir um descanso de qualidade:

- *Da rua*: trânsito, buzinas, motocicletas, sirenes, brecadas, alarmes que disparam, caminhão do lixo, trens, aviões, campainhas, cantoria, conversas de pessoas quando saem do bar ou da balada...
- *Dentro do prédio ou em casa*: bebês chorando, música ou tevê com o volume alto, telefones, elevadores, casais discutindo, deslocamento de móveis no andar de cima, lava-louças, campainhas, cachorros que latem, roncos de nosso companheiro, vizinhos que fazem amor escandalosamente...

A lista poderia não ter fim. Estudos científicos demonstraram que o barulho é uma das principais causas da insônia. Além disso, embora o som seja percebido principalmente pelos ouvidos, suas vibrações também estremecem o peito e despertam o cérebro.

Quando viajamos para um lugar tranquilo na praia ou montanha, costumamos demorar para nos acostumar com "tanto silêncio". Às vezes, nos primeiros dias, o que nos acorda é justamente a ausência de barulho: imagine o grau de poluição sonora com que você se acostumou a dormir! Depois o sono se torna agradável e reparador, o que é um dos maiores prazeres da viagem.

Sono vigilante

A hipersensibilidade ao barulho é um sintoma frequente de quem sofre de insônia. Os especialistas denominam de "sono vigilante ou atento" porque a pessoa, mesmo dormindo, continua vigiando ou controlando o que acontece a seu redor. Com um tratamento adequado, esse problema pode ser resolvido.

Não podemos lhe prometer que vamos interromper o trânsito noturno ou que vamos convencer o vizinho de cima a baixar o volume da tevê, mas com a seguinte receita queremos que você ouça menos os barulhos, ou até mesmo que eles deixem de perturbar.

Receita para reduzir o barulho

Ingredientes

- Protetores auriculares
- Cortinas grossas
- Tapetes ou carpete
- Vidro duplo nas janelas
- Cortiça ou placas antirruído

Esclarecimento importante: não é necessário utilizar todos os ingredientes ao mesmo tempo. Teste um a um e, quando o problema estiver solucionado, guarde "na geladeira" os que não usou, caso precise deles no futuro.

Modo de preparo, passo a passo

- Recorra em primeiro lugar ao mais simples e econômico: vá à farmácia mais próxima e peça um par de protetores auriculares de espuma de borracha (também podem servir aqueles usados por nadadores). Se os protetores não bastarem ou se for incômodo usá-los, analise seu quarto e introduza as mudanças que sugerimos a seguir, para isolá-lo mais do barulho.
- Adquira um tecido pesado e grosso (melhor se for de cor escura) para as cortinas das janelas. Gorgorão ou chenile amortecem os sons – e também a claridade – que chegam de fora. Se por questão de estética você preferir cortinas transparentes

ou de um tecido leve e de estampado claro, use forro. Durante o dia, mantenha puxadas as cortinas decorativas e, quando anoitecer, como parte de um ritual preparatório para o sono, feche as venezianas e puxe o forro para impedir a entrada de luz e barulho de fora.

■ Os tapetes grossos ou um carpete também são um bom aliado contra o barulho. Mas você deve evitá-los se é alérgico ao pó ou aos ácaros.

■ Se o orçamento permitir, coloque vidros duplos ou de segurança nas janelas. São muito eficientes como isolantes termoacústicos.

■ Você também pode forrar as paredes de cortiça ou usar placas antirruído. Mas não faça isso se você dorme com alguém que ronca, porque esse tipo de isolamento também amplifica os sons. Consulte um decorador sobre a melhor solução possível.

Os *chefs* recomendam

■ Talvez você não tenha parado para pensar antes, mas é possível que seu quarto seja o cômodo mais "barulhento" da casa.

Faça uma pequena excursão pelo apartamento: será que você não pode usar outro quarto menos bonito, mas muito mais silencioso?

■ Se os vizinhos são responsáveis pelo barulho, converse amigavelmente com eles. Comente com a maior delicadeza sua sensibilidade aos sons e tente chegar a um acordo.

■ Se vive com adolescentes barulhentos, tenha com eles uma conversa amável mas firme. Explique a importância de um bom sono para render bem no dia seguinte e ensine-os a respeitar o descanso das outras pessoas. A partir das 11 ou no máximo à meia-noite, é preciso evitar fazer barulho desnecessário: deixar baixo o volume do som ou da tevê ligados, baixar o tom das conversas, não bater as portas etc.

- Se o problema forem os roncos de seu companheiro, consulte a "Receita para atenuar ou eliminar os roncos" (p. 128).
- Ouvir música muito suave – uma peça clássica ou um CD com sons da natureza – ajuda algumas pessoas a pegar no sono. Com isso, elas se desligam dos problemas, relaxam e adormecem.

A CAMA IDEAL

Pedro está diante de seu computador no escritório. Já passa das sete da noite, e ele teve um dia complicado. Seu pensamento voa. Imagina-se entrando em casa. "Tomara que todos tenham ido ao cinema", pensa, e, como está sonhando acordado, assim acontece. Larga a pasta e, sem sequer tirar os sapatos (nos sonhos não se suja a colcha), joga-se na cama como quem pula numa piscina. O colchão afunda levemente sob seu corpo, como se Pedro flutuasse em uma nuvem. Que delícia, é uma cama maravilhosa! Então ele abre os olhos assustado. Esteve a ponto de dormir, o que tem sido bem difícil na sua casa.

Vejamos agora a situação real de Pedro. Há quinze anos casou-se com Ana e desde então não trocaram os móveis do quarto, nem sequer a cama: continuam dormindo no mesmo estrado e colchão que compraram na época. Na maioria das vezes, levantam cansados e com dores em todo o corpo. "Deve ser a idade", pensam. Como ganharam um pouco de peso, agora a cama se tornou estreita, e mal podem se mexer. O colchão ficou cheio de elevações e buracos, e ao menor movimento o estrado range.

Com o passar dos anos, tanto Pedro como Ana se acostumaram a sua cama, por isso nem pensam em trocá-la. Consideram esses pequenos "transtornos" algo que, certamente, faz parte da vida de todos os casais. Seus pais, que já têm cinquenta anos de casados, sempre dormiram na mesma cama.

Deveríamos aprender a prestar atenção em nossos sonhos e nosso corpo. Se você sonha com uma cama maior e mais confortável, se levanta cansado, com dores em todo o corpo, se custa a ficar de pé, se tem contraturas no pescoço ou nas costas, ou dor de cabeça... é hora de examinar o estrado, o colchão e o travesseiro. Talvez tenha chegado a hora de fazer uma troca!

Ninguém pode dormir bem em uma cama muito estreita, dura, irregular, que range o tempo todo. Um estrado e um colchão não duram para sempre: a cada dez anos, deveríamos pensar em trocá-los. Passamos um terço de nossas vidas na cama. Nela dormimos, sonhamos, amamos... Vale a pena ter uma cama confortável! A receita seguinte ajudará você a escolher uma cama como a que Pedro vê em sonho.

Receita
para escolher a cama de seus sonhos

Ingredientes

- Informar-se bem.
- Dispor de tempo para tomar a decisão correta.
- Estudar as vantagens e os inconvenientes dos diferentes modelos de colchão, estrado e travesseiros disponíveis no mercado.
- Testar até encontrar o modelo adequado.

Modo de preparo, passo a passo

- Quando decidir adquirir a cama de seus sonhos, planeje a compra com antecedência. Pesquise marcas, modelos e as características de cada uma. Visite as lojas especializadas e peça informação. Compare tipos e preços.

▪ Chega o dia escolhido para fazer a compra. Em primeiro lugar, se você dorme com alguém, é imprescindível irem juntos. O "escolha o que você prefere" pode servir para comprar uma mesa, mas não para um estrado e um colchão.

Essa não pode ser uma compra impulsiva. Como tomar uma boa decisão leva tempo, vá sem pressa à loja: reserve algumas horas para isso. É preferível escolher uma tarde em que não se tenha mais nada a fazer ou um sábado pela manhã. Se for comprar a cama após uma longa jornada de trabalho, quando a loja estiver prestes a fechar, você vai achar qualquer coisa boa e poderá se precipitar. Vista uma roupa confortável e sapatos que possa tirar com facilidade, porque antes de se decidir é preciso testar.

▪ Comece pelo colchão. Há de vários tipos: de látex, de molas, de espuma. Informe-se sobre as vantagens e os inconvenientes de cada um. Por exemplo, os de látex são os de maior duração, adaptam-se aos movimentos sem perder a firmeza, mas também são os mais caros. Os de molas têm preço mais baixo, oferecem diferentes graus de firmeza, mas duram um pouco menos. Os de espuma são os mais baratos, porém não têm boa ventilação, aquecem e deformam em menos tempo.

Além do material do colchão, você deverá levar em conta outros aspectos: a firmeza, a espessura, o tamanho, a estabilidade, o forro. O melhor é perguntar e testar para encontrar o que mais se adapte a seus gostos e necessidades.

Escolher uma boa base para seu colchão também é fundamental. Existem estrados de lâminas, articulados, somiês. Consulte qual se adapta melhor ao colchão de sua preferência.

Como testar uma cama

Não tenha vergonha, fale ao vendedor que você deseja testar o estrado e o colchão. Sente-se na cama, tire os sapatos e deite-se comodamente, primeiro de barriga para cima e depois na posição em que costuma dormir, e verifique:

Firmeza. Feche os olhos e pergunte-se: as partes mais pesadas do corpo, como os ombros e os quadris, afundam? Se a resposta for afirmativa, descarte-o, porque o colchão é mole demais. Se, pelo contrário, você tiver a impressão de estar sobre uma tábua de madeira, isso significa que é muito duro. Também não lhe interessa. O ideal é que o colchão permita apoiar bem a coluna, mas deixe que os quadris e os ombros acompanhem sua curvatura normal. Como não há um colchão perfeito, e sim aquele que melhor se adapte a seu peso e estatura, faça mais testes: se ao tentar virar ele afundar, é porque é mole demais para você. Se você deitar de costas e conseguir enfiar a mão embaixo da cintura, significa que é muito duro. Teste vários modelos até encontrar aquele em que se sinta mais confortável e mais adequado à sua constituição física.

Estabilidade. Sente-se numa quina do colchão: o lado oposto não deve levantar. Se isto acontecer, descarte-o.

Largura. Enquanto dormimos, costumamos nos mexer e nos virar. Deite-se e tente dar uma volta completa sem cair. Se estiver acompanhado, deitem-se os dois e verifiquem se há espaço para cada um. Se escolhermos uma cama estreita demais, inconscientemente tentaremos controlar nossos movimentos para não cair ou não incomodar nosso companheiro, e isso perturbará nosso sono.

Se seu companheiro se mexe muito ou acorda ao menor movimento seu, escolham colchões individuais com suporte unido.

Comprimento. Observe se os seus pés não ficam fora da cama. Se você dorme sozinho, escolha uma cama que, além de larga, seja suficientemente comprida. Para dormir acompanhado, não tenha dúvidas em adquirir um modelo de 1,90 por 2 metros ou até maior. Escolha a maior cama possível... desde que caiba em seu quarto!

Espessura e altura. O ideal é que o colchão tenha no mínimo 15 centímetros de espessura. A cama deveria ficar a mais de 30 centímetros do chão, para garantir uma ventilação adequada.

Barulho. Um estrado e um colchão novos não devem fazer barulho. Deite-se e vire-se na cama para verificar se isso acontece.

Forro. Informe-se sobre sua variedade e qualidade. Procure os de tecido natural, que são mais frescos e permitem melhor ventilação, e exija que sejam removíveis.

▪ Não se esqueça do travesseiro. Há diferentes modelos no mercado. Informe-se sobre suas vantagens e inconvenientes para poder escolher o mais adequado para você. Em princípio, é preferível que o travesseiro fique ligeiramente mais alto que a cabeceira da cama e permita deixar o pescoço alongado. Se você dorme acompanhado, cada um deverá utilizar o tipo de travesseiro que lhe seja mais cômodo.

▪ Depois de tantos testes, chega o momento da compra. Quando a cama é para um só, se encontrar o modelo ideal, o problema estará resolvido. Se for um casal, será preciso entrar em acordo em relação ao modelo escolhido. Se não chegarem a um acordo, é aconselhável dar um tempo. Não comprem por impulso, nem se deixem convencer pelo vendedor. Saiam e deem uma volta para analisar com calma os prós e os contras de cada modelo, até chegar a uma decisão que satisfaça a ambos. Não esqueçam que provavelmente irão passar os próximos dez anos nessa cama!

O CALOR NÃO ME DEIXA DORMIR

Essa costuma ser a queixa habitual de todos. O fato é que custamos pegar no sono e não descansamos bem quando faz calor demais. Mas também acordamos com frequência se passamos frio. Tanto um extremo como o outro prejudicam nosso sono, porque podem fragmentá-lo.

É uma questão meramente física. Durante a noite, nossa temperatura corporal diminui ligeiramente, entre meio e um grau, e com isso fica mais fácil adormecermos. A temperatura do quarto não pode modificar esse ritmo natural de nosso corpo. Dormimos melhor quando sentimos um pouco de frio (para um bom sono, sempre é melhor sentir um pouco de frio do que suar). Se a temperatura exterior fica muito abaixo da corporal ou muito acima dela, custamos a pegar no sono.

Para que nosso corpo esteja bem e o sono venha naturalmente, é necessária uma temperatura ambiente ideal, que fique entre os 18 e os 22 °C. É a que deveríamos ter no quarto, tanto no inverno como no verão.

No inverno, é preciso evitar a tentação de subir a temperatura do aquecedor. Os friorentos podem dormir com um pijama de flanela e umas boas meias (os pés frios são um dos motivos pelos quais às vezes custamos a pegar no sono).

Quanto aos dias mais quentes, talvez seja melhor ler a refrescante receita que propomos a seguir, para baixar um pouco esses graus a mais no verão.

Receita para dormir melhor no verão

Ingredientes

- Um quarto ventilado
- Ar-condicionado ou ventilador
- Roupa de cama leve
- Evitar bebidas alcoólicas de noite e os jantares fartos

Modo de preparo, passo a passo

- É preciso começar a preparar o descanso durante a vigília. Areje o quarto pela manhã e, a partir do meio-dia, mantenha as janelas abertas, mas as persianas baixadas, para que o quarto fique ventilado sem esquentar o ambiente.
- Para muitas pessoas, o ar-condicionado no verão é a solução ideal. Se você tiver um, aprenda a tirar o maior proveito dele. Pouco antes de deitar, regule a temperatura entre 20 e 22 °C. Sempre é tentador colocá-lo no máximo quando estamos sufocados de calor, mas lembre-se de que, durante a noite, a temperatura corporal diminui, e você acabará sentindo frio. Lembre-se também de desligá-lo durante o dia e ventilar bem o quarto, para eliminar o ar viciado.

Para quem não tem ar-condicionado ou não gosta dele, um ventilador é uma magnífica solução para as noites mais quentes. Você poderá instalar um ventilador de teto se o quarto tiver pé-direito alto – se ficar muito próximo de sua cabeça, inconscientemente você irá senti-lo como uma guilhotina ameaçadora. Ligá-lo meia hora antes de deitar é o bastante para que ele faça o ar circular e refresque o quarto.

■ No verão, escolha lençóis e roupa de dormir – pijama, camisola, camiseta – de tecidos naturais, como o algodão, que são frescos e absorvem a transpiração. Os materiais sintéticos podem ser bonitos, mas provocam calor. Muitas pessoas gostam de dormir sem roupa no verão, mas é melhor acostumarem-se a usar nem que seja uma camiseta. Não é uma questão de pudor. Como suamos mais no verão, a roupa absorve a transpiração e impede que os lençóis fiquem ensopados.

■ Alguns modelos de colchão têm duas posições: uma para inverno e outra para verão. Verifique se o seu está na posição correta.

■ No verão, desidratamos facilmente e sentimos mais sede. Como os dias são mais longos e temos mais tempo para ficar conversando com os amigos após as refeições, é tentador tomar algumas cervejas ou um coquetel bem gelado à noite. Não queremos ser desmancha-prazeres, mas o álcool eleva a temperatura corporal, o que o transforma em um inimigo do sono. É preferível consumi-lo ao meio-dia ou à tarde, um bom tempo antes da hora de dormir.

Um jantar pesado e farto – ainda mais no verão – também não é um bom aliado do sono. Como o álcool, gera mais energia e eleva a temperatura do corpo, por isso aumenta a sensação de calor. É melhor optar por uma refeição leve, refrescante e de fácil digestão.

Os *chefs* recomendam

■ Um truque para dias de calor extremo: ponha a fronha do travesseiro alguns minutos na geladeira antes de deitar.

3

Dormir para ficar bem acordados

Há poucas coisas na vida tão agradáveis quanto uma boa noite de sono reparador. Nem sempre, porém, descansamos tudo o que desejaríamos, e muito menos o que o corpo pede. O excesso de trabalho e as preocupações fazem com que 40% da população, segundo estatísticas atuais, sofra de problemas do sono. Em média, nas grandes cidades, as pessoas dormem, em dias úteis, duas horas a menos do que as necessárias para se recuperar. Isso quer dizer que são dez horas a menos na semana e quarenta a menos no mês. Após um ano, terão deixado pelo caminho 480 horas de seu precioso descanso.

A privação de sono é a maior epidemia silenciosa de nosso tempo. Vivemos em um mundo que funciona 24 horas por dia. As diferenças horárias deixaram de existir graças à Internet e aos canais de televisão. Queremos estar a par de tudo o que acontece, e o tempo que usamos para nos informar consome nossas horas de descanso.

Muitos fatores influem direta ou indiretamente na qualidade e na quantidade de nosso descanso noturno. Fazem parte de nossa vida cotidiana, convivemos com eles, mas o sono continua sendo um grande desconhecido para a maioria, e a atenção que se presta a ele é escassa ou nula. Os fatores externos e internos que perturbam nosso sono podem, em sua maioria, ser alterados de forma rápida e simples se os conhecemos.

É muito mais simples que emagrecer!

Quantas horas um adulto precisa dormir?

Isso depende de cada pessoa, mas as horas suficientes para acordar sem sono e render bem durante todo o dia. Para um adulto, sete horas e meia costumam ser o bastante, mas o número adequado oscila entre cinco e dez horas por noite.

Para você saber se está dormindo diariamente o necessário, pode fazer um exercício simples: contar quantas horas descansa durante os dias úteis e comparar com as que dedica ao sono nos finais de semana e nas férias. Se durante a semana dorme seis horas, em média, e no sábado e no domingo, dez, é porque precisou recuperar sono. Você "deve" sono a seu cérebro e precisa devolvê-lo com urgência. Teria de aumentar a média de horas que dorme durante a semana. Se não o fizer, seu corpo poderá cobrar isso no momento que você menos espera, com riscos para você e para outras pessoas. A causa de muitos acidentes de trânsito e de trabalho está relacionada com a falta de sono.

Na hora de avaliar as horas de sono, também devemos lembrar as pessoas que se situam nos extremos: alguns precisam de nove horas ou mais de sono para se sentir bem acordados durante o dia; para outros, cinco ou seis horas já são mais que suficientes. Essas características "vêm de fábrica", isto é, são determinadas quase com toda certeza por fatores genéticos que indicam nossas necessidades.

Escutar nosso corpo

Quando anoitece, nosso organismo começa a se preparar para dormir. Mas, em nossa corrida contra o tempo, queremos aproveitar cada minuto que nos resta desde a saída do trabalho até a hora de deitar. Só então "temos tempo" para fazer compras, ir à academia, jogar tênis, ficar com os amigos ou ir ao cinema, entre inúmeras outras atividades. De noite, temos nossa vida social ou vemos tevê, estudamos, respondemos aos *e-mails*, batemos papo na Internet... E fazemos tudo isso à custa do sono.

Talvez você tenha pensado: "Mas é claro que sim, é lógico! O que seria de nossa vida se não fizéssemos isso? Só trabalhar, comer e dormir?"

Não é isso o que propomos. A diversão e o contato social são necessários para a saúde do corpo e da mente. Não é preciso renunciar a nada – ou a quase nada –, desde que façamos isso de maneira racional. Assim como não colocamos, num mesmo dia, todos os ternos, camisas, sapatos e gravatas que temos no armário, também não precisamos fazer todas as atividades de uma vez.

A maioria de nós chega em casa com um grau muito elevado de tensão, estresse e ansiedade. O termostato está no vermelho vivo. Precisamos descansar, relaxar e desligar de tudo. Mas então... terminamos aquele trabalho pendente, vemos tevê após o jantar, depois lemos os *e-mails* e, se encontramos algum amigo *on-line*, papeamos um pouco. As horas passam até que, esgotados, decidimos deitar.

Na manhã seguinte, não entendemos por que acordamos cansados e com vontade de continuar dormindo.

A resposta é clara: tiramos quase tudo do tempo destinado ao sono. Esquecemos a importância que dormir tem para nosso organismo.

Por que é tão importante nos preocuparmos com o sono?

Porque enquanto dormimos:

• *Os músculos revigoram-se e se recuperam*, diminuindo assim a fadiga e as tensões do dia. Isso é obtido graças a algumas substâncias que o cérebro produz enquanto dormimos profundamente: os peptídios restauradores. Vamos nos sentir revigorados ao acordar, desde que tenhamos dormido bem.

• *Crescemos e amadurecemos.* A secreção do hormônio de crescimento, bem como de outras substâncias de que as crianças precisam para se desenvolver, é sintetizada durante o sono. É um processo quase imperceptível, mas de extrema importância.

• *Arquivamos e consolidamos a memória.* Durante o sono, o cérebro seleciona para guardar – como o disco rígido de um computador – o que considera útil e descarta o que sobra. Dessa forma, resta espaço livre para incorporar novos conhecimentos. A seleção e consolidação da memória é uma das razões pelas quais é tão importante dormir bem.

• *Aprendemos.* Não nos referimos aos cursos para aprender um idioma enquanto dormimos. Isso é um engano. O que sabemos atualmente é que, enquanto estamos acordados, nosso cérebro coleta informação e, durante o sono, processa, consolida e guarda essa informação. Isso nos permite, durante a vigília, evocar ou lembrar o que foi aprendido. Muitos fracassos escolares e problemas de aprendizagem são causados por um sono insuficiente ou de má qualidade.

• *Melhora nosso humor.* O cortisol e as catecolaminas são substâncias indispensáveis para manter nossas "baterias" em pleno rendimento durante o dia. De noite, seu nível diminui para voltar a aumentar na manhã seguinte. Essa diminuição noturna permite a redução da tensão, ansiedade e mau humor acumulados durante o dia. O que ocorrerá, então, se nosso sono for insuficiente e essas substâncias não diminuírem em nosso corpo? Vamos acordar tensos, de mau humor, irritadiços e, se isso persistir várias noites, sofreremos o chamado "mau estresse" ou "distresse", o pior inimigo do sono.

• *A pele se regenera.* As mulheres sabem disso, já que existem alguns cremes faciais para o dia e outros para a noite. Os que são aplicados antes de dormir agem durante o sono, enquanto as células mortas são repostas.

As glândulas lacrimais também se esvaziam. Por isso, quando não dormimos, nota-se imediatamente em nosso rosto: ficamos com as pálpebras inchadas.

Se o sono for insuficiente ou de má qualidade, essas funções não poderão ser realizadas ou se realizarão de maneira incompleta. Então levantaremos cansados e de mau humor. Discutiremos com nosso chefe e com nossos colegas de trabalho, nossa memória irá falhar e custaremos mais a aprender. Nosso organismo também denunciará a falta de sono: o envelhecimento acelerará, a libido diminuirá e até ficará mais difícil reduzir o peso.

Tanta "ciência" para dormir?

Se você adormece só de colocar a cabeça no travesseiro, considere-se um felizardo. É como aquelas pessoas que preparam um prato pela primeira vez e ele fica uma maravilha. Mas não é o comum. Mais de mil pacientes por ano vêm a nosso consultório porque não conseguem dormir bem. E, na maioria das vezes, o transtorno tem origem em hábitos incorretos adquiridos ao longo da vida.

Para pegar no sono sem problemas e de forma saudável, é preciso prepará-lo desde a manhã. Dormimos para ficar acordados, e ficamos acordados para poder dormir à noite. Nossos hábitos diurnos repercutem diretamente no sono noturno.

Porém, antes de apresentar-lhe três receitas para pôr em prática, ao longo das 24 horas do dia, o hábito de dormir bem, queremos falar de certas substâncias que consumimos. Algumas favorecem o sono, outras o "sabotam". Com frequência, têm aparência agradável, mas, como especialistas, sabemos bem até que ponto podem interferir no descanso.

Os sabotadores do sono

Entre os principais inimigos do sono estão o *estresse*, a *obesidade* e o *sedentarismo*. Por isso, não hesitamos em recomendar uma mudança de hábitos radical ao iniciar o tratamento.

Reduzir a tensão do cotidiano – levar a vida com mais calma –, apostar em uma dieta equilibrada e em um pouco de exercício leve é um bom ponto de partida para atacar os transtornos do sono. E não se trata apenas de evitar a fadiga e a sonolência diurna. Não pregar o olho a noite toda também afeta a libido!

A lista dos inimigos "legais" do sono inclui estimulantes, como o café, o chá, o mate na América do Sul e os refrigerantes de cola, que – junto com o fumo e o álcool – são um trampolim para a insônia, a gastrite e outros problemas digestivos.

Muitas pessoas com transtornos do sono recorrem durante o dia a esses estimulantes, que bloqueiam o cansaço pondo em ação a adrenalina e os glicocorticóides, cuja secreção excessiva pode desestabilizar o organismo e provocar diabetes.

O melhor uso da cafeína

Qualquer doença relacionada ao estresse agrava-se com o consumo de cafeína, por isso é preciso evitá-la nesses casos.

O melhor momento para tomar café, chá ou mate é no café-da-manhã. É uma excelente maneira de começar o dia bem-disposto. Você deverá aprender a eliminar a cafeína de sua dieta depois do meio-dia.

As pessoas que consomem cafeína demais podem sofrer um aumento da pressão sanguínea, o que leva a uma maior secreção de hormônios do estresse.

Os efeitos da cafeína costumam perdurar por entre duas e sete horas no sangue, dependendo de cada pessoa. Pesquisas recentes, porém, demonstraram que às vezes eles podem persistir até o momento de deitar, mesmo quando se consumiu cafeína antes da uma da tarde. Isso significa que essa substância continua presente no organismo até muitas horas depois de seu consumo.

A cafeína bloqueia os receptores de adenosina (ATP), uma substância sonífera que se acumula no organismo durante o dia e nos prepara para dormir. Se essa substância é bloqueada por causa da cafeína, além de prejudicar o sono pode agravar qualquer doença relacionada ao estresse.

De qualquer modo, um consumo elevado desse excitante aumenta o risco de sofrer palpitações, dores no peito e doenças coronarianas, sem contar os efeitos causados pela abstinência de cafeína, que é típica dos finais de semana.

Sabe-se bem que, quando chega o fim de semana, quem consome muito café nos dias úteis sofre fortes dores de cabeça, tremores, palpitações e outros sintomas, devido à redução do nível de cafeína. Essa *síndrome de abstinência da cafeína* é comum entre os funcionários de escritório, que tentam ficar acordados e vencer o cansaço acumulado.

É preciso ressaltar que a cafeína é encontrada não apenas no café, mas também no chá, no mate, no chocolate, nos refrigerantes de cola e em alguns analgésicos.

O chocolate e os refrigerantes de cola produzem um "pseudo bem-estar" e causam dependência por seu alto conteúdo em cafeína e por conter açúcar.

Você é dependente de cafeína?

Verifique se você apresenta estes sintomas:

1. Assim que acorda pela manhã, precisa tomar substâncias com cafeína: café, chá, mate, colas.

2. Após ingeri-las, sente-se bem, até mesmo eufórico.

3. Depois de poucas horas, sente um abatimento e o desejo de tomá-las novamente. Então volta a se sentir bem.

A solução para superar essa dependência não é difícil. Consiste em substituir de forma progressiva – nunca de repente – a cafeína por bebidas descafeinadas, sucos de fruta, leite de soja, infusões de ervas, água com gás ou águas minerais com sabor.

Por que não fazer isso de repente? Para não se sentir mal. Ao começar a reduzir o consumo de cafeína, se os sintomas da síndrome de abstinência forem muito fortes, misture metade de café normal com metade de café descafeinado. E não se preocupe: esse mal-estar durará só uma ou duas semanas.

Não ingira nada que contenha cafeína a partir do meio-dia. Após um mês, você conseguirá suspender seu consumo ou limitá-lo apenas ao período da manhã.

Há dois motivos para fazer o que sugerimos: um é a redução do estresse, o outro é simplesmente dormir bem, imprescindível para sua saúde física e mental.

O álcool

Muitas pessoas têm a falsa crença de que o álcool ajuda a dormir bem – ocorre justamente o contrário! –, não se importando muito com a ressaca – com dor de cabeça e enjôo – que se apresenta de manhã e dificulta as tarefas do dia.

Sem dúvida, o álcool tem ação relaxante e por isso favorece o adormecimento, mas estudos recentes demonstraram que ele impede que se chegue às fases profundas do sono. Em outras palavras, se você ingerir três ou quatro copos de bebida antes de deitar, vai adormecer no ato, porém seu sono será curto e superficial. O mais provável é que acorde três ou quatro horas depois de adormecer, ou que levante com a sensação de não ter descansado bem.

O álcool provoca um sono instável e com despertares frequentes porque diminui o sono REM, essencial para um descanso reparador.

Se além disso você tiver tendência a roncar, a bebida agravará muito o seu problema, porque, com os músculos respiratórios relaxados, os roncos ficarão mais intensos. Também é absolutamente desaconselhável para as mulheres grávidas, por favorecer a retenção de líquidos, dificultar o descanso e prejudicar o bebê.

Portanto, evite totalmente o álcool nas três ou quatro horas anteriores ao horário de dormir. Substitua-o por água, sucos ou infusões. Se for obrigado a "fazer um brinde" numa festa familiar ou de amigos, tome uma única taça. De noite você vai agradecer por isso, e também de manhã, quando tiver de enfrentar o dia com a mente fresca e desperta.

Sono e drogas

Além da cafeína e do álcool, inimigos número um do sono saudável, a maioria das drogas – tanto as lícitas como as ilícitas – prejudicam o descanso noturno. Vejamos como agem algumas delas:

- *Nicotina.* Fumar pode provocar insônia, já que a nicotina é um estimulante como a cafeína. Em geral, os fumantes custam mais a pegar no sono e despertam mais vezes à noite. O fumo aumenta a pressão arterial, provoca taquicardia e estimula o cérebro; por conseguinte, é um sabotador do sono.

• *Maconha.* Entre seus componentes há substâncias que alteram os neurotransmissores do cérebro envolvidos no sono. Os consumidores de maconha precisam de mais tempo para adormecer e desfrutam uma porcentagem menor de sono REM, que – além de proporcionar os episódios oníricos – está envolvido na consolidação da memória e da aprendizagem. A maconha não é amiga do sono nem da saúde.

• *Cocaína.* Por provocar estimulação e euforia seguida de depressão, é péssima para o descanso. Essa droga interage com a dopamina, o neurotransmissor cerebral que interfere no ciclo do sono e da vigília. Além de estar sujeitos a outros perigos da cocaína – sua dependência causa grandes estragos –, os consumidores dessa substância costumam sofrer de insônia persistente, devido à redução do sono delta (profundo) e do sono REM. Nos períodos de abstinência, provoca sonolência excessiva, por isso o dependente droga-se novamente para "ficar ligado".

• *Anfetaminas.* São estimulantes muito poderosos, com mecanismos parecidos com os da cocaína. Provocam insônia e, quando seu consumo é suspenso, sonolência excessiva. Também favorecem o aparecimento de pesadelos durante o sono REM.

Medicamentos que podem provocar insônia

- Antidepressivos
- Anti-hipertensivos
- Antiasmáticos
- Anticoncepcionais orais
- Anti-inflamatórios com corticosteróides
- ACTH: hormônios que estimulam as glândulas adrenais

- Gotas nasais com efedrina
- Comprimidos para emagrecer
- Anfetaminas e derivados
- Hormônios tireóideos
- Medicamentos com cafeína

Os amigos do sono

Triptofano

O nutriente que ajuda a dormir melhor é o triptofano, um dos aminoácidos que formam as proteínas. É a partir dele que se produz a serotonina, um neurotransmissor que influi no sono e no estado de ânimo. Para desencadear a produção de serotonina, inclua no jantar algum alimento rico em triptofano. Entre os alimentos de origem animal, esse aminoácido é encontrado sobretudo nos ovos, no presunto, na carne de aves, nos peixes mais gordurosos e no leite e seus derivados (o leite é um calmante natural, mas esqueça-o se você tem intolerância à lactose). Entre os alimentos de origem vegetal, pode ser encontrado no arroz, na cevada, no trigo, no pão, nas massas e na tapioca. Também nas batatas, em hortaliças como a couve e a abóbora e nos frutos secos.

Proteínas

A vitamina B_6 ajuda a transformar o triptofano em serotonina. Todas as carnes, o peixe e os ovos contêm essa vitamina, por isso, se os consumirmos durante o jantar, estaremos predispondo o cérebro para o sono.

Além disso, os carboidratos complexos, como as batatas, a abóbora, o arroz ou as massas, também promovem o sono. Melhor ainda: pode-se combinar a carne com algum desses alimentos ricos em carboidratos.

O melhor momento para consumir carne – de preferência frango –, peixe, ovos e laticínios é durante o jantar, já que esses alimentos fornecem os aminoácidos de que o organismo precisa para a regeneração orgânica. É conveniente que esse processo aconteça durante o sono, quando a digestão lenta não afeta as tarefas diárias.

Se você for vegetariano, poderá substituir a carne por *tofu* ou nozes. Os efeitos serão os mesmos, já que esses alimentos têm nutrientes e propriedades parecidas com as da carne.

Em qualquer manual completo de nutrição e dietética, você pode encontrar informação ampla e variada sobre as necessidades de nosso organismo e o que devemos comer para satisfazê-las.

Infusões

Uma xícara de tília, verbena, camomila, valeriana ou passiflora antes de deitar – ou durante o dia, para ficar relaxado – é um bom complemento para favorecer o sono. Se você não gosta das infusões, pode tomar essas ervas em forma de drágeas, vendidas em farmácias e lojas de produtos dietéticos.

Um banho aromatizado ou uma massagem com óleo essencial são outras alternativas para relaxar.

Recomendações dietéticas para dormir bem

- Respeitar os horários das refeições, sem pular nenhuma.
- Começar o dia com um bom café-da-manhã, rico em carboidratos para evitar a hipoglicemia – queda de açúcar no sangue –,

que costuma acontecer no meio da manhã, provocando nervosismo e irritabilidade.

• O pão, os cereais e as frutas são ideais de manhã e até a hora do almoço.

• Os doces devem ser consumidos – com moderação – antes das 6 da tarde, bem antes da hora de dormir. O açúcar – até o das frutas – é estimulante e, se for consumido no jantar, poderá dificultar a chegada do sono.

• Jantares fartos ou ingestão de grandes quantidades de líquido antes de deitar podem alterar o sono. É aconselhável jantar – moderadamente – duas horas antes de dormir. Não convém ir para a cama em jejum, porque a fome pode despertar você. Se você jantou, mas sentir fome antes de dormir, é preferível tomar um copo de leite, preparar um lanche leve ou comer algumas bolachas. Assim, evitará a hipoglicemia noturna.

• Cuidado com as dietas pobres em carboidratos, vitaminas e sais minerais, nutrientes essenciais para o bom funcionamento do sistema nervoso.

• Pode-se comer verduras o tempo todo: tanto as de folhas verdes e os legumes como as hortaliças. São nossa principal fonte de vitaminas e minerais.

Como cozinhar e temperar?

• Em princípio, devem ser escolhidos os alimentos menos gordurosos, preparados na chapa, na grelha, assados (no forno, com papel-alumínio), em micro-ondas, cozidos em água... As frituras não são aconselháveis. Comidas à milanesa, empanados, refogados e ensopados também devem ser consumidos moderadamente.

• Os temperos mais recomendáveis são manjericão, aipo, cominho, estragão, louro, tomilho, orégano e salsinha. Os picantes devem ser evitados, por provocarem irritação gástrica e acidez.

- O vinagre e o óleo podem ser misturados a ervas aromáticas. Na salada é sempre melhor utilizar óleos vegetais puros – sobretudo azeite de oliva extravirgem –, muito saudáveis tanto no almoço como no jantar.

Uma questão de hábito

Maria, uma jovem advogada, veio a nosso consultório depois de passar pelo psicólogo.

Fazia algumas semanas que acordava às 3 ou 4 da madrugada e custava a pegar no sono de novo. E, assim que conseguia, o despertador tocava. Como se sentia cada vez pior – cansada, mal-humorada e com pouco ânimo todo santo dia –, e como uma pessoa havia lhe dito que não conseguir dormir era um sintoma de depressão, decidiu recorrer a um psicólogo. Para sua surpresa, ele a encaminhou a um especialista do sono.

Em vez de receitar a Maria comprimidos para dormir, pedimos-lhe que explicasse com detalhes o que fazia desde o momento em que chegava em casa até a hora de deitar. Ela ficou ainda mais surpresa com nosso pedido, mas nos contou:

Morava sozinha e costumava trabalhar até tarde. Em geral, ao chegar em casa, largava a bolsa, tirava os sapatos e ia direto para a cozinha. Como estava esgotada e a última coisa que queria fazer era preparar o jantar, esquentava um prato pronto no micro-ondas, servia-se de um refrigerante de cola, colocava tudo numa bandeja e ia para seu cômodo preferido: o quarto.

Sentada na cama, ligava a televisão e começava a jantar. Às vezes, ouvia as mensagens da secretária eletrônica e, em seguida, respondia às ligações mais urgentes de clientes, familiares e amigos. Depois, entre bocejos, começava a ler o relatório do caso que tivesse em mãos... e acordava às 3 ou 4 da madrugada. Não sabia a que horas havia adormecido. E de nada adiantava recolher tudo, vestir o pijama e voltar a deitar logo em seguida. O sono não vinha.

Maria não tinha depressão. Seu transtorno de sono era causado por seus maus hábitos e pelas associações e decodificações errôneas que seu cérebro fazia na hora de dormir. Sem necessidade de medicação, nós a ensinamos a dormir bem outra vez. Após um mês, o problema desapareceu.

Certamente, ao lerem esse caso, vocês perceberam alguns dos erros cometidos pela paciente. No capítulo anterior, explicamos a importância de não transformar o cômodo onde dormimos em um espaço multifuncional: sala de jantar, sala de estar, escritório e dormitório, tudo ao mesmo tempo!

O cérebro de todos os animais associa determinados elementos a ações ou funções concretas. Se você mostrar a coleira para seu cachorro, ele abanará o rabo de alegria por saber que chegou a hora de passear. Para atingir nosso objetivo de dormir bem, a mente e o corpo devem associar o quarto e a cama exclusivamente às atividades de dormir e fazer amor. Quando se come, assiste à tevê ou trabalha na cama – hábito frequente entre os insones –, o cérebro confunde-se, porque está recebendo mensagens contraditórias: já não sabe se naquele cômodo se deve dormir ou ficar acordado.

O caso de Maria também nos interessa por outra razão. Mostra como é fácil perder um hábito sem perceber. A ponto de pensar que a causa do transtorno do sono é outra. Por exemplo, Maria achou que estava começando a sofrer de depressão. Ela nem sequer imaginou que poderia haver uma explicação – e uma solução – mais simples.

Um hábito – e dormir bem é um hábito – "funciona" desde que praticado diariamente. Podemos falhar um dia, mas, se nos acostumarmos, o corpo e o cérebro acabarão respondendo às mensagens, e se estas forem confusas e contraditórias, pagarão na mesma moeda.

Um bom hábito pode ser recuperado ou aprendido de novo. As três próximas receitas ensinam os passos a seguir, ao longo de 24 horas, para que nosso dia não nos custe o sono.

Receita para "despertar" o sono
(Usar desde as 6 da tarde até a hora de deitar)

Ingredientes

- Desligamento do trabalho
- Exercício moderado
- Jantar leve e consumo de substâncias "amigas do sono"
- Horários regulares
- Rituais que induzam ao sono
- Técnicas ou atividades de relaxamento

Modo de preparo, passo a passo

- *Ao chegar em casa.* Assim que entrar em casa, desligue-se psicologicamente do trabalho. Largue a pasta, livre-se dos sapatos e vista uma roupa confortável. É uma forma simples de traçar uma linha divisória entre o âmbito profissional e o âmbito familiar; não é bom misturá-los.

Se tiver trazido do escritório algo pendente e muito importante, determine um tempo para terminar e comece logo. Se ao final do turno que estabeleceu você não tiver terminado, deixe estar! Você poderá continuar no dia seguinte no escritório. Não transforme sua casa em uma extensão do trabalho.

■ *Nas três horas que antecedem o jantar.* O período da tarde, ao chegar do trabalho, é o momento ideal para programar alguma atividade física leve, de que você mais goste. Um pouco de exercício ajuda a reduzir o estresse, libera as tensões e prepara você para um bom sono noturno.

Realize primeiro os exercícios mais intensos, como uma partida de tênis ou futebol. Quando ficam para a última hora, eles têm um efeito contraproducente: conseguem apenas elevar a temperatura corporal e retardar o sono. São "estimulantes".

O mais recomendável são os exercícios moderados: fazer uma caminhada de meia hora, praticar ioga ou qualquer outra atividade leve, que não exija esforço físico excessivo.

Como o objetivo é relaxar, a partir das 5 ou 6 da tarde evite também as substâncias que "sabotam" o sono. Não consuma café, chá ou mate, nem bebidas ou medicamentos que contenham cafeína. Quando tiver sede, beba água, suco de frutas, leite de soja, bebida sem álcool etc.

Nos dias em que estiver mais cansado e nervoso, tome um bom banho quente antes de jantar. Tem um magnífico efeito calmante.

■ *Na hora do jantar.* Faça uma refeição leve (ver página 71) e não vá para a cama logo depois de jantar. Dê um tempo para a digestão.

Estabelecer horários regulares é um bom costume que ajuda nosso cérebro a associar ações com funções concretas: é a hora de jantar, de dormir, de acordar, de trabalhar, de relaxar etc.

Por exemplo, se você jantar sempre na mesma hora, notará que cerca de meia hora antes o estômago começará a fazer barulho e sentirá fome. É o primeiro sinal que o cérebro está enviando para avisá-lo de que você deve comer. Dali a pouco enviará outro para alertá-lo de que deve começar a elaborar sucos gástricos.

Se jantarmos às 8 num dia, às 10 no outro, deixarmos de jantar no dia seguinte e no outro fizermos isso à uma da manhã, nosso cérebro não saberá quando deve enviar os sinais de fome ou os de elaboração dos tão necessários sucos gástricos. A desorganização nos horários contribui para transmitir mensagens confusas ao cérebro, impedindo-o de incorporar bons hábitos.

Às vezes é difícil estabelecer um horário fixo para as refeições quando a família é grande e cada um tem suas próprias atividades e tarefas. O ideal, porém, seria definir uma hora para a reunião familiar ao redor da mesa. As eventuais falhas deverão ser uma exceção, e não a regra.

Jante com moderação. Se seu organismo estiver muito ocupado em fazer a digestão, não poderá se entregar completamente ao sono. É preferível evitar bebidas alcoólicas, e, se ingeri-las, limite-se a um copo. Substitua-as por água ou sucos, embora seja melhor beber poucos líquidos à noite. Se você deitar com a bexiga cheia, terá de levantar para ir ao banheiro.

Não tome café depois de jantar: não é uma bebida digestiva e irá despertá-lo, mesmo que você não ache que isso vai acontecer. Pode substituí-lo por alguma infusão digestiva, como a camomila ou o boldo.

Por último, lembre-se: não jante na cama!

- *Depois de jantar*. Reserve algumas horas para relaxar antes de deitar. É uma etapa decisiva, porque a mente e o corpo já estão se preparando para dormir. Precisamos ajudá-los a não achar o contrário.

Acomode-se no sofá e assista à tevê ou ouça uma música suave. Verifique na agenda as atividades do dia seguinte, se você não fez isso logo ao chegar em casa. Porém, não dedique mais de dez ou quinze minutos para essa verificação. Trata-se somente de checar o que terá a fazer amanhã, e não de fazer agora. Se alguma coisa em especial preocupa você ou se toda a lista de coisas pendentes ronda sua cabeça, um bom truque é pegar lápis e papel para anotá-las e guardar essa lista até o dia seguinte, quando poderá resolver as coisas. Não se iluda: você não vai resolver nada agora, e não é bom levar problemas para a cama.

Há uma série de atividades que, a partir de agora, você deveria deixar de realizar. Não é o momento de:

– Discutir com a companheira ou com os filhos. Deixe isso para amanhã.

– Ficar ligado em um filme que durará três horas ou em um programa que já começa tarde e termina de madrugada.

– Tomar bebida alcoólica enquanto assiste à tevê. Se você custa a pegar no sono, também não tome uma xícara de chocolate: não se esqueça de que o cacau tem cafeína!

– Começar a navegar pela Internet ou nas salas de batepapo. Podemos ficar até as tantas da noite totalmente presos ao computador e, em vez de sonolentos, bastante ligados. Se quiser fazer isso, é preciso determinar com antecedência uma hora para desligar o computador. Sem desculpas.

■ *Meia hora antes de deitar.* As rotinas e costumes antes de ir para a cama são necessários, pois enviam ao cérebro um sinal que, junto com a escuridão, confirma que felizmente o dia terminou e chegou a hora de dormir.

Nosso cérebro é extremamente organizado e gosta das rotinas, sempre as mesmas, que avisam que daqui a pouco iremos para a cama. Cabe a cada um decidir quais são as suas, conforme seu gosto e sua conveniência. Apresentamos algumas delas:

– Desligar a televisão.

– Fechar as cortinas do quarto.

– Preparar a roupa para o dia seguinte.

– Preparar a mesa para o café-da-manhã.
– Levar o lixo para fora.
– Levar o cachorro para passear.
– Ir ao banheiro, escovar os dentes e vestir o pijama.
– Verificar se não há nenhuma boca do fogão ligada.
– Tomar um copo de água.
– Ir ao quarto das crianças e conferir se elas estão dormindo.
– Apagar as luzes do resto da casa e entrar no quarto.

▪ *Hora de deitar.* Você deve dormir quando tem sono, mas é preferível determinar um horário regular para ir para a cama. O ideal é deitar-se sempre mais ou menos na mesma hora, de preferência entre onze da noite e, no máximo, uma da manhã. O cérebro de um adulto está preparado para iniciar o sono nessas horas.

Estabeleça horários regulares tanto para deitar como para levantar. Essa regularidade ajuda a manter o ritmo correto do sono e da vigília. Faça isso também nos finais de semana, pois assim ajudará a manter seu relógio biológico na hora certa e perfeitamente sincronizado.

Se você se acostumar a ir dormir mais ou menos no mesmo horário, perceberá que, meia hora antes, o cérebro enviará a seu corpo sinais de que o momento de deitar está próximo. Esteja atento e leve-os em conta. Se seus olhos começam a fechar, se você não para de bocejar, coloque em prática os rituais que induzem ao sono e vá para a cama.

▪ *Na cama.* Chegou a hora decisiva. Alguns caem na cama, desligam o abajur do criado-mudo, fecham os olhos e têm a sorte de, cinco ou dez minutos depois, estar profundamente adormecidos.

Se esse não for seu caso, você pode relaxar um pouco mais ouvindo música ou lendo. Mas lembre-se de que está recorrendo a essas atividades por serem boas indutoras do sono. Não vá para a cama para ouvir o novo CD que comprou à tarde ou para ler um romance porque há muito barulho na sala. Se fizesse isso, você estaria transformando sua cama e seu quarto no que, como estamos insistindo, não devem ser: um espaço multifuncional. Lembre-se: estaria dando uma mensagem equivocada a seu cérebro. A cama deve ser só para dormir (e fazer amor).

Como utilizar a música e a leitura para induzir ao sono?

- *Música*: a música suave, em volume baixo, ajuda algumas pessoas a pegar no sono, porque desvia a mente das preocupações e relaxa o corpo. Porém, é preciso seguir algumas recomendações:

– Não convém dormir com a música tocando a noite toda, porque ela pode acordá-lo depois de algum tempo. É melhor optar por um aparelho de CD ou o rádio, se preferir, e programá-los para desligar após quinze minutos.

– Escolha melodias suaves ou sons da natureza. Evite os tons agudos ou estridentes.

– Se dormir acompanhado, lembre-se das necessidades do outro. Se ele precisa de silêncio absoluto para dormir, use fones de ouvido.

- *Leitura*: ler algumas páginas ou um capítulo de um livro antes de dormir é um bom indutor do sono. Assim como a música, permite esquecer os problemas, desligar-se deles. Neste caso também é preciso seguir algumas recomendações:

– Escolha um romance ou um livro leve. Não comece agora a ler o artigo científico que ficou pendente, nem o balanço que deve rever, nem o jornal, já que o despertariam ainda mais, em vez de propiciar o sono.

– Use o abajur do criado-mudo ou, se dormir acompanhado e o outro se incomodar com a luz, um abajur com luz direcionável.

– Se tiver mais de 40 anos, escolha um livro com letras grandes: a luz tênue acentua a presbiopia ou vista cansada. Se a leitura for difícil, isso também não vai ajudar muito a relaxar.

– Assim que aparecerem os sinais de sono, preste atenção a eles: feche o livro (mesmo que esteja prestes a descobrir quem é o assassino) e apague a luz. Não deixe escapar a oportunidade de adormecer.

Você percebeu como é difícil determinar o momento exato em que adormecemos? É quase imperceptível. Em um instante passamos da vigília ao sono e, quando o despertador toca de manhã, temos a impressão de que acabamos de fechar os olhos.

O corpo emite uma série de sinais pouco antes. Nossas pálpebras fecham-se, vamos buscando uma posição mais confortável. É o momento de abandonar o livro, desligar o som e apagar a luz, porque já entramos na fase de sonolência. Fechamos os olhos, ficamos quietos na posição de que mais gostamos, os músculos se relaxam, a respiração fica mais regular e a atividade do cérebro diminui. Em alguns segundos ou poucos minutos, estaremos dormindo.

Bons sonhos!

Os *chefs* recomendam

- Adquirir o hábito de dormir bem leva tempo. Requer paciência e dedicação. Não devemos nos deixar abater se custamos a dormir nos primeiros dias dessa prática. Com determinação, repetindo sempre os mesmos passos, conseguiremos interiorizá-los. E chegará um dia em que faremos tudo de modo automático.

- Muita gente acorda e levanta pelo menos uma vez à noite. Se você faz isso, lembre-se: evite deixar móveis e objetos entre a cama e o banheiro (às 3 ou às 4 da manhã, a pessoa levanta meio adormecida e pode tropeçar). Procure não acender luzes; a essa altura, nossos olhos já estão acostumados com a escuridão. Se for fumante, não aproveite o momento para acender um cigarro: isso despertaria você. Volte para a cama imediatamente, não olhe a hora e continue dormindo.
- Seja precavido. Como durante a noite a temperatura corporal diminui, às vezes, no inverno, acordamos porque sentimos frio. Você pode deixar uma manta ou a colcha ao pé da cama, ou algumas meias no criado-mudo, para não ter de levantar e começar a procurar.

A MANHÃ SEGUINTE

O despertador toca insistentemente, e João pula da cama. Perdeu a hora de novo! Com certeza desligou o despertador sem perceber nas três vezes anteriores em que ele tocou, como acontece quase sempre. Agora João liga o rádio para ouvir o jornal da manhã. Depois toma um banho rápido com a esperança de que irá despertar, mas continua sonolento. Faz a barba e em seguida toma um café de pé. Veste a primeira roupa que encontra, mas lembra que terá reunião com a diretoria, despe-se e coloca terno e gravata. Procura lembrar tudo o que precisa levar para o trabalho, mas na noite anterior deixou os papéis espalhados pela sala e não encontra nada. Então a agenda eletrônica toca, e João descobre que hoje é o dia de visitar seus filhos (João é divorciado, Elisa é sua segunda esposa). Vem à sua cabeça que tem hora marcada com o dentista. Onde está o papel em que anotou o horário? Certamente Elisa jogou-o fora pensando que não tinha importância. Procura as chaves da casa. Onde as colocou? Vejamos, que roupa estava usando ontem? "Elisa!", grita furioso às 7h45, "onde estão as minhas coisas?" Elisa está dormindo e não entende de que raio de coisas João está falando. Ela então começa a manhã irritada. Ele, por sua vez, já está absolutamente esgotado, e ainda nem saiu de casa!

Com certeza, João não leu a próxima receita. Além de ganhar muito tempo, teria evitado aborrecimentos, mau humor e cansaço logo cedo.

Receita para começar o dia bem-disposto
(Usar entre a noite e a primeira hora da manhã)

Ingredientes

- Planejamento
- Horários regulares
- Um pouco de exercício
- Um bom café-da-manhã

Modo de preparo, passo a passo

- Esse "prato" deve começar a ser feito na noite anterior. Como vimos na "Receita para 'despertar' o sono", antes de ir dormir convém deixar preparadas as coisas para o dia seguinte. Depois de jantar, consulte a agenda para lembrar quais serão as atividades do dia seguinte e pensar em como organizá-las. Se tiver de procurar um papel, uma anotação, um número de telefone, seja o que for, poderá fazer isso agora sem pressa.

Antes de ir para a cama, prepare a roupa, guarde os papéis na pasta e deixe-a em um lugar visível, junto com as chaves da casa e do carro, a carteira e tudo o que for necessário. Assim você poderá administrar seu tempo e evitar correrias angustiantes de manhã.

Também é útil deixar a mesa posta para o café-da-manhã. Uma coisa a menos a fazer ao acordar.

▪ Assim como na receita anterior, recomendamos que você seja regrado nos horários de ir para a cama e procure levantar de manhã sempre na mesma hora, ainda que na noite anterior tenha deitado mais tarde. Você poderá ir dormir um pouco mais cedo hoje.

É conveniente manter essa regularidade de horário mesmo nos finais de semana. O corpo e o cérebro se acostumam a ele, e se dormirmos as horas de que necessitamos não nos custará tanto ouvir o toque do despertador. Você pode dormir uma hora a mais no sábado e no domingo, mas não acorde ao meio-dia se no resto da semana tem de levantar às 7 e meia.

▪ Quando o despertador tocar e antes de pular da cama, espreguiçe-se com gosto. Já observou os animais? Se você tiver um cachorro ou um gato, poderá comprovar que a primeira coisa que fazem ao acordar é espreguiçar-se. Desentorpecer os músculos proporciona uma agradável sensação de leveza.

▪ Em seguida, levante-se devagar, sem movimentos bruscos, e antes de mais nada vá ao banheiro: seu corpo espera por esse momento há sete ou oito horas. Depois, se você gostar, poderá fazer algum exercício de alongamento.

Alongamento matinal

Duração do exercício: 5 minutos

Estique os braços para cima, entrecruzando os dedos das mãos. Depois, vire suavemente a cabeça para um lado e para o outro; olhe um ombro, depois o outro, e abaixe o queixo em direção ao peito. Evite jogar a cabeça para trás, porque poderá sentir tontura.

Agora segure o cotovelo direito com a mão esquerda e eleve-o acima de sua cabeça como se fosse coçar as costas. Mantenha essa posição durante alguns segundos – sem forçar; não vá se contundir. Repita o exercício com o outro cotovelo.

A seguir, fique parado com os pés ligeiramente separados e os joelhos um pouco flexionados. Comece a abaixar o tronco e a cabeça em direção ao chão muito lentamente (se der tontura, pare o exercício). Os braços devem pender ao lado das orelhas. Quando chegar ao ponto mais baixo que conseguir, permaneça alguns segundos nessa posição: é bom para alongar a coluna.

Depois erga-se lentamente. Imagine um fio nas costas sendo puxado. Erga primeiro a cintura, depois as costas e, por último, o pescoço. Por fim, levante a cabeça. Respire fundo, e fim do exercício!

- Tome um banho, faça a barba ou a maquiagem, vista-se (a roupa já está pronta desde a noite passada) e sente-se para desfrutar um bom café-da-manhã. É a refeição mais importante do dia e, portanto, merece muita atenção. Lembre-se do velho ditado: "Tomar o café-da-manhã como um rei, almoçar como um príncipe e jantar como um mendigo." Pense que se passaram quase dez horas desde que você comeu pela última vez e seu corpo precisa de energia para funcionar. A sensação de fraqueza e lentidão que temos de manhã desaparece assim que ingerimos algum alimento.

Para o café-da-manhã, escolha alimentos nutritivos, mas não muito gordurosos. Não tome café, chá ou mate sem comer nada, pois isso irritará seu estômago.

■ Como você já deixou tudo preparado na noite anterior e não foram necessárias as correrias por toda a casa, talvez descubra que lhe sobra um pouco de tempo. Aproveite-o como quiser: converse com a família, faça uma ligação telefônica, reveja a agenda ou simplesmente vá tomar o ônibus em um ponto mais longe que o habitual para caminhar um pouco. Saia de casa com otimismo. Como diz uma canção: "Hoje pode ser um grande dia."

Os *chefs* recomendam

■ Se tiver crianças em idade escolar, levante-se antes delas. Assim você poderá gozar de alguns minutos de paz e tranquilidade antes que a família comece a se mexer.

UM DIA-A-DIA QUE FAVOREÇA O SONO

Paulo veio a nosso consultório porque havia alguns meses tinha problemas para pegar no sono e levantava cansado.

Pedimos que descrevesse um dia típico de sua vida. Era executivo, sua jornada de trabalho começava às 9 da manhã e não tinha hora para terminar. Ao ser perguntado quanto café tomava, a resposta dele foi: "O normal." Pedimos que especificasse – quantas xícaras tomava desde que levantava até ir deitar –, e ele começou a fazer contas: uma antes de sair de casa, uma ou duas na reunião da primeira hora, mais uma ou duas no meio da manhã, outra depois do almoço, uma no meio da tarde, outra ao chegar em casa e a última depois do jantar. Um total de sete a nove xícaras de café por dia. Mais perguntas revelaram também que tomava umas duas taças de vinho em cada refeição e um licor antes de deitar, jantava qualquer coisa na cama enquanto assistia à tevê e ia dormir a cada noite em um horário diferente.

Isso não é ter problemas de sono, é criá-los! A receita a seguir servirá para você ficar bem acordado durante o dia sem gerar cobranças de noite.

Receita para ficar bem acordado de dia...
mas não à custa de um sono ruim
(Usar durante toda a jornada de trabalho)

Ingredientes

- Controlar bebidas e substâncias "sabotadoras do sono"
- Consumir bebidas e alimentos "amigos do sono"
- Pausas antiestresse
- Sesta

Modo de preparo, passo a passo

- Em primeiro lugar, reveja os itens sobre os "sabotadores" e os "amigos" do sono dos quais falamos neste capítulo (pp. 64-9).
- Em seguida, pegue lápis e papel e anote os "sabotadores" do sono que você consome e em que quantidade. Depois faça outro exercício prático: com a ajuda da tabela apresentada no boxe a seguir, calcule seu consumo diário de cafeína.

Quanta cafeína ingerimos?

Não é só o café que contém cafeína. Esse estimulante está presente em outras bebidas, como o chocolate, o chá, o mate, os refrigerantes de cola, bem como em alguns medicamentos. Muitos médicos acham que o consumo de cafeína não deveria superar os 200 miligramas diários, embora esse índice possa variar conforme a tolerância de cada pessoa e sua maior ou menor dificuldade para pegar no sono.

Bebida	*Miligramas de cafeína por xícara ou copo*
Café (de cafeteira com filtro)	115
Café instantâneo	80
Café descafeinado	3
Chá preto	40
Chá verde	15
Mate	31
Refrigerante de cola	20
Chocolate solúvel	4

A cafeína é uma substância com propriedades estimulantes, que despertam o cérebro. Evite acumulá-la durante o dia em seu organismo. Se você é dessas pessoas que garantem: "O café não me faz nenhum mal!", saiba que existem estudos científicos de sobra que demonstram que os grandes consumidores de café têm má qualidade de sono: eles custam a dormir, o número de despertares aumenta, o sono profundo diminui.

Esses sintomas agravam-se se você toma cafeína depois das 6 da tarde, já que os efeitos dessa substância permanecem no sangue entre duas e sete horas.

Em geral, uma ingestão moderada durante o dia – duas ou três xícaras antes das 5 da tarde – não interfere no sono, mas há pessoas mais sensíveis à cafeína que outras, sobretudo os insones. Nesse caso, elimine completamente de sua dieta as bebidas com cafeína. E lembre-se de que os refrigerantes de cola *light* não possuem açúcar, mas contêm cafeína, exceto se o rótulo indica claramente o contrário.

▪ Durante o trabalho, não coma em excesso e evite bebidas alcoólicas. Já sabemos que um copo de vinho ou uma cerveja não embebedam ninguém, mas lembremos também que tornam lenta e letárgica a atividade cerebral. Se você se delicia com uma refeição farta regada a algumas taças de vinho, quando voltar ao trabalho a curva de sonolência estará em um nível alto. Isso significa que, se você deitasse, dormiria rapidamente. Você se sentirá lento, pesado e terá menos reflexos. Por essa razão, jamais se deve dirigir depois de tomar bebidas alcoólicas ou de "caprichar" no almoço.

▪ Depois de comer e antes de voltar ao trabalho é um bom momento para fazer uma pausa e desativar o estresse. Dê uma volta no quarteirão, olhe as vitrines, respire fundo. Esqueça-se do trabalho por alguns minutos!

▪ Mesmo após um almoço leve e um passeio, talvez você sinta um pouco de sono ou preguiça. É normal. Tem a ver com os ritmos biológicos, mas é uma sonolência que podemos controlar se nos mantemos ativos.

De qualquer maneira, quando tiver a possibilidade de tirar uma pequena soneca de quinze minutos depois do almoço, faça isso e se sentirá como novo. Está demonstrado que essas pequenas pausas ajudam-nos a render mais.

A sesta bem entendida

Uma breve soneca no meio do dia sempre é benéfica. É um momento de descanso e relaxamento que nos permite recuperar forças e enfrentar a tarde com energia, já que ajuda a aumentar significativamente nosso rendimento.

Temos provas suficientes de que uma cochilada na primeira hora da tarde – que coincide com a sonolência que toma conta de nosso corpo depois do almoço – melhora o ânimo e a concentração.

Conselhos para uma sesta reparadora

1. Sua duração deve ser de quinze a trinta minutos; se for mais prolongada, levantaremos cansados e atordoados.

2. É conveniente fazê-la imediatamente após o almoço. Foi avaliado que o momento ideal para a sesta é oito horas depois de acordar. Por conseguinte, se uma pessoa levantar às 7 e meia, a melhor hora para a sesta será às 3 e meia da tarde.

3. Ela nunca deve ser feita depois das cinco, pois alteraria o sono noturno.

4. Deve-se evitá-la quando se sofre de insônia.

5. Ao acordar, você precisará de cinco a dez minutos para vencer o aturdimento. Depois se sentirá como novo.

▪ Ao longo do dia, faça pequenas pausas no trabalho. Por exemplo, descanse cinco minutos a cada duas horas. Essas pausas são muito benéficas para reduzir o estresse e voltar à atividade com a mente descansada.

Você pode levantar da cadeira para desentorpecer os músculos e olhar pela janela para descansar a vista da tela do computador. Experimente também fazer cinco respirações profundas para oxigenar bem os pulmões, o sangue e o cérebro. Inspire o ar pelo nariz, encha os pulmões e solte o ar lentamente pela boca. Não é simples? Quando estamos estressados, sem perceber respiramos de modo muito superficial e acelerado. Só deixamos escapar um suspiro, uma respiração mais longa, de vez em quando, no momento em que nosso corpo percebe a falta de oxigênio.

Os *chefs* recomendam

▪ Nossa vida não pode se transformar numa corrida contra o relógio. Embora seja assim na maioria dos casos, isso não faz nenhum bem a nosso sono. Quando terminar a jornada de trabalho, esqueça-se do escritório. Não pense no que saiu errado ou no serviço que ficou por fazer. Concentre-se em suas conquistas, em sua família, nos amigos. Aprenda a tirar, pouco a pouco, o pé do acelerador para viver a vida com alegria, mais relaxado e sem necessidade de tantas substâncias tóxicas, que só prejudicam sua saúde. Assim você poderá gozar de um descanso mais completo e reparador.

Agora, para acabar bem o dia, você pode complementar essa receita com a de "despertar" o sono que vimos antes (p. 74).

4

Problemas de sono nos adultos

Neste capítulo vamos tratar dos transtornos do sono mais frequentes e que mais nos inquietam. Aqueles que, *se remediados a tempo*, podem ser resolvidos sem consultar o especialista.

Vamos falar da insônia transitória e de como evitar que se transforme em crônica, de como evitar que as preocupações não nos deixem dormir; de como impedir que o estresse afete nosso sono, de como combater a sonolência diurna.

Por fim, dedicaremos uma seção especial a um transtorno que prejudica tanto o sono de quem sofre dele como o de quem está do lado: os roncos.

Algumas questões sobre a insônia

Há anos recebemos em nossos consultórios centenas de insones, tanto homens quanto mulheres, embora a insônia seja mais frequente entre as mulheres, sobretudo após a menopausa. São pessoas que ficam dez, quinze, vinte anos sofrendo desse problema e que, muitas vezes, se automedicaram sem ter um diagnóstico. Não é justo que alguém sofra por tanto tempo, especialmente quando há solução.

Fatores que perpetuam a insônia

Para o insone, a chegada da noite dá início a uma dura batalha em meio aos lençóis. Paradoxalmente, quanto maior for seu desejo de dormir, mais abertos ficarão seus olhos, porque seu desejo e seu cérebro não estão bem sincronizados. A insônia mais frequente tem origem em vários fatores que interagem e se fortalecem para perpetuá-la:

- *Hábitos inadequados de sono.* Dormir cada dia em um horário diferente ou usar a cama para ver tevê, comer, telefonar ou preparar o trabalho do dia seguinte. Nesses casos, o cérebro se "confunde" e não recebe de forma correta a ordem de adormecer.
- *Associações e pensamentos negativos para o sono.* "Será que vou conseguir dormir esta noite?" "Tomo meio comprimido ou um inteiro?" "Estou quase pegando no sono no sofá, mas se for para a cama com certeza vou acordar." "Amanhã vai ser um dia importante, e já estou vendo que esta noite não vou conseguir pregar o olho." Essas ideias e associações formam um circuito de retroalimentação negativa que provoca ansiedade, tensão corporal e mais insônia.
- *Tensão corporal e ansiedade acumuladas durante o dia.* Também serão sentidas ao chegar à cama, impedindo nosso relaxamento físico e mental. A insônia não é um problema limitado à noite: tudo o que for feito, pensado e sentido durante o dia repercutirá no sono noturno.

Obter um diagnóstico antes de tomar comprimidos para dormir

Não podemos – nem seria ético – dar-lhe uma única receita para a insônia. É preciso descobrir suas causas. A insônia nada mais é do que um sintoma, como a dor. Imagine que você sente uma dor incômoda e persistente no peito. Já experimentou algum analgésico sem receita, mas ela não passa. O que fazer? Talvez sua melhor amiga, para ajudar a diminuir a dor, lhe ofereça um comprimido receitado pelo cardiologista dela para a angina do peito. Você aceitaria? É claro que não.

Provavelmente você irá ao médico, que mandará fazer os exames necessários para descartar uma isquemia cardíaca, um refluxo gástrico ou uma úlcera – embora também possa se tratar de uma dor irradiada da coluna por uma hérnia de disco. Não há um remédio que sirva para todos esses males.

Com a insônia ocorre exatamente a mesma coisa: a insônia crônica é *policausal* (decorre de muitas causas) e *multifatorial* (é influenciada por muitos fatores). E a maioria dos insones toma tudo o que lhes oferecem. Uma paciente experimenta o que Sílvia toma e depois muda para o medicamento de João, que parece mais eficaz, e em seguida experimenta o comprimido receitado a sua tia. Assim se passam os dias, sem atacar a raiz do problema.

Não se pode medicar um sintoma – não dormir bem; deve-se primeiro diagnosticar a causa e descartar outros distúrbios do sono que podem estar presentes em cada caso.

Os comprimidos para dormir são úteis?

Em doses baixas e apenas por alguns dias, os comprimidos para dormir podem ajudar. São eficazes quando uma pessoa está atravessando uma situação especial e passageira, na qual a insônia é decorrente de estresse ou de uma crise aguda: mortes, separações, demissões, primeiros sintomas da menopausa etc.

No entanto, quando o problema da insônia dura muito tempo, somente o tratamento com hipnóticos não resolve. Como especialistas, preferimos trabalhar com o paciente para obter um sono natural e fisiológico.

O tratamento da insônia crônica é algo sério e complexo, mas produz ótimos resultados nas mãos de um especialista em medicina do sono. Em nossos centros, trabalhamos simultaneamente nas diferentes áreas alteradas:

- *Componente cognitivo*: modificação dos pensamentos, das emoções e dos sentimentos disfuncionais que prolongam a insônia.
- *Componente comportamental*: alteração de comportamentos incompatíveis com o ato de dormir bem.
- *Componente medicamentoso*: ajuste, modificação ou retirada gradual da medicação, quando necessário.
- *Higiene do sono*: aprender a adotar medidas e comportamentos que favoreçam o sono.
- *Técnicas de relaxamento*: servem para diminuir o estresse e induzir ao sono.

No capítulo 11 trataremos mais a fundo desse tema que preocupa tanta gente, sobretudo muitas mulheres. A seguir sugerimos a você uma receita para quando o problema ainda não se agravou (é um fato isolado, não dura há meses). Assim, você mesmo poderá tentar mudar sua situação.

Como evitar que a insônia transitória se torne crônica

Marta vira-se na cama e muda de posição. Descobre-se e volta a se cobrir. Olha a hora no relógio. Vira-se de novo. Volta a olhar as horas. Tenta contar carneirinhos, não pensar em nada. Desiste. Liga a televisão e fica mudando de canal. Desliga o aparelho. Senta-se na cama, acende a luz e pega o livro que está no criado-mudo. Lê, mas não se concentra. Olha novamente a hora. Levanta-se com os nervos à flor da pele. Vai ao banheiro e depois à cozinha para ver o que há na geladeira. Volta para a cama, olha a hora e pensa que logo o relógio vai dar oito horas. Outra noite sem pregar o olho. Outra manhã em que ela ficará cansada e sonolenta. Outro dia esperando que a noite chegue, embora com toda a certeza ela será igual à anterior.

Essa é uma boa descrição de uma noite de um insone qualquer. Na próxima receita daremos alguns ingredientes especiais para você evitar que essa insônia que o aflige há alguns dias, semanas ou meses se torne crônica.

Mas, atenção: *não é uma receita para a insônia que persiste há muitos anos*, quando você já experimentou de tudo e não obteve resultados. *Não existem receitas simples para a insônia crônica, que deve ser tratada por um especialista*: o cérebro esqueceu como se dorme fisiologicamente, e é preciso ensiná-lo a fazer isso de novo.

Receita para prevenir a insônia crônica
(Para usar à noite e durante o dia)

Ingredientes

De noite	*De dia*
▪ Horários regulares	▪ Nenhum sabotador do sono
▪ Temperatura adequada, escuridão e silêncio	▪ Nenhuma sesta
▪ Associação "cama = dormir"	▪ Exercício moderado e relaxamento
▪ Distanciamento dos problemas	▪ Alimentação adequada

Modo de preparo, passo a passo

À noite

- Antes de mais nada, estabeleça um horário para deitar e levantar. Não importa a que hora você adormeceu na noite passada: levante no horário de sempre e controle-se para não adormecer. Provavelmente estamos dizendo algo que você já sabe, e se você não levantou na hora em que devia fazê-lo foi porque estava cansado. Mas estar cansado não é a mesma coisa que ter sono. Determinar horários e respeitá-los ajudará você a acertar seu relógio biológico de novo. Se você confundi-lo deitando e levantando cada dia em um horário diferente, seu organismo não saberá quando deve se preparar para dormir nem quando deve acordar.
- Controle as condições de temperatura, luz e barulho de seu quarto. A temperatura ideal deve estar entre os 18 e os 22 graus. É preciso reduzir a luz e o barulho o máximo possível. Consulte o capítulo 2, "Um quarto que convide a dormir", para ver se o seu cumpre os requisitos.
- Use a cama apenas para dormir e procure deitar na hora determinada. Porém, se chegar a hora e você não tiver vontade de dormir, não se enfie embaixo dos lençóis com a esperança de que assim "o sono virá". É melhor ficar um pouco mais na sala vendo tevê, escutando música suave ou lendo um romance. Esperar o sono na cama, enquanto o tempo vai passando, só serve para aumentar a ansiedade e ficar ainda mais acordado.
- Se você sentir vontade de dormir e for para cama, mas, já deitado, começar a despertar, não se preocupe. Espere dez, no máximo quinze minutos e, se não conseguir pegar no sono, não fique deitado, virando-se de um lado para o outro: levante-se e não insista. Vá para outro cômodo e faça alguma atividade tranquila e monótona até o sono voltar. Só então tente de novo: deite-se e respire fundo para relaxar, e muito provavel-

mente adormecerá. Lembre-se, porém, de que você não deve ficar na cama se não conseguir dormir. Se for preciso, repita o processo descrito.

■ Se você adormeceu mas acordou de novo, é porque o cérebro enviou o sinal de que por enquanto não está mais com sono. Se permanecer na cama, será como continuar comendo quando já está satisfeito. Podemos comer sem fome, mas não dormir sem sono. E, como queremos que seu cérebro aprenda a associação correta "cama = dormir", mais uma vez sugerimos que se levante e vá para outro cômodo da casa.

É muito importante que o cérebro tenha certeza dessa associação correta entre o sono e a cama. Lembra-se de quando não tinha insônia? Sem dúvida, ao entrar no quarto e ver a cama, seu cérebro imediatamente fazia a associação ao ato de dormir.

Agora que você tem dificuldades para pegar no sono ou mantê-lo, é provável que, ao ver a cama, se pergunte: "Será que vou conseguir dormir?" Esse tipo de atitude inconsciente – pensamento automático – condiciona de modo negativo a relação entre cama e sono tranquilo.

■ Os pensamentos negativos e as preocupações aumentam – e alimentam – nossas dificuldades para pegar no sono. Por uma questão de higiene mental, é preciso afastá-los antes de deitar. Você não encontrará solução para seus problemas ruminando-os antes de dormir. Para mais informações, leia a "Receita para quando as preocupações nos impedem de dormir ou nos acordam à noite" (p. 101).

Durante o dia

■ Talvez, antes de sofrer de insônia crônica, o consumo de bebidas com cafeína não o afetasse. Mas agora é melhor eliminá-las de sua dieta (para lembrar quais são essas bebidas e seus efeitos, ver pp. 64-7). Consumir bebidas alcoólicas à noite para pegar no sono mais rápido também não é uma boa ideia. Elas podem ser indutoras – dar sono –, mas você despertará várias vezes à noite e levantará cansado de manhã. Tampouco fume na cama e, quando acordar à meia-noite, resista à tentação de acender um cigarro: você ficaria ainda mais desperto.

Se estiver tomando remédios, leia as bulas. Se algum deles contiver cafeína ou puder causar insônia, consulte seu médico para saber se pode tomá-los em um horário distante da hora de deitar.

- Quando se tem insônia, também é preciso evitar as sestas. Não durma de dia até resolver o problema. Reserve todo o sono acumulado para a noite. Se você levantar cedo e não dormir depois do almoço, terá maior probabilidade de sentir sono no final do dia. Então poderá deitar e dormir.

Se você dormiu à tarde porque estava muito cansado, descobrirá depois que não conseguirá fechar os olhos.

- Praticar algum exercício ajuda a reduzir a tensão e favorece o sono noturno. É recomendável realizá-lo ao meio-dia ou à tarde, mas nunca muito próximo da hora de ir dormir, porque a atividade física eleva a temperatura corporal e retarda a chegada do sono. Se quiser jogar uma partida de tênis ou realizar exercício aeróbico, poderá fazê-lo às 5 ou 6 da tarde.

Fazer uma caminhada de meia hora é um exercício perfeito. A ioga, o *tai chi* e a meditação ensinam técnicas para aprender a relaxar.

Outra forma fácil de relaxar é simplesmente ouvir música suave enquanto faz as tarefas da casa. Tomar um banho à noite também tem efeito calmante.

- Faça as refeições de maneira que facilitem seu sono, em vez de atrasá-lo. Lembre-se: um bom café-da-manhã, um almoço moderado e um jantar leve. Mas não vá para a cama em jejum ou com fome, porque você acordará de madrugada para assaltar a geladeira.

Inclua em sua dieta alimentos que produzem no organismo as substâncias que ajudam a dormir, como a serotonina. Mantenha o consumo de proteínas e de carboidratos necessário para seu organismo, em especial durante a noite (para mais informações, ver a seção "Os amigos do sono", p. 69).

As infusões calmantes, como a camomila, a melissa, a tília ou a valeriana, também podem ajudar você a dormir melhor. Uma a três xícaras por dia são mais do que suficientes.

Os *chefs* recomendam

- Já comentamos, mas este é um ótimo recurso para os insones: deixe o despertador voltado para a parede! Quando não se consegue dormir, não há nada que provoque mais ansiedade do que ficar vendo as horas passarem, contando os minutos e até os segundos.
- Como os maus hábitos do sono estão entre os fatores que geram a insônia, talvez seja interessante rever as três receitas para dormir e ficar bem acordado apresentadas no capítulo 3.
- Se estiver passando por uma fase crítica, leia também o item "Prevenir e enfrentar o estresse" (pp. 107-10).
- Se, apesar de ter experimentado esta receita, a insônia persistir, consulte sem mais demora seu médico. Os hipnóticos podem ser eficazes nessas situações passageiras, mas só sob controle médico.

As preocupações não me deixam dormir

Teresa é uma jovem que tem dois filhos encantadores, um marido, João, de quem não tem queixa e um bom trabalho. Costuma levantar muito cedo, tomar um banho rápido e preparar o café-da-manhã da família. Enquanto comem, ela não pára de lhes fazer perguntas: Será que o menino já está sem febre? E se ele ficasse em casa? João vai se lembrar de ligar para sua mãe? Ontem ela não estava bem... E se tiverem de interná-la, como farão? Ficou sabendo que roubaram o barzinho da esquina? Talvez fosse melhor que as crianças não tomassem o ônibus hoje; ela ficará mais tranquila se levá-los de carro, acontecem tantas coisas na rua...

Enquanto dirige a caminho do trabalho, não consegue deixar de pensar nas ligações que precisa fazer, em uma reunião que é necessário organizar para dali a duas semanas, no relatório que precisa terminar para o gerente – e se não me passarem os dados que pedi ontem? –, no que precisa comprar no supermercado. E este trânsito, vou acabar me atrasando! Sintoniza o rádio e ouve as notícias: falta de segurança, uma epidemia de gripe – e se o menino estava mesmo com febre? –, queda da temperatura...

No trabalho, enquanto se desdobra para resolver as coisas, não consegue deixar de se preocupar com os filhos, a sogra, o marido, a falta de segurança nas ruas, o relatório que não vai poder apresentar, os telefonemas a fazer, a reunião que não conseguirá organizar para dali a duas semanas...

Na saída do trabalho, começa a agitação das compras, lições de casa, banhos, jantar, até pôr as crianças para dormir. Quando Teresa enfim vai para a cama, pensa em tudo o que não conseguiu fazer durante o dia e em todas as coisas que poderiam acontecer "se"... E não consegue pegar no sono. Adormece tarde e de manhã levanta com sensação de cansaço.

Teresa apresenta um quadro de ansiedade antecipatória: sua preocupação muitas vezes antecede os fatos. Isso é frequente em pacientes que procuram nossos consultórios por causa da insônia, já que é um fator desencadeante desse distúrbio.

Há pessoas que vivem – ou vivem mal – preocupadas com tudo. Com problemas reais e com outros que ainda nem existem. Com problemas cuja solução depende delas e com outros tão universais que escapam de suas mãos. Basta abrir um jornal ou dar uma olhada nas notícias para acrescentar às nossas preocupações as desgraças do mundo. Não é que elas não devam nos interessar, mas devemos nos preocupar apenas com o que podemos e queremos resolver ou amenizar. Ficar preocupado à toa só nos tira o sono.

A maioria dos pacientes insones que nos consulta sofre de ansiedade, um transtorno que deve ser enfrentado e tratado. *É preciso, antes de mais nada, modificar os hábitos da vigília responsáveis por esse tipo de insônia.*

Pessoas ansiosas costumam ser extremamente exigentes e sem paciência. Querem resultados imediatos, e isso é impossível quando se trata de insônia e ansiedade. Para voltar a dormir bem, é preciso pisar no freio e aprender a evitar pensamentos negativos, como: "E se eu não pegar no sono? E se eu não conseguir pregar o olho a noite toda? E se...?"

A melhor maneira de garantir uma boa noite de descanso é não levar os problemas para a cama. Na próxima receita vamos propor algumas mudanças em sua atitude e em sua vida diária. Mas avisamos: não vai ser fácil e levará algum tempo. Se há anos você vem se preocupando com tudo, não deixará de fazer isso da noite para o dia. Porém, se aprender a controlar a ansiedade, suas noites e seus dias certamente irão melhorar.

Receita para quando as preocupações nos impedem de dormir ou nos acordam à noite

(Para usar durante o dia)

Ingredientes

- Lápis e papel
- Exercícios práticos para aprender a "despreocupar-se" e começar a "ocupar-se"

- Técnicas de relaxamento
- Muita disciplina
- Grandes doses de paciência

Tempo necessário de preparo: este prato é de cozimento lento e leva tempo.

Modo de preparo, passo a passo

- Propomos alguns exercícios práticos para não levar os problemas para a cama ou, se acordar de madrugada, evitar ficar pensando em todos os assuntos e tarefas pendentes, porque isso o impedirá de pegar no sono.

O objetivo é tentar passar do "pré-ocupar-se" para o simplesmente "ocupar-se" das coisas. *Ocupe-se* de forma ativa em encontrar soluções para os problemas do presente, em vez de se antecipar a problemas que ainda não existem ou remoer os erros do passado. Cada coisa em seu devido tempo.

O que passou já não tem importância. Não vamos mudar isso. Portanto, vamos aprender com os erros. Vamos guardá-los na memória para que, na próxima vez que depararmos com a mesma situação, possamos encará-la de outro modo.

É bom antecipar as dificuldades que uma tarefa ou um assunto podem apresentar, para prevenir possíveis falhas ou erros e pensar em alternativas. Mas é preciso agir assim no caso de situações que exigem nossa atenção imediata, não com relação ao que acontecerá dentro de alguns dias ou semanas, e nunca ao que não sabemos se de fato vai ocorrer. No caso de Teresa, não tem sentido começar a se preocupar agora como ela e o marido se organizarão se algum dia tiverem de internar sua sogra no hospital, quando a boa senhora simplesmente comentou que não estava muito bem. Talvez quisesse dizer que não estava muito bem de ânimo – se realmente fosse um problema de saúde grave, Teresa já teria ido vê-la e tomado providências.

Em suma, devemos nos preocupar apenas com os problemas reais e imediatos que merecem nossa atenção.

■ Reserve meia hora todo dia para tentar organizar e resolver os problemas atuais. O importante é transferi-los da noite para o dia, e não levá-los para a cama.

Escolha um momento bom para você, mas bem distante da hora de deitar. No máximo, logo após o jantar, organize e planeje em sua agenda as atividades prioritárias do dia seguinte. Dedique a isso dez a quinze minutos e feche a agenda. Aproveite e relaxe no tempo que sobra antes de ir para a cama.

■ Nem tudo o que preocupa tem a mesma importância ou urgência, mas nem sempre é fácil se dar conta disso. Ponha em prática o seguinte exercício para estabelecer as prioridades:

Pegue lápis e papel e faça duas colunas. Na da esquerda, escreva a lista de tudo o que preocupa você. Leia cada item e copie na coluna da direita o que você não pode resolver: a falta de segurança dos cidadãos, por exemplo. Risque esse item na coluna da esquerda. Depois, copie o que pode esperar algum tempo: no caso de Teresa, a reunião que terá de organizar para dali a duas semanas. Releia a lista e decida quais assuntos podem esperar um dia ou dois; copie-os também na coluna da direita. Se você tiver feito bem o exercício, no final só ficará na coluna da esquerda aquilo que você realmente deve solucionar já, algumas poucas coisas com as quais de fato deve se ocupar, em vez de se preocupar.

■ Faça uma nova lista com esses problemas com os quais deve de fato se ocupar, desta vez com três colunas. À esquerda, anote o problema; no centro, as possíveis soluções; à direita, as repercussões. Registre o que poderia acontecer no melhor e no pior dos casos, e quais seriam as consequências para você.

Escreva tudo: libere sua cabeça e passe para o papel. Depois, tome uma decisão e não olhe para trás. "E se não tomei a decisão correta?" Logo você descobrirá e corrigirá em seu devido tempo. Não se preocupe.

Passar os problemas da cabeça para o papel é útil: você se concentra no que está sendo feito, "limpa" a mente e clareia as ideias.

- Não vá dormir chateado. Se teve um problema com alguém, resolva-o antes de ir para a cama. Fale pessoalmente, telefone ou escreva um *e-mail* para a pessoa. As conversas e discussões que temos com nós mesmos dão sempre os mesmos resultados e as mesmas respostas: os nossos. O que ficamos remoendo na cabeça aumenta a ansiedade, ativa o estresse e impede o sono. Se você não pode falar sobre isso já, guarde o problema no congelador antes de dormir. Logo de manhã você o "descongelará" e se ocupará dele. Não é fácil, mas seu sono lhe agradecerá por isso.
- Se você acordar durante a noite e não conseguir evitar que todos os problemas do dia anterior ou do dia seguinte fiquem rondando sua cabeça, levante-se e vá para a sala. Escreva o que o inquietou – desta vez dedique a isso apenas cinco minutos – e deixe de lado o papel. No dia seguinte você o analisará. Talvez, depois de algumas horas de sono, encontre a solução rapidamente.

Volte para a cama e tente relaxar, respirando lenta e profundamente. Se o fluxo de pensamentos voltar a perseguir você, diga "chega" e faça um exercício de relaxamento.

Exercício de "chega"

Feche os olhos, forme uma imagem ou cena – real ou imaginária – que seja agradável para você e entre nela. Imagine as cores, as texturas, os aromas. Deixe-se levar.

Você também pode imaginar que tem na mão um controle remoto. Quando aparecer uma imagem, cena ou personagem que lhe desagrada, inquieta e preocupa, obrigue-se a mudar de canal: procure outra que o agrade e relaxe. Repita isso até adormecer.

- Por último, faça todo o possível para equilibrar sua vida. Um pouco de exercício, alguma diversão, outro pouco de relaxamento. Elimine ou reduza as horas dedicadas ao trabalho fora do horário e do ambiente profissional. Realize alguma atividade que não tenha nada a ver com o trabalho e que lhe proporcione prazer. Reserve um tempo para as compras, para fazer uma massagem, ir ao cinema com os amigos...

Se durante o dia perceber que está fazendo as coisas de maneira acelerada, pare e procure fazer tudo mais lentamente. Se perceber que está cerrando os dentes, relaxe o maxilar inferior sem desgrudar os lábios. Respire profundamente algumas vezes. Pare cinco minutos. Seu corpo e sua mente agradecerão.

Os *chefs* recomendam

- Consulte seu médico ou psicólogo se:

– sentir preocupação excessiva durante mais de seis meses;

– tiver dificuldades sérias para controlar as preocupações;

– sofrer de forma persistente de transtornos do sono, fadiga, falta de concentração ou irritabilidade;

– sentir-se sempre estressado, mesmo sem motivos. Pode ser que você sofra do transtorno de ansiedade generalizada (TAG).

Sono e estresse

O estresse pode afetar todas as pessoas: homens, mulheres e até crianças. O ritmo acelerado de vida, a cobrança excessiva de nós mesmos, o acúmulo de problemas, a ansiedade e a tensão são alguns dos elementos que podem nos levar a uma situação de estresse. Nesse caso, é comum que muitas pessoas comecem a sofrer de alterações do sono ou percebam o agravamento de transtornos que já tinham.

O estresse pode gerar dificuldades para dormir, despertares frequentes ou perdas de sono à noite. Aumento dos pesadelos, bruxismo (ranger de dentes) e sonambulismo também são habituais em situações de estresse.

É importante notar, porém, que, embora haja tendência a culpar o estresse ou os nervos pela falta de sono, depende de cada caso: há pessoas que, diante das preocupações, dormem ainda mais. Na realidade, é um círculo vicioso. Não é que uma coisa provoque a outra: ambas se alimentam uma da outra.

Por que é necessário dormir bem para reduzir o estresse?

1. Porque enquanto dormimos, entre outras coisas, reduzimos a tensão, a ansiedade e o mau humor acumulados durante o dia.

2. Durante o sono profundo, produzimos alguns compostos – os peptídios restauradores – que servem para repor forças e nos relaxar. Em épocas de estresse ou insônia transitória, o ronco profundo pode não ocorrer e, portanto, esses compostos não são produzidos.

3. Dormir bem também faz diminuir as catecolaminas e o cortisol, o hormônio do estresse negativo ou distresse. Esses hormônios precisam das primeiras fases do sono profundo para poder

baixar e, com isso, reduzir o estresse. Se não baixarem de forma adequada durante a noite, o sono não será reparador. Em consequência, a pessoa começará o novo dia irritadiça e estressada.

Como o déficit ou a má qualidade do sono repercutem em nosso organismo?

Em momentos críticos ou de grande estresse, a pessoa precisa mais do que nunca de um bom descanso noturno para recarregar as "baterias" e enfrentar o novo dia com a mente descansada.

O sono é uma atividade absolutamente necessária e insubstituível; é o único mecanismo de que nosso cérebro dispõe para se recuperar. Visto que durante a noite você não poderá resolver os problemas, aja com inteligência e utilize-a para dormir e repor forças.

Estas são algumas das consequências de um déficit de sono causado por estresse:

- sonolência;
- baixo rendimento físico e intelectual;
- fadiga e fraqueza;
- ansiedade e maior vulnerabilidade à depressão;
- alterações do caráter: irritabilidade, tristeza, agressividade, isolamento, choro fácil;
- transtornos do apetite;
- diminuição do desejo e da atividade sexual;
- dores musculares por causa do aumento da tensão.

Prevenir e enfrentar o estresse

Não existem fórmulas mágicas para prevenir e enfrentar o estresse, sobretudo o mais frequente: o de trabalho. Cada pessoa deve adotar estratégias e técnicas adequadas a suas necessidades específicas.

As recomendações básicas para impedir o surgimento de situações de crise e estresse, sobretudo no trabalho, são:

- *Programar com antecipação as atividades.* Isso ajudará a evitar o acúmulo de tarefas. Na maioria das vezes, só de pensar nelas já provoca estresse. Por exemplo, no trabalho: não é todo o tempo que se trabalha sob pressão, por isso os momentos de relativa calma podem ser aproveitados para "ir adiantando" alguma tarefa que você sabe que terá de fazer daqui a um tempo.
- *Estabelecer metas acessíveis.* Distinga entre o ideal e o possível, o inatingível e o viável. Evite criar muitas expectativas. Algumas pessoas almejam cumprir metas faraônicas em tempos tão reduzidos que inevitavelmente acabam fracassando. Pense nos recursos que possui e estabeleça uma ordem de prioridades, de acordo com seus objetivos.
- *Aprender a definir papéis e a delegar.* Tanto na família como na empresa, é muito eficaz distribuir os papéis e as responsabilidades de acordo com as capacidades de cada um. Não queira arcar com tudo. Mesmo que tenha as "costas largas", a fadiga e o estresse acabarão causando dano, o que repercutirá em seu descanso noturno.
- *Aprender a dizer "não".* Assuma os papéis e as responsabilidades que você é capaz de cumprir e rejeite tudo o que, por diferentes motivos, não possa ou não queira realizar. Isso poderá levar colegas, familiares e conhecidos a fazer cara feia. No entanto, quando você conseguir dizer "não" – "não posso", "não tenho tempo", "não me interessa" ou simplesmente "não quero fazer isso" –, diminuirá uns bons quilos na mochila de preocupações que leva nas costas.
- *Manter uma higiene do sono.* Dormir bem permite-nos levar a vida com mais energia e tranquilidade. Evite os "sabotadores" e

introduza em sua dieta os "amigos" do sono. Consulte as receitas para dormir e ficar acordado apresentadas no capítulo 3. Ou veja mais adiante a "Receita para dormir bem antes de situações críticas ou acontecimentos importantes" (p. 111).

E quando já se está vivendo uma situação estressante? A melhor maneira de enfrentar o que provoca estresse ou ansiedade é tomar consciência do que está acontecendo para traçar as estratégias mais adequadas:

- *Reconhecer sua existência.* Não nos livraremos de uma situação se negarmos que ela existe. Temos de admitir que estamos passando por um momento de crise ou de estresse, então poderemos decidir quais medidas tomar para solucioná-lo.
- *Evitar distorcer a realidade e ater-se às evidências.* Para reduzir o estresse, é importante analisar até que ponto nossa percepção do que ocorre não está distorcida. Deve-se interpretar e conjecturar menos e ater-se mais às evidências. Se necessário, peça a um colega ou parente que ajude você a analisar a situação: de fora as coisas podem ser vistas com mais clareza.
- *Lançar mão da própria experiência.* Muitas vezes esquecemos que já enfrentamos dificuldades semelhantes no passado e conseguimos superá-las, ou que as consequências não foram tão graves. Pergunte-se: "Como me saí outras vezes em circunstâncias parecidas? Como agi para resolver o problema? Há algo mais que possa fazer agora? Como posso aproveitar minha experiência nesta nova situação? Qual é a melhor ou a pior coisa que pode acontecer?" Certamente, você terá aí a resposta e as medidas para pôr em prática agora.
- *Pensar positivamente.* Resgatar alguns pensamentos e diálogos internos pode ajudar-nos a enfrentar uma situação. Diga a si mesmo, por exemplo: "Já estive em situações semelhantes e con-

segui resolvê-las" ou "Passei por situações piores e fui em frente". Quando a situação de estresse tiver terminado, você poderá dizer a si mesmo: "Provei que sou capaz de conseguir; com certeza, da próxima vez, vou me virar melhor ainda."

- *Relativizar.* Às vezes damos importância demais ao que nos acontece. Tendemos a transformar em catástrofe circunstâncias que, na realidade, não são tão terríveis. Sem dúvida, você passou por situações piores e conseguiu superá-las.
- *Usar técnicas de relaxamento.* Durante o trabalho, uma pausa de cinco minutos para relaxar, respirar fundo e "esvaziar" por um momento a mente pode ajudar você a aliviar uma ponta de estresse. Pratique ioga ou *tai chi*; são excelentes para aprender a reduzir a tensão acumulada no corpo.
- *Evitar se automedicar.* Não tome sem prescrição médica comprimidos para dormir ou estimulantes para ficar mais acordado durante o dia.

PREPARAR-SE PARA SITUAÇÕES CRÍTICAS OU IMPORTANTES

Em duas semanas, Lídia prestará exame para o MIR, um teste muito rigoroso pelo qual devem passar todos os que almejam exercer uma especialidade médica na Espanha. Ela foi muito bem nos cursos e estudou muito. No entanto, à medida que se aproxima a data do exame, demora cada vez mais para pegar no sono. Tem medo de ficar nervosa demais e não conseguir passar na prova. Não quer nem pensar no que significaria ter de se trancar mais um ano estudando toda a matéria! Como não descansa bem à noite, durante o dia custa a se concentrar e esquece com facilidade nomes e conceitos que já aprendeu. Isso aumenta sua ansiedade de noite, e ela fica se virando na cama sem conseguir dormir. O que fazer?

Sempre podemos enfrentar melhor uma situação crítica ou um acontecimento importante depois de uma noite de bom descanso.

Se você estiver prestes a ficar atolado de trabalho e souber que precisará do máximo de energia; se amanhã for o "grande dia" porque você terá uma reunião de negócios muito importante; ou é o dia do seu casamento, ou fará um exame; ou precisará ir a uma entrevista de trabalho, ou... qualquer outra atividade crucial, com data e hora marcada, certamente fará seu "estressômetro" ficar no vermelho vivo. E não é fácil conseguir um bom sono nessas condições.

O estresse persistente diminui – ou mesmo suprime – o sono reparador. Provavelmente, você custará a dormir e acordará várias vezes por causa da preocupação. À medida que se aproxima a grande data, você se sentirá cada vez mais esgotado. Justamente a última coisa de que precisa em um momento tão importante.

A receita seguinte o ajudará a se preparar para ficar tranquilo, aumentar o rendimento e permanecer bem acordado no dia e na hora estipulados.

Receita para dormir bem antes de situações críticas ou acontecimentos importantes

(Usar antes de reuniões decisivas, de exames, do dia do casamento, de uma entrevista de trabalho ou de qualquer outra atividade marcada)

Ingredientes

- Um bom planejamento
- Redução da dívida de sono
- Horários regulares
- Nenhuma sesta
- Pouco ou nenhum consumo de cafeína e bebidas alcoólicas

Modo de preparo, passo a passo

Quatro ou cinco dias antes

- Prepare-se com antecipação. Será que você teria coragem de se apresentar em uma competição esportiva sem ter treinado antes? Você deve fazer a mesma coisa no caso da situação importante que viverenciará daqui a pouco: comece a se preparar quatro ou cinco dias antes do evento.
- Durma todas as horas de sono de que precisar para se levantar bem-disposto e lúcido. Para isso, deite cada dia um pouco mais cedo que o habitual. No entanto, não deite mais de uma hora antes do horário a que está acostumado, porque não conseguiria dormir e ficaria ainda mais nervoso.
- Sono não é cumulativo. Se você dormir apenas quatro horas em um dia e no seguinte dormir dez, se sentirá cansado do mesmo jeito. Essa não é a solução. Durma todo dia o número de horas de que seu corpo necessita para se manter acordado. Mantenha o horário regular para deitar e levantar também nos finais de semana. O cérebro precisa de rotinas, e agradecerá por isso, mantendo você bem acordado e lúcido. Não é possível recuperar o sono atrasado de dias na noite anterior ao acontecimento importante ou situações críticas, assim como não é possível treinar só 24 horas antes de uma competição (ou estudar no dia – ou pior, na noite – anterior e pensar que tiraremos uma boa nota).
- Nos dias em que estiver se preparando para essa situação especial, não faça a sesta. Dessa forma, você garantirá seu sono noturno. Se tiver uma noite ruim, não tente recuperá-la levantando mais tarde ou fazendo uma sesta depois do almoço. Mantenha a rotina. Se foi dormir às 11 da noite, levante às 7; se foi dormir às 3 da madrugada, levante na mesma hora. Ainda que sinta cansaço, não se preocupe. Com certeza, na noite anterior ao dia especial, você adormecerá mais rápido.

- O café é bom pela manhã, para terminar de acordar, mas é totalmente desaconselhável depois das 6 da tarde. Se já estiver muito tenso, uma xícara de café ou um refrigerante de cola poderão ser suficientes para tirar seu sono. Evite também as bebidas alcoólicas durante esses dias de tensão. Elas não seriam permitidas em nenhum treinamento! Faça um jantar leve, mas não se deite com fome, porque também poderia despertar.

No dia anterior

- Acorde uma hora antes que de costume e não faça a sesta. Assim você poderá adormecer mais rapidamente de noite, quando estará mais ansioso.
- Realize alguma atividade que o distraia e que nada tenha a ver com o que preocupa você. Isso vai ajudá-lo a relaxar.
- Jante cedo – sem excessos – e diga "chega" a qualquer pensamento relacionado ao acontecimento do dia seguinte. Pratique algum exercício de relaxamento, ouça música ou leia qualquer coisa que não tenha nada a ver com esse evento. Quando o sono chegar, não resista e deite-se imediatamente. Você já estará pronto para enfrentar o "grande dia". Boa sorte!

A SONOLÊNCIA DIURNA

Manuel é um jovem muito dinâmico, que sempre encontra algo para fazer. Levanta às 7 da manhã, frequenta aulas de programação de computador das 8 às 11, depois realiza alguns serviços que lhe garantem uma renda extra e à tarde, das 2 às 8, trabalha numa pequena empresa de informática. Como também pratica esporte, duas vezes por semana treina das 9 às 11 da noite; nos outros dias, sai com a namorada. Quando chega em casa já é meia-noite. Assiste um pouco de tevê, confere seus *e-mails* e bate papo com algum internauta. Entre uma bobagem e outra, nunca deita antes da 1h30 ou 2 da madrugada. Às sextas-feiras, dia de sair, nunca vai para a cama antes das 6. Com todas as coisas que tem para fazer, Manuel acha que dormir é uma perda de tempo.

Quando resolve fazer uma consulta médica, só está um pouco preocupado por ter percebido que às vezes adormece na aula ou no cinema com sua namorada. Há pouco tempo, chegou tarde ao trabalho porque dormiu no ônibus, passou do ponto e só acordou ao chegar no terminal. Também tem problemas intestinais, além de alterações no humor – seus amigos e sua namorada chamam sua atenção para isso.

Depois de ouvir as explicações de Manuel e de comprovar que não há indícios de que ele esteja doente, pedimos que durante uma semana anote em uma caderneta a que horas vai dormir e levanta todo dia, as atividades que realiza nos diferentes horários e quando adormece. Em resumo, que faça um diário de sono e vigília.

Quando ele apresenta o relatório, o diagnóstico é claro e categórico: Manuel sofre de uma "síndrome de privação crônica do sono". E só não se envolveu em um acidente porque, prudentemente, parou de dirigir.

Há pessoas que dizem: "Eu não tenho problemas de sono; onde sento, durmo." Na verdade, elas têm problemas: as pessoas que dormem bem (tanto quantitativa como qualitativamente) não adormecem assim que sentam. A sonolência diurna e o sono noturno de pouca qualidade estão relacionados.

A sonolência é um fenômeno que ocorre em determinadas horas do dia e da noite, de acordo com nossas rotinas. É normal, por exemplo, sentir sono e adormecer depois do meio-dia – na hora da sesta – e à meia-noite.

Por outro lado, pessoas que sofrem de sonolência excessiva diurna nem sempre conseguem identificar facilmente um sintoma desse distúrbio. Quando perguntamos na consulta: "Você dorme durante o dia?", a resposta costuma ser um categórico "não". Voltamos a insistir: "Você cochila durante o dia? Isto é, quando está sentado diante do computador, quando anda de ônibus ou metrô, na metade da leitura..." Então a resposta muda: "Bom, sim, nessas situações acontece com frequência, mas só uma cochilada muito rápida."

Isso acontece com todos nós. Muitas vezes, estamos vendo tevê e a pessoa a nosso lado diz: "Já está dormindo!" E nossa resposta imediata é: "Claro que não! Como posso estar dormindo se estou vendo o filme?" E o outro nos diz: "Estava dormindo, sim; eu vi você fechar os olhos."

Uma cochilada significa claramente que adormecemos. O que ocorre é que, quando começamos a entrar no sono (fase 1; ver pp. 23-4), não percebemos que estamos dormindo. E tem mais: nessa etapa de transição entre a vigília e o sono, é muito fácil acordar com qualquer estímulo. É o momento que antecede o fim das atividades e o desligamento completo de tudo o que nos cerca, o sono propriamente dito.

Se você cochila na sala de espera do médico, na mesa de trabalho, no ônibus, no cinema ou na frente da televisão, não é perigoso. Quando muito, terá alguma pequena discussão com sua mulher, seu chefe vai puxar sua orelha ou vai passar do ponto de descer do ônibus. Mas uma cochilada ao volante – para dar só um exemplo – pode ser a diferença entre a vida e a morte, sua e de seus acompanhantes.

Microssonos

Essas cochiladas são denominadas "microssonos". É assim que o organismo compensa a falta de sono. Trata-se de uma perda de consciência muito breve que, como vimos, passa despercebida pela pessoa.

Esses microssonos são responsáveis por muitas freadas de emergência ou saídas abruptas da pista, com todos os perigos que isso implica.

Mais grave ainda é a denominada "paralisia noturna", uma consequência extrema da privação de sono. Consiste em episódios de um ou dois minutos de duração em que a pessoa está consciente do que acontece a seu redor, mas é incapaz de agir. Se alguma vez isso ocorreu com você, tome alguma medida, porque daí a sofrer um acidente é um pulo.

Sonolência excessiva diurna *versus* fadiga

Sonolência e cansaço não são sinônimos, embora sejam bastante confundidos. Vamos partir desta base: *a sonolência é resolvida dormindo, assim como o cansaço só é minimizado com repouso,* não com estimulantes. Os dois podem coexistir na mesma pessoa.

Em geral, a pessoa que adormece com facilidade é tachada de preguiçosa, apática ou depressiva. Numerosos estudos científicos demonstraram, no entanto, que esses tipos de estado não provocam sonolência patológica, mas fadiga e baixa atividade. São estados de ânimo que propiciam a permanência por mais tempo na cama, o que com frequência é considerado sonolência excessiva.

Essa confusão com relação aos sintomas da sonolência, aliada ao fato de que quem sofre desse transtorno tem pouca ou nenhuma consciência disso, torna seu diagnóstico difícil até para os profissionais.

A sonolência excessiva diurna é um transtorno que afeta seriamente a vida das pessoas, embora ainda exija muitas pesquisas.

O número de pessoas com esse problema é cada vez maior. Sua causa principal é a falta de horas de descanso noturno ou – como nós especialistas denominamos – a "privação crônica do sono". A sonolência também pode estar associada a doenças gerais ou a transtornos primários do sono.

Quando aparece a sonolência?

A sonolência diurna surge de modo incontrolável – e quase sempre inoportuno –, sobretudo durante tarefas monótonas. Ninguém adormece enquanto joga tênis ou participa de uma maratona. Da mesma forma, quando o cérebro está realizando uma atividade intensa, a pessoa mantém-se desperta. A sonolência excessiva está muito relacionada aos glúteos: "Onde eu sento, durmo."

Em geral, a sonolência acontece durante atividades mais ou menos passivas, como ver tevê, viajar como passageiro em um veículo, assistir a uma conferência, ver um filme no cinema, ler. A perda de tônus muscular que acompanha o cochilo e o fechar das pálpebras indica que estamos entrando na fase 1 do sono não-REM.

A pessoa que cochila já está adormecida, e três segundos de sono em uma rodovia podem ser fatais. É preciso controlar isso.

Como perceber que estamos adormecendo?

Há sinais e sintomas evidentes que avisam a chegada do sono e devem nos alertar:

- Bocejos repetidos
- Cochiladas
- Visão borrada
- Déficit de atenção
- Dificuldade para manter os olhos abertos

Fatores que propiciam a sonolência diurna

Podemos dizer que há basicamente três situações que promovem a sonolência diurna:

• *Sono insuficiente.* Dormimos menos horas que o necessário. Um adulto geralmente precisa de umas sete horas e meia diárias, embora algumas pessoas se contentem com cinco e outras, em compensação, necessitem de dez (para calcular quantas horas de sono você precisa, ver a pergunta 25 da p. 31 e o boxe da p. 60).

A síndrome do sono insuficiente é consequência da privação crônica do sono, tanto voluntária como involuntária. Quem sofre dessa síndrome dorme menos horas do que as que seu corpo precisa para se restabelecer e ficar em forma. Estas são algumas das causas:

– Longas jornadas de trabalho
– Muito tempo gasto nos deslocamentos
– Exigências familiares ao voltar para casa
– Exigências do trabalho ao voltar para casa
– Excesso de estímulos antes de deitar
– Turnos de revezamento no trabalho

As sociedades modernas estão doentes por falta de sono. Há muitas atividades de lazer que podem ser realizadas nas 24 horas do dia: ver tevê, conectar-se à Internet, jogar *videogame*... Com isso, acabamos usando um período do sono noturno para fazer outras coisas. Segundo as últimas estatísticas, reduzimos aproximadamente entre uma hora e meia e duas horas do tempo total do sono diário, o que se manifesta na diminuição do rendimento diurno.

• *Sono de pouca qualidade.* Dormimos um número de horas adequado, mas não desfrutamos um sono suficientemente reparador.

• *Combinação de sono insuficiente com sono de pouca qualidade.*

Como a falta de sono afeta o rendimento diurno

Quando o déficit de sono se transforma em algo crônico, quase em um estilo de vida, podemos observar as seguintes alterações em nosso funcionamento diurno:

– Sonolência excessiva
– Diminuição do estado de alerta
– Deterioração da memória e da capacidade para o cálculo
– Dificuldades para estudar e se concentrar
– Alterações do estado de ânimo e do caráter
– Fadiga física e mental (embotamento)
– Dificuldade para realizar tarefas de precisão
– Aumento dos erros
– Maior consumo de bebidas alcoólicas e estimulantes
– Problemas familiares, sociais e de trabalho
– Aumento do risco de sofrer ou provocar acidentes de trabalho, domésticos e de trânsito
– Aumento das faltas ao trabalho e risco de desemprego
– Tendência a ganhar peso
– Menor tolerância à dor
– Redução das defesas (maior propensão às doenças) e menor efetividade das vacinas
– Aumento do estresse e da irritabilidade

Sonolência induzida por medicamentos

A sonolência provocada por medicamentos é uma das causas mais importantes do que se conhece como "sonolência excessiva diurna" (SED).

Devido ao grande número de pacientes e à falta de pessoal na saúde pública, algumas vezes os especialistas recorrem com excessiva facilidade aos medicamentos, sem antes avaliar se o paciente toma outros remédios sem receita. Isso significa que nem sempre o médico está atento aos efeitos secundários e às interações do conjunto da medicação que o paciente toma.

Quando for à consulta, leve uma relação dos medicamentos que esteja tomando. Essa relação deve incluir tanto os remédios prescritos pelo médico quanto os de venda livre.

Sonolência, álcool e drogas

Todo mundo sabe, mas é bom insistir: a fórmula "falta de sono + bebidas alcoólicas e/ou drogas" é prejudicial para sua saúde e poderá ser fatal para você e seus acompanhantes caso você resolva dirigir o carro.

Vamos supor que você sai com seus amigos na sexta-feira à noite (depois de ter trabalhado o dia todo), janta como um rei (pratos fartos e de digestão difícil), bebe uns bons copos (amigos são para isso!) e depois, às 2 da manhã, entra em seu carro e dirige de volta para casa, coisa que levará uns vinte minutos no mínimo, talvez pela rodovia.

Lá fora está escuro (um sinal que o cérebro espera para dormir), você precisa se esforçar para ver com clareza (se tem mais de 40 anos, a presbiopia ou vista cansada aumenta com a pouca luz), sente-se cansado e sonolento. Seus reflexos estão mais lentos devido à hora, já que nossa capacidade de resposta diminui à noite. Somem-se a isso os efeitos das bebidas alcoólicas e do jantar. Como você acha que reagirá diante de um carro que venha de encontro ao seu?

Talvez você pense que tem tudo sob controle. Mas não se engane: não é verdade.

Antes que seja tarde demais, que você coloque em perigo sua vida ou a de quem o acompanha, evite essa fórmula fatal.

Receita para combater a sonolência

Ingredientes

- Identificação dos sinais de falta de sono
- Cálculo da média de horas necessárias
- Reajuste dos horários de sono
- Reajuste de atividades
- Sesta e/ou pausas
- Controle dos "sabotadores" do sono

Modo de preparo, passo a passo

- Aprenda a reconhecer os sinais e sintomas que indicam falta de sono, descritos nos parágrafos anteriores. Se já os identificou, não procure justificativas para o que ocorre com você. Admita que tem uma carência de sono e precisa reduzi-la dormindo mais todos os dias, e não apenas nos finais de semana.

Se ainda tiver dúvidas, calcule quantas horas dorme a cada dia de trabalho, durante uma semana, some-as e divida por cinco: o resultado será a sua média de horas de sono diária. Depois, calcule quantas horas dormiu nos últimos três fins de semana, quando pôde levantar tarde, e faça o mesmo: some-as e divida por cinco. Vamos supor que o primeiro cálculo tenha dado seis horas diárias, em média, e o segundo, entre nove e dez horas. É claro que você deve sono a seu cérebro e precisa recuperá-lo com urgência.

- Agora que você sabe a média de horas diárias de que precisa (e não as que achava que deveria dormir), marque o horário em que deve deitar e levantar para ter as horas de sono de que necessita todos os dias. E depois reorganize sua apertada agenda de atividades e elimine ou mude de lugar o que impede você de alcançar esse objetivo (pode ser útil repassar as receitas de dormir para ficar acordado do capítulo 3).

■ Se souber que na próxima semana, por algum motivo, terá menos tempo para dormir, comece a preparar-se esta semana para compensar as perdas. Procure deitar mais cedo e dormir um pouco mais. Abandone a televisão ou a Internet e ganhe um pouco de tempo extra de sono. Embora o sono não seja cumulativo, sabemos que, depois das férias, voltamos com as baterias carregadas. Desse modo você poderá enfrentar melhor a semana angustiante que o espera.

■ Faça uma sesta todo dia, se puder. Se o horário de trabalho não permitir isso, pelo menos pratique esse saudável exercício de sono durante os finais de semana (para tirar maior proveito, consulte o boxe das pp. 88-9).

■ No trabalho, em vez de tomar um café, chá, mate ou refrigerante de cola quando se sentir sonolento, quebre a rotina: faça uma pausa, olhe pela janela ou saia para dar uma volta pelo quarteirão. Bastam alguns minutos. Logo você voltará mais sereno para o trabalho. Procure reduzir o consumo de cafeína ao mínimo e, lembre-se, a partir das 5 ou 6 da tarde não tome bebidas que contenham essa substância.

■ Verifique todos os medicamentos que está tomando: anti-histamínicos, tranquilizantes, antigripais, antidepressivos e anti-hipertensivos, entre outros, provocam sonolência. Pergunte a seu médico se pode suspender a medicação ou diminuir a dose por uns dias até se restabelecer. Não se automedique com remédios estimulantes ou hipnóticos.

■ Evite bebidas alcoólicas, pois, se você tiver um déficit de sono, os riscos de um acidente se multiplicarão. O copo de cerveja, que antes não fazia nenhum efeito, agora pode ser o motivo de um acidente. Se sair à noite e souber que vai beber, volte de táxi. Inclua-o entre os gastos da balada. Jamais dirija cansado e um pouco “alto”.

Os *chefs* recomendam

■ Não tente lutar contra os ataques de sono, porque você pode sair perdendo. Aprenda a reconhecer os sinais que seu corpo lhe envia. Quando perceber que sua vista fica embaçada ou você não pára de bocejar, saiba que é hora de parar. Se estiver realizando uma tarefa de risco e sentir que suas pálpebras estão se fechando, interrompa-a logo. Se estiver ao volante, saia da estrada e pare. Descanse alguns minutos (saia do carro, movimente-se e tome ar fresco) ou, se estiver acompanhado, peça à outra pessoa que dirija. Jamais beba álcool para despertar.

ALGUMAS QUESTÕES SOBRE OS RONCOS

Os roncos são um fenômeno generalizado – atinge 95% da população mundial, em algum período da vida – e podem ser muito prejudiciais, também no que se refere aos relacionamentos.

Até bem pouco tempo atrás, ninguém costumava consultar um especialista por causa desse problema. Pelo contrário, os roncos eram associados a um bom sono. Nesta seção, veremos que essa é uma ideia totalmente errada: quanto mais se ronca, pior se dorme. Também mostraremos que um bom diagnóstico pode diminuir ou eliminar esse problema.

Apesar de, em muitos casos, tratar-se de roncos benignos – que não põem em perigo a saúde de quem ronca –, vale a pena submeter-se a um exame médico para descartar que eles estejam vinculados a transtornos muito mais graves, como a apneia do sono (ver o capítulo 11).

Por outro lado, as pessoas que roncam – também chamadas roncopatas – costumam incomodar os que convivem com elas. Algumas mulheres garantem que os roncos de seu marido, que não as deixavam dormir, foram um fator decisivo no rompimento ou na separação.

Roncar é coisa de homens?

Embora de fato se trate de um problema mais notado entre os homens (45% roncam habitualmente), uma significativa proporção de mulheres (30%) começa a roncar a partir da menopausa. Com base nessas estatísticas, podemos dizer que quase 20% da população ronca todas as noites.

Há muitas ideias falsas em relação a esse fenômeno. Por exemplo, não foi demonstrado que os homens roncam porque fumam mais ou ficam mais estressados no trabalho. Também não encontramos a explicação na anatomia masculina, como o fato de ter pomo-de-adão ou uma voz mais grave.

As últimas pesquisas médicas revelaram que o diferencial pode estar na progesterona, um hormônio secretado pelas mulheres que sofre alterações na menopausa. Entre outras coisas, a progesterona contribui para estabilizar as vias respiratórias.

Em que idade começamos a roncar?

Ao contrário do que muitos pensam, esse problema não é exclusivo dos adultos. Estatísticas recentes concluíram que entre 7% e 10% das crianças roncam todas as noites.

Portanto, roncar não tem idade – apesar de em lactentes o fenômeno ser indicativo de problemas estruturais nas vias nasais, como um desvio de septo.

Curiosamente, entre as crianças esse problema tem incidência semelhante em ambos os sexos. É a partir da adolescência que os roncos se tornam mais audíveis nos homens.

O que produz os roncos?

No processo respiratório normal, o ar entra pelas narinas, passa por trás do palato mole e desce pela faringe e pela traqueia até chegar aos pulmões.

Enquanto estamos acordados, o tônus muscular de todos esses "corredores" é suficiente para mantê-los abertos, de modo que o ar circule sem dificuldade. No entanto, ao dormir, nossos músculos relaxam-se, inclusive os das vias respiratórias. Então os corredores dos quais falamos se estreitam e em algum ponto podem chegar a impedir a passagem do ar.

Quando isso acontece, o ar deve aumentar sua velocidade para abrir passagem até os pulmões, o que produz a vibração das pregas vocais e das partes moles do pescoço, isto é: os roncos.

É normal fazer um pouco de barulho ao dormir – a respiração torna-se mais audível. Os problemas começam quando o recital noturno acorda a pessoa ao nosso lado e dificulta nosso próprio descanso.

Vamos examinar agora os fatores físicos que podem provocar o ronco:

- *Mecânicos.* O desvio do septo nasal, a rinite, os pólipos ou a mucosidade podem dificultar a passagem do ar e, portanto, provocar os roncos. Outras causas: um palato alto ou tonsilas grandes demais.
- *Morfológicos.* A forma do maxilar inferior também pode influenciar o ronco. As pessoas com queixo pequeno ou inclinado para trás têm maiores possibilidades de roncar. Ao relaxar com o sono, o queixo se desloca para trás e impede a entrada de ar, produzindo o ronco. Essa é a razão pela qual roncamos mais quando dormimos de barriga para cima, já que a língua também se desloca para trás e dificulta a passagem do ar.

• *Sobrepeso.* Provavelmente, é a principal causa dos roncos. A gordura não se acumula apenas no abdome e nos quadris, mas também nos músculos do pescoço, na faringe, no palato mole e na úvula. Quando ela se deposita nessas áreas, a musculatura torna-se mais flácida e bloqueia a circulação do ar, já que os "corredores" respiratórios se estreitam.

Tipos de ronco

Como especialistas em medicina do sono, distinguimos dois tipos de ronco: o contínuo e o intermitente.

O primeiro produz o mesmo som ao longo da noite e costuma ter caráter benigno. Já o som intermitente – barulho crescente e decrescente com intervalos de silêncio – pode indicar uma apneia do sono; trata-se de uma pausa na respiração que termina com um suspiro. Essa interrupção respiratória pode durar desde alguns segundos até um minuto e merece atenção médica imediata, por representar grandes riscos para à saúde (ver o capítulo 11).

Mistérios do ato de roncar

Ainda restam muitos enigmas a serem desvendados sobre esse transtorno que afeta boa parte da humanidade. Sabemos que os roncos se iniciam assim que a pessoa adormece e aumentam de forma progressiva durante a fase não-REM. Notamos o período de máxima intensidade nas fases 3 e 4. O curioso é que durante a fase REM – quando sonhamos – tendem a diminuir, justamente quando o tônus muscular é mínimo, o que deveria favorecer o ronco.

O AMOR É CEGO, MAS NÃO SURDO

João vem sozinho ao consultório. Conta-nos que tem 46 anos, está divorciado, seus dois filhos adolescentes vivem com a mãe e ele costuma vê-los no mínimo duas vezes por semana. Desde seu divórcio, teve relacionamentos ocasionais com mulheres. No entanto, há alguns meses começou um namoro mais sério com Júlia, por quem está apaixonado. Até o momento conviveram nos finais de semana, mas agora decidiram morar juntos.

Depois de parabenizá-lo, perguntamos a ele: "Em que podemos ajudá-lo?" João faz uma pausa, e já imaginamos qual será sua resposta, embora não digamos a ele. Por fim, ele diz: "Júlia diz que eu ronco e não a deixo dormir. Deve ser porque é muito sensível, pois sempre ronquei e minha primeira mulher nunca se queixou. Não quero incomodar Júlia, ela é um encanto e não merece sofrer por minha culpa."

Não há dúvida de que João está muito apaixonado e que os dois ficam pouco tempo juntos. Ele trabalha como engenheiro e tem muito sucesso na profissão. Gosta de boa comida e de boa bebida. Não segue horários fixos porque é um profissional autônomo; é contratado para realizar diferentes projetos. Como vive sozinho e não tem de prestar contas a ninguém, passa muitas noites trabalhando e depois dorme de dia. Costuma tomar café e alguma bebida enquanto trabalha à noite. Também ganhou alguns quilos, cinco ou seis, nada do outro mundo. Seu manequim só aumentou um número. É fumante inveterado e não raro fuma à noite enquanto assiste à tevê na cama. João está saudável, não diz sentir sonolência durante o dia. Quando acorda sente-se animado e pronto para começar o dia, ou a noite.

Após analisá-lo no laboratório do sono, confirmamos que seu ronco era o que denominamos "primário" ou "benigno" – benigno para ele, não para sua nova namorada –, por isso não tinha repercussões orgânicas, e um tratamento específico para o caso dele foi suficiente. Desde então, ele dorme como um príncipe – que não ronca – junto com sua amada, e por enquanto não há queixas.

Como vimos, nesse caso, o ronco perturba quem o ouve, mas a maioria das vezes sequer interfere no sono de quem o produz. E não é que o roncador seja surdo, simplesmente não consegue ouvi-lo como os outros porque está dormindo.

No consultório, costumamos fazer as pessoas escutarem seus próprios roncos, gravados durante a noite, enquanto seu sono é analisado. Quase todas se mostram incrédulos e fazem a pergunta de praxe: "Sou eu que faço esse barulho?"

É muito comum o roncador se defender das críticas de familiares e amigos dizendo: "Sinto muito, mas não posso fazer nada para evitar isso." Essa não é uma atitude correta, já que hoje há muitas maneiras de combater os roncos.

A seguir, veremos uma receita que se mostrou eficaz tanto para roncadores benignos quanto primários.

Receita para atenuar ou eliminar os roncos

Ingredientes

- Um gravador e fita de duas horas
- Controle de peso
- Redução ou eliminação do consumo de bebidas alcoólicas e cigarros
- Nenhum consumo de calmantes
- Postura para dormir

- Horas suficientes de sono
- Próteses orais

Modo de preparo, passo a passo

■ O primeiro passo para resolver um problema é admitir sua existência. O segundo é a vontade de encontrar uma solução.

Se você ainda duvida do que diz sua esposa, sua namorada, o colega com quem dividiu o quarto em uma viagem de trabalho, faça o seguinte: coloque um gravador no criado-mudo e, antes de apagar a luz, ligue-o. Compre uma fita de duas horas ou mais, para dar tempo de você adormecer. De manhã, quando estiver a sós, ouça a fita, primeiro os últimos quarenta ou sessenta minutos, depois o restante, com paciência.

Pode ser um pouco chato ouvir o próprio ronco, mas é excelente para tomar medidas para resolver o problema. Aproveite para verificar se o ronco é regular, sem interrupção ou sem que você deixe de respirar em nenhum instante. Se é assim, significa que seu ronco é benigno, não põe em risco sua saúde.

De qualquer maneira, é incômodo e irritante para quem tem de escutá-lo, portanto vamos aos próximos passos.

■ Cuide do sobrepeso, causa mais importante do ronco benigno. Você deverá perder os quilos a mais que foram se acumulando com o tempo, já que também se depositaram no pescoço e no abdome, propiciando o ronco.

Sabemos que não é fácil perder peso, mas, se você decidir, conseguirá. Se servir de motivação, registre esta estatística: 80% dos roncos são curados quando se emagrece. Vale a pena tentar. E não se deve apenas reduzir o peso; é preciso mantê-lo. Uma atividade física regular e uma alimentação adequada podem ajudar você a manter seu peso ideal sem muito esforço.

■ O álcool contido no vinho, na cerveja ou nos licores de qualquer tipo provoca um efeito relaxante nos músculos respiratórios. Quando você dorme, os músculos de seu corpo relaxam naturalmente. Se somarmos a isso o copo que você tomou durante ou depois do jantar, o resultado será um aumento do ronco. Assim, o álcool age como um "amplificador do ronco".

Portanto, não tome nenhuma gota de álcool à noite. Quando muito, beba no almoço, em horário bem distante da hora de deitar. À noite, quando sentir sede, tome água, sucos ou refrigerantes.

- A nicotina provoca edemas nas vias respiratórias e aumenta a mucosidade, o que propicia os roncos. O mais aconselhável é parar de fumar; se não conseguir, ao menos evite fumar nas horas imediatamente anteriores ao sono.
- O consumo de tranquilizantes, hipnóticos ou relaxantes musculares para dormir é contraindicado para quem ronca. Esses medicamentos provocam flacidez muscular e aumentam a intensidade do ronco. Se o médico os receitou para combater o estresse ou a ansiedade, informe-o de que você ronca. Ele saberá como modificar o horário de ingestão dos medicamentos para evitar esse efeito.
- Cuide da postura para dormir. Muitas pessoas só roncam quando dormem em determinada posição: em geral é de barriga para cima; outras roncam somente quando dormem de lado. A maioria pensa que permanecemos toda a noite na mesma posição em que adormecemos. Isso é um mito; ao longo da noite, viramos dezenas de vezes e mudamos de posição sem perceber.

Se disseram que você ronca só quando está de barriga para cima, tente deitar de lado. Pode ser útil colocar um travesseiro paralelamente às suas costas para impedir que você se vire quando estiver dormindo. Uma solução mais drástica é costurar um bolso na parte de trás do pijama – entre as escápulas – e pôr dentro dele uma bola de tênis. Isso impedirá que, uma vez adormecido, você tente ficar de novo de costas. Se o ronco for produzido quando você dorme de lado – em geral por causa de um desvio do septo nasal –, tente dormir do lado oposto.

Utilize um único travesseiro para dormir e, se possível, com o pescoço alongado – nas lojas especializadas há travesseiros que ajudarão você a manter essa posição. Desse modo, as vias respiratórias ficarão livres e a passagem do ar será facilitada.

- Durma as horas que seu corpo pede. Foi comprovado que os roncos se intensificam quando a pessoa está muito cansada. Horários regulares de deitar e levantar o ajudarão a manter o ritmo do sono e da vigília.
- Em alguns casos, pode ser útil usar próteses orais, parecidas com aquelas empregadas em ortodontia, para corrigir os dentes. Esses aparelhos são bastante eficazes, quando acompanhados das medidas anteriores. Devem ser receitados por um dentista ou ortodontista, já que são confeccionados sob medida e depois devem ser regulados progressivamente. Podem produzir algum incômodo, mas costuma ser passageiro.

Os *chefs* recomendam

- Não desperdice dinheiro em gotas nasais, adesivos para desentupir as narinas ou alarmes para roncadores. Cotoveladas, chamados, chutes ou gritos também são ineficazes.
- Em princípio, os roncos não são "operáveis", embora seja possível optar pela via cirúrgica em caso de tonsilas ou adenóides muito grandes ou de desvio muito acentuado do septo, a ponto de dificultar a respiração. A cirurgia com *laser* não se mostrou eficaz para os roncos, porque eles voltam a aparecer alguns anos depois.
- Não coloque placas antirruído nem forre de cortiça as paredes do quarto. Essas medidas são perfeitas para isolar o

quarto dos ruídos externos, mas têm o inconveniente de amplificar o som interno. Seus roncos ressoarão ainda mais.

- Se dormir acompanhado, também será interessante você ler a seção "Casal explosivo: ele ronca e ela tem insônia" (p. 177).
- Se você ronca, faz pausas respiratórias enquanto dorme e tem sonolência durante o dia, leia a seção "Síndrome da apneia do sono", do capítulo 11.

5

O sono na mulher

Os transtornos do sono são duas vezes mais comuns na mulher do que no homem, e frequentemente ela apresenta uma problemática diferente.

São muitas as perguntas que nossas pacientes fazem na consulta, mas quatro são básicas para entender as particularidades do sono nas mulheres:

Existem diferenças entre o sono da mulher e o do homem?

Essa pergunta tem duas respostas:

a) A neurofisiologia do sono não permite estabelecer diferenças com base no sexo. Se compararmos uma polissonografia (estudo do sono) de um homem e de uma mulher, não encontraremos nenhuma diferença. Isso significa que, objetivamente falando, ambos os sexos são iguais no que se refere ao sono.

b) No entanto, sabemos que existem diferenças entre os dois sexos. Começam a partir da primeira menstruação (menarca), que pode ocorrer entre os 10 e os 14 anos, dependendo da mulher.

2. Tudo é culpa dos hormônios?

Apenas 50% dos transtornos estão relacionados a fatores hormonais, em especial ao estrógeno e à progesterona. As mudanças hormonais geralmente afetam a qualidade do sono.

Os outros 50% dependem quase exclusivamente da privação involuntária do sono a que a mulher está submetida nos dias de hoje. As causas desse problema podem ser encontradas na adição "maternidade + profissão + tarefas domésticas".

Uma pesquisa realizada nos Estados Unidos evidenciou que 86% das mulheres que trabalham fora de casa sofrem de fadiga permanente e sentem-se exaustas ao chegar em casa; 60% têm dificuldades para dormir, e uma em cada quatro mulheres sofre de sonolência diurna.

3. Qual a relação entre hormônios e sono?

As alterações nos estrógenos afetam principalmente o sono REM. Os estrógenos agem sobre a temperatura corporal e o ritmo circadiano, o que explica os calores noturnos durante a menopausa. Esta pode ser uma das razões pelas quais as mulheres estão protegidas contra a apneia do sono até chegar a essa etapa da vida.

A progesterona, por outro lado, age sobretudo sobre o sono profundo (ou não-REM). Tem efeito calmante e estimula as funções respiratórias. No entanto, mais importante que a ação individual de cada hormônio é a interação que existe entre eles durante o sono.

4. Por que os transtornos do sono afetam mais as mulheres do que os homens?

Além dos fatores que acabamos de enumerar, a lista de possíveis causas é longa:

- A mulher é mais sensível aos ruídos e acorda com mais facilidade que o homem.
- Quando as crianças são pequenas, enquanto dorme, a mãe costuma ficar mais alerta do que o pai (e mais sensível aos ruídos),

o que significa vários despertares noturnos por muitos anos. Quando os filhos já são adolescentes e saem à noite, ela só descansa bem depois de ouvir a chave virar na fechadura.

- A mulher tem maior tendência a se preocupar excessivamente com as coisas e a levar os problemas para a cama.
- Uma vez por mês, e durante cerca de 35 anos, em cada período menstrual, ela pode sentir insônia e/ou sonolência excessiva diurna.
- Durante a gravidez, também não é fácil: quem consegue dormir com uma barriga daquele tamanho?
- Quando o filho é recém-nascido, a mulher acorda a cada três horas.
- Conciliar filhos em idade escolar, profissão e afazeres domésticos custa-lhe horas de sono roubadas.
- Muitas mulheres precisam ocupar-se ao mesmo tempo dos filhos, embora já sejam adultos – eles são independentes da porta para fora, mas dependentes da porta para dentro –, e de seus próprios pais, que com a idade necessitam de cuidados. Elas podem se sentir entre dois fogos!
- Quando chega a maturidade e a mulher se livra dos incômodos da menstruação (e do cuidado com os filhos), podem aparecer os calores, a insônia e outros distúrbios do sono.

Resumindo: a única coisa igual nos dois sexos é a atividade elétrica cerebral durante o sono. O resto é completamente diferente – a ponto de nos Estados Unidos existir uma organização (WiSRR – Women in Sleep and Rhythms Research) que tem como principal objetivo difundir e aprofundar o estudo dos transtornos do sono nas mulheres.

Uma vez por mês

Recebemos esta carta de pais preocupados:

> Nosso filha Paula é uma jovem encantadora, alegre, doce, carinhosa... Dá gosto lidar com ela. No entanto, alguns dias antes da menstruação, ela dá uma virada de 180 graus. Fica irritada, dá ordens, chateia-se com tudo e com todos, chora sem motivo, enche-se de doces, guloseimas e chocolate. Apesar de estar sempre acostumada a deitar tarde, "naqueles dias" parece que demora ainda mais para dormir. Liga o som a todo volume e não se importa com os outros. Levanta à noite para atacar a geladeira e depois, se dependesse dela, ficaria dormindo direto a manhã inteira. É muito difícil acordá-la para ir à escola. É como se fosse outra pessoa, não nossa filha.
>
> Essa mudança de personalidade da Paula só dura dois ou três dias, no máximo. Depois ela volta a ser a menina alegre e estudiosa de sempre. Isso é normal? Podemos fazer alguma coisa que a ajude a dormir? Se não ficasse tão cansada, talvez se sentisse melhor.

São sintomas clássicos da síndrome pré-menstrual e dos transtornos próprios da menstruação que, com ligeiras variações, afetam um número elevado de mulheres.

Embora nem sempre todos se manifestem e varie o grau em que aparecem, os sintomas característicos são irritabilidade e mau humor, sensação de inchaço, cólicas e dores abdominais, turgidez das mamas e enxaquecas. E um desejo irresistível de comer doces.

As dificuldades para dormir antes e durante o período são frequentes em qualquer idade enquanto se menstrua. A mulher demora mais para dormir, acorda no meio da noite e custa a retomar o sono. Logicamente, tem mais problemas para levantar e se sente cansada durante o dia. Poucas pacientes descrevem problemas mais graves. A sonolência diurna é comum na maioria das mulheres e pode começar na semana anterior à menstruação.

Em geral, é bastante incômodo tanto para quem tem esse problema como para as pessoas com quem se convive, mas os sintomas e os transtornos do sono desaparecem poucos dias após o início da menstruação. Apenas em algumas mulheres mais velhas esses transtornos podem evoluir até se transformar em insônia transitória ou até em insônia crônica.

Algumas mulheres dormem bem e têm insônia uma vez por mês, sem relação alguma com o período menstrual. Estudos recentes relacionaram esses episódios com a ovulação. Essas mulheres teriam então a "insônia de ovulação". Se esse for o seu caso, verifique no calendário se a ovulação coincide com o décimo quarto dia de seu ciclo. Desse modo, você poderá ter certeza de que está ovulando, mas não utilize esse dado como método contraceptivo. Após a ovulação, os índices de progesterona se elevam, o que também pode causar sonolência e fadiga.

Receita para dormir bem "naqueles dias"

Ingredientes

- Exercício
- Alimentos ricos em ferro
- Dois litros de água por dia
- Controle e redução dos "sabotadores" do sono
- Relaxamento

Modo de preparo, passo a passo

- Um conselho para "aqueles dias" e para todo o mês: evite a vida sedentária. O exercício físico ajuda a manter a firmeza dos músculos, estimula a circulação e favorece o sono. Não é necessário frequentar uma academia: faça as compras a pé, não use o carro se precisar percorrer poucos quarteirões, desça um ou dois pontos antes de chegar ao trabalho para caminhar um pouco e pegar sol.

Se tiver o costume de realizar alguma atividade física extra – que é o mais recomendável para todos e para todas as idades –, durante a menstruação opte pelas modalidades "suaves": caminhar, nadar, andar de bicicleta ou dançar. Meia hora de atividade é suficiente. Mas lembre que sempre deve fazê-lo pelo menos três horas antes de deitar, porque o exercício físico aumenta a temperatura corporal, o que retarda o aparecimento e a profundidade do sono.

■ Um problema comum nas mulheres é a falta de ferro no organismo. As reservas de ferro diminuem com a perda de sangue da menstruação e deveriam ser repostas de forma contínua por meio de dieta. Essa carência causa anemia e se manifesta em um estado de cansaço quase constante, menor rendimento e baixa energia vital. É essa sensação que tantas mulheres têm de que não dominam as coisas, mas são dominadas por elas.

Procure sempre incluir na dieta alimentos ricos em ferro, encontrado sobretudo nos legumes e nos frutos secos. Outro alimento que contém doses altas de ferro é o cacau: o chocolate sem leite, por exemplo, é muito recomendável. Porém, como o cacau contém cafeína, procure não consumir chocolate antes de dormir.

Consulte as recomendações da seção "Os amigos do sono" (p. 69). Organize suas refeições da seguinte forma: um bom café-da-manhã, um almoço moderado e um jantar leve. Não vá para a cama em jejum, porque acordará no meio da noite e começarão os ataques à geladeira. Se antes de deitar sentir fome, tome um copo de leite (que é calmante) ou coma algumas bolachas ou um pequeno lanche. Isso será suficiente.

Um jantar abundante, repleto de gorduras, frituras e pratos muito condimentados, provoca distúrbios intestinais e acidez. Uma digestão pesada e a distensão do abdome retardam o sono, além de provocar despertares noturnos.

■ Antes e durante a menstruação, é importante tomar no mínimo dois litros de líquido (dez ou doze copos) por dia. Desse modo, você compensará a perda de fluidos e combaterá o inchaço. Mas é preciso escolher bem o que beber. A água é a melhor bebida que se pode ingerir, porque provoca menos retenção de líquidos, o incômodo "inchaço". Se não for muito fã de água mineral, escolha sucos de fruta ou vitaminas, infusões de ervas sem açúcar ou refrigerantes sem gás.

■ Descarte as bebidas com cafeína – café, chá, mate, refrigerantes de cola, cacau – pelo menos seis horas antes de deitar. Lembre-se de que a cafeína é um poderoso estimulante. Da mesma maneira, evite o álcool no mínimo três horas antes de ir para a cama.

O ideal é só tomar um copo de líquido no jantar e não beber mais até a manhã seguinte. Deitando com a bexiga vazia, você não precisará levantar à noite para ir ao banheiro.

■ Depois de jantar e antes de deitar, relaxe. Leia, ouça música suave, respire profundamente, medite ou assista a um bom filme uma hora antes de ir dormir. Essas atividades promovem o sono e reduzem os hormônios do estresse. Você pode tomar uma xícara com alguma infusão relaxante.

Os *chefs* recomendam

■ Siga horários regulares de refeições, higiene e sono. Se a insônia persistir dias depois da menstruação, ponha em prática a "Receita para prevenir a insônia crônica" (p. 95). Se mesmo assim continuar, consulte um especialista em medicina do sono, para que ele lhe recomende um tratamento adequado a suas necessidades e características. É muito importante evitar que a insônia se torne crônica.

- Não se automedique. Se o especialista considerar conveniente, poderá receitar um hipnótico leve para você tomar somente "naqueles dias". Já o ginecologista pode indicar os medicamentos mais adequados para diminuir os sintomas pré-menstruais.

O SONO NA MULHER GRÁVIDA

Gisela é uma jovem secretária de 28 anos, conhecida por sua eficiência no trabalho. Está casada há três anos com Inácio. Seu casamento vai muito bem, embora o marido chegue muito tarde do trabalho durante a semana. Uma manhã, Gisela começou a bocejar em uma reunião de trabalho, e seu chefe lhe pediu que tomasse um bom café para despertar. Um pouco depois, uma colega encontrou-a cochilando sossegadamente em sua mesa. Seus olhos semicerrados provocaram uma infinidade de boatos e gozações. Valia tudo para explicar o "sono" de Gisela: excesso de sexo durante a noite, discussões com o marido, ou alguma atividade noturna clandestina, um amante talvez?

Inácio também notava algo estranho na esposa. Ela cochilava enquanto assistiam à tevê e conversavam, dormia rápido demais e estava muito preguiçosa. Ambos achavam que era excesso de cansaço.

As dúvidas foram esclarecidas quando ela começou a sentir enjoo e fez o teste de gravidez: ela estava esperando seu primeiro filho. O caso de Gisela ilustra a sonolência e a fadiga normais que acompanham a gestante durante o primeiro trimestre, causadas por fatores hormonais e fisiológicos. Essa sonolência tão marcante costuma desaparecer no segundo trimestre da gravidez.

Como especialistas em medicina do sono, consideramos essencial que as grávidas aprendam a dormir bem, tanto em quantidade como em qualidade, pois sabemos a importância de um bom sono para a saúde da mãe e do bebê.

Toda gravidez exerce um efeito negativo sobre o sono: provoca fadiga e sonolência nos três primeiros meses, insônia e maior sonolência nos três últimos meses. Além disso, a privação do sono afeta não só a mulher, mas também o feto.

Diferentes pesquisas evidenciaram que cerca de 64% das gestantes sofrem de insônia ou transtornos do sono, o que provoca fadiga e sonolência diurnas, acompanhadas de conflitos no ambiente de trabalho, familiar e social. No último trimestre da gravidez, a porcentagem de mulheres que admitem ter dificuldades para conciliar e manter o sono sobe para 97%.

Por isso, é muito importante que a mulher planeje com seu companheiro algumas medidas para que possa descansar durante todo o tempo que precisa, que costuma ser muito maior do que o tempo de que dispõe.

Mais cansaço e menos possibilidade de descanso é uma fórmula perigosa. Estudos recentes demonstraram que as mulheres que dormem poucas horas no último trimestre da gravidez apresentam um índice mais elevado de partos prematuros, ou então os partos são prolongados.

Em suma, o sono da mulher grávida merece toda a nossa atenção e tempo para prevenir complicações para a mãe e o feto.

Após o parto, o bebê exigirá toda a atenção, tempo e paciência de sua mãe. Por isso, é importante que ela se encontre em bom estado físico e psicológico, o que requer ter dormido bem durante os três últimos meses de gravidez.

A receita a seguir foi pensada para que a gestante prepare, durante o dia, o sono noturno.

Receita do dia para dormir bem durante a gravidez

Ingredientes

- Atividade e exercício físico suaves
- Sesta e/ou pausas
- Alimentação saudável
- Redução e/ou eliminação dos "sabotadores" do sono
- Muito descanso
- Divisão das tarefas

Modo de preparo, passo a passo

- Como comentamos, nos três primeiros meses de gravidez a sonolência diurna e a sensação de fadiga são frequentes. No terceiro trimestre podem aparecer vários transtornos, desde dificuldades para conciliar e manter o sono até insônia.

É preciso lutar contra os bocejos e os "ataques de sono" diurnos, dos quais na certa você sofrerá durante os três primeiros meses de gravidez. Evite cochilar durante o dia, porque isso diminuirá a qualidade e a quantidade do sono noturno.

Mas não desperdice a oportunidade de fazer uma sesta, se puder. Alguns estudos indicam que, durante a gravidez, uma sesta diária de vinte minutos beneficia a saúde da mulher, ajuda-a a manter o ritmo diário e a dormir melhor à noite. Para tirar maior proveito dela, consulte o boxe "A sesta bem entendida" (p. 88). Se não tiver possibilidade de deitar após o almoço, descanse pelo menos dez minutos no sofá. Desse modo, você reduzirá a tensão acumulada e, com um pouco de prática, obterá uma soneca reparadora, mesmo que curta.

Se o horário de trabalho não lhe permite fazer uma sesta, procure dar um passeio depois do almoço, quando a curva de sonolência sobe e a vontade de dormir aumenta. Caminhe para tomar ar e sol. Isso a ajudará a despertar, a reduzir a tensão, a esquecer um pouco o trabalho e, sobretudo, a combater o sono. Se a jornada de trabalho terminar cedo, quando chegar em casa sente-se no sofá e descanse. Tire uma soneca curta, de no máximo dez minutos, não mais do que isso, pois, do contrário, terá problemas para dormir à noite.

▪ Faça exercício: você não está doente, está esperando um filho; portanto, pode e deve realizar atividades físicas. Se não estiver habituada a praticar algum esporte, este é um bom momento para começar! A atividade física ativa a circulação e reduz as cãibras, além de impedir a retenção de líquidos nas pernas.

Opte por exercícios suaves, como a caminhada, a natação ou a ioga. Se possível, siga um programa específico de preparação para o parto, em que poderá se encontrar com outras grávidas. Trocar dúvidas, experiências e conselhos reduz os temores e ansiedades da gravidez e do parto.

▪ Siga uma dieta saudável e equilibrada: agora você está comendo pelos dois (mas, atenção, não por dois: procure evitar o excesso de peso durante a gravidez). Durante os meses de gestação, inclua na sua alimentação um conteúdo maior de proteínas, carboidratos sem excesso, mais ácido fólico (vitamina encontrada em abundância na levedura da cerveja, entre outros alimentos), muito ferro, cálcio, magnésio e iodo. Informe-se sobre quais alimentos fornecem esses nutrientes de que, agora, você e o bebê precisam. Mais uma vez, queremos lembrar a importância de tomar um café-da-manhã abundante, almoçar moderadamente e fazer um jantar leve.

Tome muito líquido durante o dia, mas evite as bebidas gaseificadas: elas provocam distensão abdominal. Beba café ou chá apenas de manhã e, depois do meio-dia, suspenda as bebidas e substâncias com cafeína (lembre-se de que ela está presente no chocolate). Talvez essas substâncias a ajudem a combater a sonolência diurna, mas seu efeito estimulante a impedirá de fechar os olhos durante a noite, apesar do cansaço. No trabalho, quando sentir sono, faça uma pausa. Levante-se, olhe pela janela, respire profundamente ou prepare uma infusão de ervas.

Durante a gravidez, elimine as bebidas alcoólicas e os cigarros: são prejudiciais à sua saúde e à do bebê. Não fique em um ambiente fechado onde pessoas estejam fumando, ou peça-lhes que apaguem o cigarro. Lembre-se de que o fumo é tóxico tanto para você quanto para o bebê, que está na barriga e não pode escolher.

▪ Descanse o quanto puder. Não queira ser uma supermulher. Peça e aceite a ajuda de seu companheiro, de seus familiares, colegas de trabalho e amigos. Faça só o indispensável e urgente, o que não pode esperar. Aprenda a ouvir seu corpo, e quando ele pedir descanso, deixe por um instante o que está fazendo e repouse. Pense que não é preguiçosa nem está doente, simplesmente está vivendo um momento muito bonito, no qual a energia e o combustível acabam mais rápido porque são consumidos por dois, em vez de um.

Em casa, divida com seu companheiro e seus filhos, se tiver, as responsabilidades e tarefas. Se as crianças ainda forem pequenas, organize o dia para que seu marido ou outra pessoa se encarreguem de levá-las à escola e trazê-las de volta. Quando for descansar, ligue a secretária eletrônica ou desligue o telefone. Em quinze ou vinte minutos não acontecerá nada de tão urgente que não possa esperar. Aproveite também os finais de semana.

Nessa etapa de sua vida, você precisa de menos horas de trabalho e mais de descanso. Se nos últimos três meses de gravidez sentir-se muito cansada, verifique se pode solicitar redução da jornada de trabalho com salário proporcional. Pense que está se preparando para a carreira mais importante de sua vida: ser mãe.

Descansando por dois

A gravidez é o único momento da vida em que a mulher precisa dormir por dois. Por essa razão, na próxima receita, acrescentaremos alguns ingredientes especiais que ajudarão a futura mamãe e seu bebê a descansar melhor.

Essa barriga maravilhosa que abriga um filho cresce sem parar durante nove meses. A mulher a ostenta com orgulho durante o dia, mas na hora de dormir ela costuma trazer-lhe alguns incômodos e pode tirar-lhe o sono.

No último trimestre da gravidez, um dos maiores problemas das mulheres é que não encontram uma posição cômoda para elas e sua barriga. Durante esse período, é comum terem dificuldades para pegar no sono ou mantê-lo. Vejamos, então, como encontrar uma posição confortável, que lhe permita desfrutar sua barriga sem ser impedida de dormir.

Um bom descanso noturno é muito importante. Pense que após a gravidez a qualidade de seu sono vai piorar muito. O recém-nascido exigirá que você o alimente a cada três horas, tanto de dia como de noite. Alguns bebês ficam mais acordados à noite do que de dia, e isso ocorre sem interrupção, dia após dia. A felicidade do parto é acompanhada também da carência de sono.

Portanto, nosso conselho como especialistas – e como pais – é que, antes do parto, você aproveite as noites para dormir muito e bem. Ainda não se escutam choros nem é preciso trocar fraldas. Negociar com a barriga é mais simples do que com um recém-nascido.

Receita da noite para dormir bem durante a gravidez

Ingredientes

- Hábitos para dormir bem
- Mais rotinas preparatórias para o sono
- Relaxamento
- Postura cômoda
- Travesseiros e almofadas
- Eliminação dos "sabotadores do sono"

Modo de preparo, passo a passo

- Em geral, procure seguir as normas corretas para preparar o sono, descritas na "Receita para 'despertar' o sono" do capítulo 3 (p. 74).
- Entre as rotinas que você segue habitualmente antes de deitar, inclua algumas especiais para esse período. Convença seu marido a lhe fazer algumas massagens na cama. Massagens nas costas, no pescoço e nas pernas ajudarão você a dormir melhor. Além disso, talvez uma coisa leve a outra... você descansará ainda melhor depois de fazer amor com a pessoa que ama.
- Como dissemos no início deste capítulo, a mulher tem mais tendência a se preocupar excessivamente com as coisas e a levar os problemas para a cama. Isso a impede de pegar no sono ou pode acordá-la à noite. Durante a gravidez, além das mudanças fisiológicas, muitas mulheres pensam no parto com ansiedade, em especial quando é a primeira vez em que vão ser mães. Estar bem informada é o primeiro passo para minimizar as dúvidas e preocupações sobre a gravidez e o parto.

Para afastar as preocupações, é recomendável relaxar antes de ir dormir. Tomar um banho quente (relaxa os músculos), meditar ou preparar uma infusão de ervas (tília, valeriana ou camomila) podem ajudar o relaxamento. Os exercícios de respiração profunda também são eficazes. Consulte também a seção "As preocupações não me deixam dormir" (p. 99).

Sobretudo, quando deitar, pendure as preocupações em um cabide e esqueça-as até o dia seguinte!

■ Já na cama, o mais complicado é encontrar uma posição cômoda. Em geral, é melhor dormir de lado, de preferência do lado esquerdo. Se antes de ficar grávida você costumava dormir de barriga para baixo ou de costas, acostume-se, desde o início da gravidez, a deitar de lado, já que, quando a barriga estiver muito grande, será impossível manter-se nessas posições.

Dormir de lado evita que o peso do bebê descanse sobre a mãe. Além disso, impede que o útero pressione o diafragma, causando dor na cintura, digestão lenta e sensação de aperto.

A posição de barriga para cima também não é recomendável, por levar o útero a pressionar a veia cava inferior, que conduz o sangue da parte inferior do corpo para o coração. Essa pressão dificulta a drenagem e pode ocasionar palpitações, edemas nas pernas, queda da pressão sanguínea e hemorróidas.

Portanto, insistimos na necessidade de você dormir de lado, de preferência do lado esquerdo. Esta posição também favorece a chegada de sangue à placenta, o que aumenta o fornecimento de oxigênio e de nutrientes ao útero, à placenta e ao bebê.

Se você sofre de refluxo, levante ligeiramente a cabeceira da cama.

■ Para maior comodidade, você pode procurar diferentes travesseiros e almofadas. Algumas lojas especializadas vendem travesseiros especiais para gestantes. Você também pode usar os de forma triangular, empregados habitualmente para ler ou ver tevê. Colocados como calço, são muito confortáveis para apoiar a barriga.

Quando o parto estiver próximo, será muito útil colocar um travesseiro entre as coxas para descansar a pelve, que está submetida a grande esforço.

Se você costuma se virar e amanhece de costas, coloque um travesseiro paralelamente a suas costas para impedi-la de virar enquanto dorme.

▪ Quando acordar com vontade de urinar, vá ao banheiro e retorne imediatamente à cama para continuar dormindo. Não é o momento de voltar a pensar nas preocupações ou de começar a fazer alguma coisa. Se os chutes ou movimentos do bebê acordam você, aprecie-os e continue descansando; não acorde seu companheiro para que ele também os sinta! Você tem o dia todo para isso! Lembre-se de que deve usar a noite para se restabelecer e enfrentar o novo dia descansada e sem sono.

▪ Não tome medicamentos para dormir, a não ser que tenham sido expressamente indicados por seu médico. Não dê ouvidos aos conselhos de mães, sogras, amigas e vizinhas sobre esse assunto. Tudo o que você tomar durante a gravidez afetará duas pessoas. Hipnóticos e tranquilizantes sem controle médico podem ser perigosos para o bebê.

Os *chefs* recomendam

▪ A mulher desperta mais rápido do que o homem. Se seu companheiro ronca ou se mexe tanto enquanto dorme a ponto de acordar você, não seria má ideia, nessa etapa crucial, que os dois dormissem em quartos ou camas separadas. Nesse caso, propomos que pratiquem a "separação amigável noturna". Consiste em fazer carinhos, amor e depois dormir cada um para o seu lado. Com os olhos fechados, não percebemos se há alguém do outro lado da cama.

▪ Quando consultar o médico?

a) Se começou a roncar. Muitas mulheres roncam durante a gravidez porque suas vias respiratórias ficam congestionadas. O ronco é um sinal de alerta se é acompanhado de um aumento da pressão arterial, sonolência excessiva diurna, pausas respiratórias e sono inquieto. Peça a seu médico que faça exames para descartar uma apneia do sono, já que supõe um risco para a mãe e o bebê.

b) Se sentir um mal-estar nas pernas que a obrigue a mexê-las e se ele aumenta quando está na cama ou em repouso. Pode tratar-se de uma síndrome das pernas inquietas (SPI; ver a seção correspondente na p. 297), frequente durante o último trimestre da gravidez – entre 15% e 20% das mulheres sofrem desse problema. É mais um fator que perturba o descanso noturno. Peça a seu médico que faça o controle do ácido fólico e do ferro no sangue, já que o déficit dessas substâncias é a causa mais comum dessa síndrome. A inquietação aumenta com a cafeína; portanto, se ainda não a eliminou totalmente, faça isso agora. Na maioria dos casos, esses sintomas desaparecem com o nascimento do bebê.

c) Se sofria de insônia crônica e ela se agravou durante a gravidez, a ponto de você se sentir esgotada e sem forças, consulte imediatamente um especialista.

d) Se trabalha em turnos de revezamento, a mulher pode ter outros problemas durante a gravidez, como um parto prematuro. Se não for possível mudar o horário e trabalhar somente durante o dia, ela precisará de uma supervisão médica especial.

DEPOIS DO PARTO

Os dias posteriores ao parto trazem felicidade e euforia, mas também um extremo cansaço. Um recém-nascido não sabe quando é dia ou noite, ainda não assimilou o ritmo circadiano. Seu ritmo é determinado pelas necessidades fisiológicas, e continuará assim até aproximadamente o terceiro mês, quando começará a dormir mais à noite.

Nos primeiros quinze dias de puerpério (como é denominado o período após o parto), você terá uma nova rotina: fralda-peito-xixi-cocô-fralda-sono, a cada três horas, mais ou menos nessa ordem.

Depois vêm os choros. Como o bebê nem sempre chora porque tem fome, às vezes é difícil saber o motivo e acalmá-lo. Além disso, não é a mesma coisa um bebê chorando às 10 da manhã e o mesmo choro à meia-noite, às 3 da madrugada e às 6 da manhã.

Não podemos mudar nada disso, porque seria antinatural para o bebê, mas podemos tomar algumas medidas preventivas para que os pais, sobretudo a mãe, descansem mais com esse novo ritmo. A fórmula "cansaço acumulado (desde a gravidez) + incômodos puerperais + choro do bebê (a cada duas ou três horas) + impossibilidade de dormir sete horas seguidas" gera sonolência, irritação e descontrole da mãe.

Como especialistas, sabemos que, depois do parto, a mulher precisa descansar o suficiente e procurar dormir bem. Nessa etapa, os transtornos do sono costumam estar associados à depressão pós-parto. Após o nascimento de um filho, a secreção de melatonina e cortisol na mãe se altera, o que pode aumentar o estresse.

Há uma estreita relação entre a piora da qualidade do descanso noturno – interrupção e fragmentação do sono – e a depressão pós-parto. Uma ligeira tristeza não deve ser preocupante, mas, se aparecerem sintomas claros de depressão ou outras mudanças drásticas do estado de ânimo, será preciso recorrer ao médico.

Calcula-se que a perda de sono da mãe durante o primeiro ano de vida de um bebê pode chegar a setecentas horas, que não são recuperáveis. Mas também é verdade que a humanidade está cheia de crianças – embora cada vez sejam em menor número nos países europeus – e que as mães sobreviveram a essa etapa da vida sem maiores consequências.

De qualquer modo, se você puder ganhar nem que seja uma hora de sono depois do parto, não valerá a pena? Para isso, apresentamos uma receita.

Receita para dormir bem depois do parto

Ingredientes

- Dormir na mesma hora que o bebê
- Berço no quarto
- Horário de visitas
- Divisão de tarefas
- Diversão

Modo de preparo, passo a passo

- Lembre-se, a rotina vai ser (ou está sendo): fralda-peito-xixi-cocô-fralda-sono, a cada três horas, mais ou menos nessa ordem. Choros à parte. A pergunta que toda mãe faz é: "E eu, quando durmo?".

Só há uma resposta: você deve se acostumar a dormir na mesma hora que o bebê.

Não espere até a noite na ilusão de que, talvez, desta vez conseguirá dormir seis horas seguidas. Isso só acontecerá a partir do terceiro ou quarto mês. Esqueça os comentários e as experiências de familiares e conhecidos: "Ah, o meu João dormiu logo, sem acordar nenhuma vez", "Deixamos nossa filha chorar nos primeiros dias e ela se acostumou rapidinho" etc. Sorte deles, mas esse não é o seu caso. Deixe-se levar pelo conselho dos especialistas: não aproveite que o bebê está dormindo para fazer outras coisas. Se estiver cansada, durma.

■ O aconselhável é que o berço do bebê esteja ao lado da cama, porque assim você poderá controlá-lo de perto e será fácil amamentá-lo. Seu ambiente de descanso passará por uma ligeira mudança – já não será o quarto ao qual você estava acostumada e que recomendamos no capítulo 2 –, mas você logo vai se adaptar. Se você era sensível aos barulhos, agora descobrirá que é ainda mais: o menor barulhinho dessa "coisinha" pequena e vulnerável não passará despercebido. Lembre-se de que o bebê deve dormir de barriga para cima para prevenir problemas graves como a "síndrome da morte súbita do lactente".

Embora se sinta tentada a pôr o bebê para dormir em sua cama, não faça isto. Esse ato amoroso traz duas consequências não desejadas: provoca a insônia infantil, por hábitos incorretos, e perturba ainda mais o sono da mãe. Sem querer, você estará dormindo com um olho aberto, por medo de esmagar o bebê e ficará atenta a cada movimento e gemido dele. Desse modo, nenhum dos dois dormirá nem descansará. Ponha o bebê em sua cama, se desejar, quando ele estiver acordado e se for um prazer para ambos.

■ Os dias que se seguem a um parto são especiais em muitos aspectos. Um deles é a ansiedade de familiares e amigos para compartilhar sua alegria e conhecer o recém-chegado. Para tanto, cada um escolherá o horário mais conveniente (para si próprio). Como são muitas visitas, e com rotinas diversas, elas desfilarão pela sua casa de manhã à noite. E como não recebê-las? Você também deseja mostrar que está orgulhosa de seu bebê.

Não queremos que você tranque sua casa e a transforme num convento. Apenas sugerimos que organize as visitas, de modo que possa descansar e também dar atenção a elas. Estabeleça com seu companheiro "dias e horas de visita", como acontece nos hospitais. Alguns ficarão ofendidos no começo, mas por pouco tempo. Ou simplesmente deixe tudo para o final de semana, quando ninguém trabalha (com exceção de você) e é mais fácil determinar um horário comum para essa finalidade. Duas ou três horas serão suficientes para satisfazer a todos.

- Não tente arcar com tudo. Mais do que nunca, peça ajuda e divida tarefas. E também não se importe se a casa não estiver tão perfeita como antes. Nessa etapa, suas únicas prioridades devem ser o bebê e seu próprio descanso.

Pense em quem pode ajudá-la e quais tarefas pode realizar. Se puder, contrate uma pessoa para fazer as tarefas domésticas básicas ou as mais pesadas. Mesmo que essa pessoa seja contratada por apenas algumas poucas horas, tirará um bom peso de cima de você. Seu marido pode encarregar-se de levar as crianças ao colégio, e talvez a mãe de um colega da escola possa trazê-las à tarde (você devolverá esse favor quando ela estiver na mesma situação). Peça a uma vizinha que faça as compras para você, ou então solicite ao supermercado que as entregue em sua casa (não esqueça que há supermercados em que você pode encher o carrinho pela Internet e a entrega é em domicílio). Talvez sua mãe, sua sogra, uma irmã ou uma cunhada se ofereçam para cuidar do bebê ou para cozinhar para você. Não recuse: depois de ter cumprido a rotina fralda-peito-xixi-cocô-fralda-sono, você pode mudar o bercinho para outro quarto, nem que seja por uma hora, e enquanto você dorme a outra pessoa ficará encantada de velar o sono do bebê. A criança estará alimentada e trocada, e durante um tempo não precisará de você.

- Embora o pai não possa amamentar o bebê, pode e deve participar de tudo o que se relaciona com os cuidados dele. Ele não sabe? Tem medo de não fazer as coisas direito porque o bebê é muito pequeno? Você é que tem medo de que ele não faça as coisas direito? Ele logo aprenderá, como a mãe fez. Ninguém vem com a informação sobre como cuidar do bebê programada nos genes. Unam as forças, e não o exclua. É melhor assim do que, quando já não tiver forças, você o intimar com um "Tome conta dele que já não aguento mais!". Combinem a forma como compartilharão o cuidado e o amor de modo responsável. Foram necessários dois para criar esse projeto, e continuam sendo dois para criar o bebê.

- Encontre um momento do dia para se divertir fora de casa. Durante uma ou duas horas diárias, faça algo de que goste. Saia para caminhar, olhe vitrines, seja o que for; é importante quebrar um pouco a rotina. Isso ajudará você a reduzir a tensão e a interromper o círculo vicioso que desgasta as forças da mãe. A denominada "síndrome de desgaste psicológico" pode ter graves consequências para o equilíbrio da pessoa. Por isso, é importante prevenir a tempo e tomar um pouco de ar.

O SONO NA MENOPAUSA

O aumento da esperança de vida no Primeiro Mundo mudou muito as coisas para a mulher. A ideia de que ela começava a ser idosa a partir dos 50 anos está ultrapassada. Atualmente, com essa idade, esse é um momento de plenitude. A mulher nessa idade possui experiência que repassa para seu trabalho e para a vida. Tem mais tempo livre porque os filhos já são maiores e não a prendem tanto, e com isso pode se dedicar a seus interesses, cultivar suas amizades e fazer outras. Conserva todas as forças para tomar conta dos pais com idade avançada, que começam a precisar de cuidados especiais. Está cheia de energia e vitalidade.

A chegada da menopausa (a última menstruação) é uma mudança física e natural, que não deveria afetar essa boa fase. E é preciso ver o lado positivo: o desejo sexual e a capacidade de ter orgasmos continuam iguais, sem o risco de ficar grávida.

Costuma-se usar o termo "menopausa", de uma forma mais ampla, ao período em que os ovários deixam de produzir estrógeno, o que implica o interrompimento definitivo da menstruação. Acontece, em geral, entre os 45 e os 54 anos e não ocorre de um dia para o outro: é precedida de anos com irregularidades no período menstrual, com numerosas faltas. Ocorrem mudanças hormonais que hoje em dia, com os avanços da ciência, podem ser facilmente controladas.

Na hora de dormir, nessa etapa, continuam as mudanças que, tanto nos homens como nas mulheres, geralmente começam por volta dos 40 anos: pouco a pouco o sono torna-se mais superficial, o número de despertares noturnos aumenta.

No entanto, algumas situações "especiais" para a mulher estão realmente ligadas aos hormônios. Em muitos casos, provocam o aparecimento ou o agravamento da insônia, além de outros transtornos do sono descritos a seguir.

Influência da menopausa no sono

A maioria de nossas pacientes com mais de 50 anos alega dificuldades para manter o sono ou diz ter alguma insônia. Essas pessoas acordam muitas vezes à noite por causa do aparecimento súbito de calores e suores noturnos, bem como pela urgência em urinar. Como dissemos, durante a menopausa os ovários deixam de produzir estrógeno, e isso afeta, entre outras coisas, a temperatura associada ao sono e à vigília. No capítulo 3 já falamos da necessidade de a temperatura corporal diminuir (entre meio e um grau) durante a noite para conciliar e manter o sono. Com um desajuste nesse sentido, o sono demora mais a chegar e é mais superficial.

Menos horas de sono

A redução das horas de sono causada por essas mudanças provoca alterações durante a vigília que se manifestarão em forma de fadiga, cansaço, irritabilidade ou falta de memória. Se a carência de sono for muito prolongada, poderão aparecer também sintomas de depressão.

Foi demonstrado que um déficit de sono tem repercussões diretas na saúde, no humor, na conduta e na qualidade de vida em geral. Por isso, é importante que, durante a menopausa, a mulher preste atenção às horas de sono e à sua qualidade. Se não cuidar disso e dormir menos horas e com pior qualidade, como costuma acontecer, tudo será um peso: o trabalho fora e dentro de casa, os filhos maiores que ainda não se tornaram independentes ou os pais que requerem cuidados.

Os fogachos ou suores noturnos

O aparecimento dos fogachos ou suores noturnos desajusta ainda mais o sono, provocando numerosos despertares. E é fácil de entender: lembra-se de como você dorme mal no verão? Pois os fogachos têm o mesmo efeito, só que podem aparecer em plena noite de inverno, confundindo o termostato interno do cérebro.

Talvez seja o sintoma mais frequente e incômodo da menopausa, afetando 80% das mulheres. Durante os fogachos, ocorre uma dilatação brusca dos vasos sanguíneos que dura um ou dois minutos e é acompanhada por uma vasoconstrição com sensação de frio. Se essas ondas de calor já são incômodas durante o dia, às 3 ou às 4 da manhã são uma tortura. Algumas vezes aparecem de modo espontâneo; outras vezes têm relação direta com a ingestão de café e bebida alcoólica, ou com situações de estresse. Os fogachos condicionam a insônia noturna, mas o nervosismo, a irritabilidade e a ansiedade também podem desencadeá-los e dificultar o sono.

A literatura médica que trata desse assunto insiste em afirmar que as ondas de calor, embora incômodas, não implicam um risco para a saúde. É verdade. Mas também é fato que impedem um sono de qualidade, do qual depende a saúde física e mental da mulher, que precisa ter condições de enfrentar a vigília sem fadiga ou sonolência.

Durante a menopausa, as mulheres sofrem numerosas interrupções do sono noturno: algumas vezes acordam com ondas de calor, outras vezes ensopadas de suor ou mortas de frio, ou ainda precisam correr para esvaziar a bexiga. Agora que já não precisam cuidar de crianças pequenas à noite, vêem-se obrigadas a lidar com um terremoto interno de sensações violentas. Parece que, numa etapa ou na outra da vida, o descanso noturno da mulher sempre sai prejudicado.

Atualmente, existem tratamentos efetivos de reposição hormonal que ajudam a combater essa sensação incômoda, mas eles devem ser prescritos e acompanhados por um ginecologista.

Mais adiante forneceremos a você uma receita que poderá ajudá-la a dormir melhor (ver p. 162).

A insônia da menopausa

Estudos científicos demonstram que a insônia afeta 22% das mulheres, porcentagem que aumenta até 35% na menopausa e até 40% cinco anos depois da menopausa.

A insônia da mulher é diferente? Sim, especialmente a partir dessa fase da vida. A medicina reconhece e estuda há anos tanto a "insônia da gravidez" quanto a "insônia da menopausa".

Sabemos que o déficit de estrógeno e de progesterona que ocorre nesse período provoca um atraso para pegar no sono e aumenta sua fragmentação. Mas a insônia também pode estar relacionada às diferentes mudanças que ocorrem nessa etapa, muitas vezes ligadas a maus hábitos. Por exemplo, a insônia que em algum momento foi transitória e não recebeu o tratamento adequado pode evoluir para uma insônia crônica, com graves consequências para a saúde.

O cérebro aprende a dormir mal, assim como aprende outras coisas que lhe ensinamos. E todos esses anos cheios de despertares noturnos e malabarismos para conseguir uma noite de sono reparador – com frequência inúteis – preparam o terreno para a insônia crônica.

Também poderíamos mencionar a "síndrome de roncos do cônjuge". Estudos recentes demonstraram a influência negativa que o ronco masculino – muito mais forte do que o feminino – exerce sobre a continuidade do sono na mulher. Como dissemos, ela é mais suscetível aos barulhos, e nessa etapa os roncos masculinos tornam-se ainda mais fortes e barulhentos.

Você também começou a roncar?

As mudanças hormonais também afetam as vias respiratórias. Os estrógenos ajudam a dilatá-las, enquanto a progesterona estimula a respiração em geral. Devido à ação dos dois hormônios, a mulher tem menos propensão a emitir roncos fortes e pesados e a sofrer de apneias do sono, uma patologia que atinge mais os homens (ver o capítulo 11). Na menopausa, com a diminuição desses hormônios, a mulher pode começar a roncar – embora não tão forte quanto o homem – e a ter apneias do sono, sobretudo se ganhou peso.

Esse é outro fator que merece toda a nossa atenção, já que pode provocar hipertensão arterial, despertares noturnos que às vezes são confundidos com insônia, repetidas idas ao banheiro e sonolência diurna. Por trás da suposta insônia de muitas mulheres que procuram nosso consultório encontramos, após um estudo de caso, as apneias que acontecem enquanto dormem.

Muitas pacientes que vêm ao consultório com esses sintomas tomam tranquilizantes antes de deitar. Entre outros efeitos, esses medicamentos são relaxantes musculares e depressores do sistema respiratório. O despertar cerebral é justamente o único mecanismo que a pessoa que sofre de uma apneia – asfixia – possui para voltar a respirar. Portanto, se você ronca, não deve tomar nenhum tipo de tranquilizante à noite. Nem bebidas alcoólicas, porque apresentam o mesmo risco.

Se você começou a roncar e lhe dizem que – às vezes – interrompe a respiração enquanto dorme, se sofre de hipertensão ou ainda se sente fadiga e sonolência diurna, consulte seu médico de confiança ou um especialista do sono para ajudá-la a descartar a possibilidade de uma apneia do sono. As reposições hormonais não resolvem essa patologia. Há outros tratamentos eficazes que nós, especialistas, conhecemos bem.

As pernas incomodam você na hora de dormir? Disseram que você mexe muito suas pernas ou que dá chutes durante o sono?

É a denominada *síndrome das pernas inquietas*: uma sensação desagradável de incômodo nas pernas que aparece quando você está sentada e se intensifica ao deitar (ver também o capítulo 11). Essa sensação incômoda – e pouco estudada – diminui ou desaparece quando se mexem as pernas.

Se você dorme acompanhada, é possível que seu companheiro a acuse de "dar chutes" enquanto dorme ou, no mínimo, de ser inquieta com seus pés. Há um problema a mais: cada movimento que suas pernas fazem vem acompanhado de um microdespertar cerebral, com a consequente fragmentação de seu sono. Embora a pessoa não perceba porque está adormecida, isso pode ser causa da chamada "insônia média", e ela sentirá no outro dia que não descansou o suficiente, passando a apresentar sonolência diurna.

Esse tipo de movimento se agrava com o consumo de cafeína e de alguns antidepressivos (os ISRS – inibidores seletivos de recaptação da serotonina). Por outro lado, com frequência existe um histórico familiar dessa enfermidade. Ela também está associada, em muitos casos, a um déficit de ferro no sangue, ou a uma falta de vitaminas B_6 e B_{12}, que deverão ser repostas com suplementos.

Resumindo: *nem tudo o que parece insônia é.* As pessoas costumam chamar globalmente – estamos na era da globalização – de "insônia" qualquer transtorno do sono. O problema é que até alguns médicos, seja por falta de tempo, seja por falta de informação, não se dedicam muito a explorar o que há por trás desses sintomas. Alguém diz no consultório: "Não consigo dormir" e muitas vezes obtém como resposta um hipnótico, que não raro só piora o problema.

Os calores noturnos

Fabiana (50 anos) e Cláudio (53 anos) têm uma boa relação matrimonial, dois filhos maiores que já são independentes e, pela primeira vez desde que se casaram, tempo para eles mesmos e para fazer o que gostam. Só uma coisa atrapalha esse paraíso: a batalha muda que se trava todas as noites na cama.

No consultório, ao qual comparecem juntos, como é costume em nossa especialidade, Fabiana diz que tem insônia há cerca de um ano. Já experimentou de tudo sem resultado. Parece realmente esgotada e sem esperanças. Quando perguntamos a ela se "tem calores", responde com um "sim" apagado. Nesse mesmo instante, Cláudio intervém descontroladamente e diz quase gritando: "Ela vai me matar! Parece que ficou louca. Nos últimos tempos, a cama se transformou em um campo de batalha. Durmo coberto e quentinho e acordo várias vezes à noite tremendo de frio. Além de meu cobertor ter sumido, a janela está escancarada, em pleno inverno!". Fabiana responde: "É que você não sabe o que é sentir assim, de repente, uma dessas ondas de calor."

A conversa vai "esquentando" e eles revelam que, meio adormecidos, em plena noite, começam uma luta sem fim; o troféu será o cobertor. Cláudio pragueja, discute cochilando, faz manobras defensivas, tenta recuperar espaço, volta a colocar o cobertor em seu lugar, levanta e fecha as janelas com os olhos fechados.

No dia seguinte, ambos estão exaustos, depois de uma dura noite de combate, e sonolentos, porque nenhum dos dois conseguiu dormir bem. Ambos sabem o que acontece com o outro, mas não conseguem encontrar uma solução. Sentem-se impotentes diante de suas necessidades e jogam a culpa um no outro, embora se mostrem pessoas bem compreensivas em outros aspectos.

Fabiana apresenta a típica insônia média provocada pelos calores e suores noturnos. Com algumas perguntas adicionais, descobrimos também que essa insônia é agravada por outros fatores, como alguns hábitos inadequados para dormir bem e o consumo elevado de cafeína durante o dia.

A receita a seguir foi elaborada para reduzir em alguns graus a temperatura interna e ajudar a mulher que sofre dessas incômodas e imprevisíveis ondas de calor a dormir melhor. Se com isso diminuirmos a possibilidade de uma discussão na cama, melhor.

Receita para combater os calores noturnos

Ingredientes

- Roupa leve para dormir
- Roupa de cama de tecidos naturais
- Uma cama ampla
- Temperatura fresca no quarto
- Redução dos "sabotadores" do sono
- Exercício moderado e técnicas de relaxamento
- Terapia de reposição hormonal

Modo de preparo, passo a passo

Durante a noite

- Para dormir, use camisola, pijama ou camiseta de tecidos naturais, como o linho ou o algodão puro, porque são mais frescos e absorvem bem a transpiração, impedindo que a pele retenha o suor. Mesmo no inverno, prefira roupas de dormir de manga curta ou sem mangas, como você usa no verão. Deixe à mão uma roupa de reserva para poder se trocar se acordar ensopada de suor. Se sentir frio ao deitar, ponha mais cobertores na cama, que você possa tirar durante a noite, e vista meias para dormir.

Durante o dia, use roupas de algodão, e vista-se com várias peças sobrepostas, de modo que possa ir tirando-as ou colocando-as de novo conforme a necessidade. Lembre que depois do calor sufocante vem o frio.

▪ Os lençóis e as fronhas também é preferível que sejam de algodão puro. Se optar por roupas de camada feitas de um tecido misto, procure os que possuam pequena porcentagem de fibra sintética.

Escolha colchas, cobertores e edredons leves, mas que agasalhem. Deixe um cobertor adicional ao pé da cama. Se dormir acompanhada, a solução poderá ser comprar dois edredons individuais. De dia você poderá cobrir a cama com uma só colcha decorativa. A maioria dos hotéis de luxo usa esse sistema, que é realmente útil, mesmo para quem não sofre de calores noturnos, pois permite que cada um se cubra ou se descubra à vontade, sem causar problemas. Nesse sentido, são muito práticos os "edredons nórdicos", cuja capa serve de lençol. Isso soluciona o problema de ter de colocar dois lençóis em uma cama de casal. Se não os experimentou, quando descobrir como tornam mais rápido arrumar a cama, irá adotá-los definitivamente.

▪ Como aconselhamos na "Receita para escolher a cama de seus sonhos" (p. 51), é recomendável dispor de uma cama ampla se você dorme acompanhada. Nesse caso, também é prático usar uma cama dupla, mas com colchões individuais. Se estiver dentro de suas possibilidades, não tenha dúvidas em dar a si mesma um pouco mais de espaço e comodidade para dormir.

▪ Controle a temperatura ambiente do quarto. Para dormir bem, é conveniente que esteja entre os 18 e os 22 graus. No inverno, para combater os calores noturnos, comece diminuindo o aquecedor: costumamos colocá-lo numa temperatura mais alta que a necessária. Se um dos dois sentir frio, é preferível que se agasalhe mais.

No verão, os fogachos são mais frequentes. Por isso, se tiver possibilidade, instale um ar-condicionado no quarto. De qualquer maneira, não se esqueça de deixar a colcha ao pé da cama, porque de madrugada você poderá sentir um pouco de frio. Consulte também a "Receita para dormir melhor no verão" (p. 56).

Durante o dia

▪ A terapia de reposição hormonal (TRH) ou as isoflavonas – os hormônios naturais – resolvem de modo bastante eficaz o problema dos fogachos. No entanto, não se automedique, consulte seu médico. Se for conveniente, o especialista poderá receitar-lhe hipnóticos de última geração (não benzodiazepínicos).

▪ Não tome café nem bebidas alcoólicas a partir das 6 da tarde e reduza o consumo durante o resto do dia. A esta altura, você já sabe que são substâncias estimulantes que perturbam o sono. Porém, no caso dos calores, são capazes de provocar um incêndio, e este incêndio arruinará seu sono.

▪ Praticar exercícios moderados de forma regular tem efeitos benéficos para as ondas de calor, mas não se esqueça de que não é conveniente praticá-los antes de dormir. Escolha um horário distante do momento de deitar. A ioga, o *tai chi* e as técnicas de relaxamento também ajudam a diminuir os calores.

Os *chefs* recomendam

▪ Para se refrescar rápido ao acordar, você pode deixar em seu criado-mudo uma caixa de isopor com cubinhos de gelo e um pano para envolvê-los. Desse modo, não precisa levantar para pegar o gelo na geladeira e não perderá o sono durante a noite. Aplique-o nas bochechas, nas mãos e nos pulsos quando necessário. Procure não fazer barulho se dormir acompanhada.

Não a aconselhamos a tomar um banho quando acordar de noite. Embora possa ajudá-la a se refrescar, também tirará seu sono.

6

Compartilhar a cama

As delícias da cama compartilhada

Nenhum prazer se iguala ao de compartilhar o leito com a pessoa amada. Dormir, sonhar e acordar juntos, amar-se... Mas é tudo tão fácil assim? Neste capítulo, trataremos de um assunto espinhoso: as incompatibilidades, como podem afetar o descanso dos que compartilham a cama e como encontrar uma solução para que o quarto não deixe de ser um lugar de repouso, intimidade e prazeres.

Vejamos, antes de mais nada, as diferentes fases pelas quais se passa no móvel mais importante da casa: a cama.

- *Fase 1 (nos primeiros tempos): "Nem em sonho podemos nos separar."* Para os apaixonados, compartilhar a cama e dormir juntos são coisas muito românticas. Imaginam-se dormindo abraçados, os corpos colados, sentindo o perfume do companheiro, fazendo amor no meio da noite, dividindo sonhos em que os dois serão os protagonistas...

Nos primeiros meses de convivência, cada movimento ou ruído do ser amado é percebido como um sussurro ou uma brisa de amor. Tudo o que o outro faz é uma dádiva e se incorpora ao nosso sono como uma carícia.

Também é a época da discrição e dos temores, já que, enquanto estamos dormindo, nosso corpo pode liberar alguns ruídos desagradáveis. Portanto, ambos mantêm-se muito atentos para que isso não aconteça.

Após seis meses, aproximadamente, começa a aparecer o lado menos romântico da cama. Passada a paixão inicial, única e incomparável na vida de um casal, os feromônios começam a diminuir (os feromônios são uma substância química que secretamos e que têm importante papel no jogo da atração). É bom que diminuam, porque seria impossível trabalhar ou estudar com o organismo agitado 24 horas por dia. Além disso, quando a adrenalina está no máximo, quem pensa em dormir?

Nas pesquisas, quando se pergunta aos namorados como gostam de dormir, costumam responder "abraçados". E isso é maravilhoso, mas só dura os primeiros minutos... até que adormecemos. Depois, cada um tentará procurar a posição em que se sente mais confortável. Enquanto sonhamos, vamos ocupando território para deixar o outro em uma faixa estreita da cama, onde um simples movimento pode significar cair no chão.

De qualquer maneira, ainda estamos na fase romântica; os empurrões para tomar mais espaço vêm mais tarde.

- *Fase 2 (com pouco tempo): "Nós nos amamos, mas queremos dormir."* Quando os feromônios começam a diminuir – o que não significa que o amor também diminua –, entramos em um período mais tranquilo. Continuamos nos tratando com carinho, mas queremos dormir à noite. E aí começam os problemas.

Há anos ouvimos histórias de nossos pacientes que às vezes são difíceis de acreditar. As noites em claro e as disputas na cama na hora de dormir renderiam anedotas suficientes para escrever uma enciclopédia.

Não há nada pior para uma pessoa acostumada a dormir em silêncio do que seu companheiro ser viciado em tevê. Ou, para quem é friorento e está acostumado a pôr o aquecedor ao máximo, compartilhar a cama com uma pessoa que precisa da janela aberta mesmo no inverno.

Pouco a pouco, quase sem percebermos, os movimentos de nosso companheiro, que no início nos pareciam tão encantadores, começam a nos incomodar, e cada virada, chute ou tapa que escapa do outro deixa de ser uma carícia para se transformar em aborrecimento. Depois começam as acusações: "Você não me deixou dormir de tanto se mexer!"

E quando nosso ser amado acorda porque teve um pesadelo no meio da noite? O que antes nos enchia de compreensão e ternura agora passa a ser um pesadelo também para o outro: "Você precisa me acordar para contar? Não pode esperar até amanhã?"

E o que dizer dos rangidos de dentes que parecem penetrar em nossa cabeça? E daqueles ataques de pânico noturnos, ou das ondas de calor que nos fazem ficar cobertos ou descobertos, de acordo com os caprichos de nossa companheira de cama?

Também podemos ter uma daquelas noites de insônia em que ouvimos até o suspiro do vizinho, e de repente nosso companheiro começa a roncar. Para não falar também de quando compartilhamos a cama com o bichinho de estimação da casa, que fica a noite toda alerta para que não invadam seu território. Se for afeiçoado à mulher, o homem precisará ter muito cuidado para não se aproximar, porque se arriscará a receber um rosnado ameaçador.

Tudo isso faz parte da convivência, mas, por alguma razão que não conseguimos entender, essas coisas não costumam ser ditas, apenas suportadas.

A convivência é como voltar para casa com o novo bebê depois da gravidez: não há férias entre o parto e o retorno para casa. Até agora você viveu sozinho, acostumado com sua cama, praticando seus rituais, e logo depois tudo muda porque você passa a compartilhar a vida com outra pessoa.

- *Fase 3 (com o passar dos anos): "Ah, como seria bom dormir em outra cama!"* O amor amadureceu, e nós também. Com o passar dos anos, as indisposições normais da idade começam a se acumular. É como se de repente os roncos aumentassem de intensidade. Se nosso companheiro sofre de apneia do sono, é pior ainda, porque ao barulho habitual (ao qual quase tínhamos nos acostumado) serão acrescentadas pausas respiratórias – asfixias – que vão nos manter na expectativa até a próxima respiração. De repente, ele fará um ruído como o de um vulcão em erupção, acompanhado de todo tipo de arquejos e vocalizações. Sabemos que ele não pode evitar isso, mas quem consegue dormir ao lado de uma locomotiva?

Se um dos dois sofre de insônia crônica, pensará: "Que ódio! Veja como ele dorme, e eu aqui com estes olhos de coruja!". E que outra coisa o outro poderia fazer às 3 da madrugada?

Outra tortura é dormir ao lado de alguém que mexe as pernas a noite toda e nos acerta um chute justamente quando conseguimos pegar no sono.

Nas próximas receitas, veremos algumas situações comuns que coletamos dos relatos de nossos pacientes. Mas temos certeza de que há infinitas combinações na hora de dormir e de compartilhar a cama e o sono.

Não são poucos os que gostariam de ter um período de teste com o companheiro e, como acontece quando se compra um colchão, devolvê-lo se houvesse problemas. Parece que, ao passar o prazo não resta outro remédio a não ser acostumar-se ou substituí-lo por outro novo. E esquecemos que temos outra possibilidade: falar das coisas.

Os problemas que surgem durante o sono nunca são de uma única pessoa, a menos que ela durma sozinha. Talvez um dos integrantes do casal sofra mais, mas as consequências afetarão os dois. É o que demonstram os depoimentos que incluímos neste capítulo.

Mas não é só isso. Todos sabem que os polos opostos se atraem. Basta prestar atenção ao que ocorre com muitos casais na hora de levantar. Seja por obra do acaso, do destino ou da física quântica, a verdade é que – como vimos no primeiro capítulo – quem acorda mais rápido costuma unir-se com quem demora para acordar.

Consequências de dormir mal a dois

Irritabilidade, depressão, dores, déficit de atenção... Estas são algumas das consequências de dormir mal. Mas até que ponto os problemas de sono de uma pessoa afetam a saúde e o bem-estar do companheiro?

Surpreendentemente, possuímos pouca informação sobre o assunto. Vários estudos realizados em laboratórios do sono de diferentes partes do mundo apontam os perigos de dormir mal quando se compartilha a cama.

Uma pesquisa recente realizada na Alemanha demonstrou que boa parte das pessoas cujo companheiro sofria de transtornos do sono tinha problemas semelhantes. Isso afetava sua saúde física e mental, o estado de ânimo, as relações sociais e mesmo a felicidade do casal.

Segundo a pesquisa "Sleep in America" ("O sono nos Estados Unidos"), de 2005, divulgada pela National Sleep Foundation (Fundação Nacional do Sono), 77% dos adultos casados entrevistados garantiram que seu companheiro ou companheira tinha algum problema relacionado ao sono, em geral roncos. Devido aos transtornos do sono de seu companheiro, perdiam em média 49 minutos de descanso por noite, isto é, umas trezentas horas por ano.

Cerca de um quarto dos adultos casados afirmou praticar relações sexuais com menor frequência por causa da fadiga. Um terço desse grupo admitiu que os problemas de sono de seu companheiro estavam afetando a relação. A pesquisa também demonstrou que muitos dormiam em quartos separados por culpa desses transtornos.

Se seu companheiro dorme mal, encare isso como um problema seu também, porque sua própria saúde poderá ser afetada. Quando compartilhamos a cama, os transtornos do sono deixam de ser uma questão individual. Portanto, tratar com eficácia essas alterações melhorará duas vidas, não apenas uma.

Acordos e desacordos

1. Não há acordo

Susana e Jorge vivem juntos há seis anos. São um casal que se ama e mantém um bom relacionamento. O tempo não fez o amor entre os dois diminuir, embora não consigam chegar a um acordo na hora de deitar. Segundo Susana, Jorge gosta de ver tevê na cama até meia-noite. Em compensação, ela não consegue dormir com o menor barulho; sempre teve o sono leve e não suporta o som da televisão. Para Jorge, o problema é outro: Susana está acostumada a dormir com seu bichinho de estimação, que invariavelmente deita entre os dois. O animal procura os braços de Jorge para se apoiar, o que o faz despertar. Quando começam a conversar sobre isto, os dois passam muito tempo discutindo os hábitos um do outro. Com isso, só conseguem dormir ainda mais tarde e, é claro, não chegam a um acordo razoável, de modo que ambos possam descansar bem.

2. A disputa pela colcha (ou pelo cobertor, ou pelo lençol)

Pedro é alto e Cecília é meio baixinha. Toda noite, há dois anos, travam uma batalha: cada um puxa a colcha para o seu lado para ver quem finalmente ficará com ela. "Se você puxar a colcha para cima, meus pés ficarão de fora", reclama Pedro. "Se você puxar a colcha para baixo e cobrir seus pés, eu ficarei descoberta", responde Cecília. Essa batalha é completada com comentários como: "Antes você nem ligava para essas coisas, mas agora tudo incomoda você. Você já não me ama como antes." Discutem sem parar, porém não conseguem chegar a uma solução que os tire do atoleiro.

3. Ritmos diferentes ao levantar

Mônica acorda cedo para ir trabalhar, embora sempre tenha sido notívaga e goste de deitar tarde. Desde menina, tem muita dificuldade para funcionar na primeira hora após acordar e fica com péssimo humor! Ninguém pode falar com ela de manhã! Quando toca o despertador, Mônica entreabre um olho, depois o outro, e quando consegue levantar arrasta-se para o banheiro. Toma um banho com a esperança de acordar, faz a maquiagem como pode e toma o café preparado por Zeca, com quem está casada faz pouco tempo. Ela só consegue acordar totalmente quando liga a chave do carro para ir ao trabalho. Zeca, em compensação, acorda sempre de bom humor. Levanta alegre e conversador. Sempre foi assim. Quando tomam o café-da-manhã, enquanto Mônica está com o olhar perdido, ele conta seus planos para aquele dia e não para de falar. Mônica não quer decepcioná-lo, porque estão juntos há apenas alguns meses, mas não entende nada do que ele diz. "Como alguém pode falar tanto logo que levanta?", ela se pergunta. Toda manhã reza para que Zeca acorde afônico...

4. Onde está minha camisa branca?

Laura desfruta tranquilamente o último sono da manhã. Até que escuta Eduardo gritar às 6h45: "Onde está minha camisa branca?". Não é que esteja pedindo a camisa para ela, simplesmente faz a pergunta em voz alta para ver se a camisa aparece como num passe de mágica. E, como no quarto só estão Laura e o cachorro, ela responde sem sequer abrir os olhos: "Pendurada no lugar de sempre." Na manhã seguinte, de novo a mesma coisa: "Quem escondeu minhas meias pretas?". E, entre sonhos interrompidos, Laura volta a responder: "Na segunda gaveta do armário" ("Onde têm estado nos últimos dez anos", pensa, mas não diz porque não tem forças a essa hora).

5. As obrigações matinais

Jorge se levanta em estado de transe. Sempre precisou de duas horas para entrar no ar e conectar-se para começar o dia. Depois de desligar o despertador, liga o piloto automático e inicia sua rotina da manhã: vai ao banheiro, toma banho, faz a barba, toma café... Não sabe nem como se chama. Termina sua rotina e, como um autômato, pega as chaves do carro (se as encontra). Quando está saindo de casa, Laura grita da cama para ele coisas como: "Hoje Júlia tem natação, não se esqueça de buscá-la", ou "Às 8 da noite tem reunião de pais no colégio, não vai esquecer outra vez", ou "Lembre-se de que hoje é o último dia para pagar o gás". Quando Jorge chega ao trabalho não lembra uma única palavra do que ela disse. Também não lembra o que disse ou fez durante o café-da-manhã. Toda noite os dois discutem, porque nada saiu como Laura havia programado.

Deveria haver um acordo pré-nupcial para determinar algumas regras na hora de dormir e de levantar. Os casais que planejam se casar conversam sobre o tipo de comidas de que gostam, sobre os filmes e músicas preferidos de cada um, se terão filhos ou não, se alugarão ou comprarão um apartamento... Mas nunca pensam em conversas e chegar a um acordo para dormir.

A receita simples que vem a seguir pode ajudar os casais a planejar esse aspecto tão esquecido e que depois trará tantas consequências. É uma fórmula simples, que só levará alguns minutos e trará resultados quase instantâneos. Ensinará você a evitar caras feias e disputas desnecessárias.

É importante que ambos ponham todos os ingredientes na mesa e preparem a receita juntos, quer pensem em compartilhar a cama, quer já estejam fazendo isso. Neste último caso, o preparo levará um pouco mais de tempo, porque os maus hábitos já estão instalados.

Convém lembrar: para qualquer casal, as necessidades são individuais... e as soluções, compartilhadas.

Receita para um acordo antes de compartilhar a cama

Ingredientes

- Condições ambientais
- Lado da cama
- Roupa de cama
- Hábitos prévios ao sono
- Passeios noturnos
- Despertar
- Café-da-manhã compartilhado
- Soluções compartilhadas

Modo de preparo

- Perguntando e buscando soluções

Como preparar, passo a passo

- *Condições ambientais.* Inicia-se com uma série de perguntas para as duas pessoas que formam o casal: Você costuma dormir com a luz acesa ou no escuro? Se a preferência coincidir, já existe acordo. Em todo caso, recomendamos que durmam no escuro, porque assim se descansa melhor. Com música suave de fundo ou em silêncio? É melhor dormir em silêncio, mas cabe a cada casal decidir. Com a janela aberta ou fechada? Sempre é saudável ter um pouco de ventilação. Com o aquecedor no máximo, ou prefere sentir um pouco de frio? Para dormir bem, é melhor o frio do que o calor. E no verão, suporta bem o ar-condicionado, ou é uma tortura porque suas narinas ressecam e começa a espirrar? Lembrem-se de que existem os ventiladores.

- *Lado da cama.* Que lado da cama cada um ocupará? De que lado você está acostumado a dormir? Em todo caso, quando se compartilha a cama, é preferível que cada um durma virado de costas para o companheiro. Poderão adormecer abraçados, se desejarem, mas estejam conscientes de que logo cada um irá para seu canto descansar da melhor maneira. Se um prefere o lado direito, e o outro o esquerdo, perfeito: existe acordo. Porém, se os dois preferem o mesmo lado, surge um problema. Uma possível solução: quando um dos dois dorme de bruços, terá mais facilidade para dormir em qualquer lado da cama e poderá deixar a escolha para quem costuma dormir de lado.

- *Roupa de cama.* Quantos cobertores você costuma usar? Você precisa sentir peso sobre o corpo ou prefere um cobertor leve? Em geral, aconselhamos o uso de cobertores individuais. Os edredons com forro são muito práticos, pois não é preciso usar um lençol. Na cama de casal funcionam muito bem: cada um pode agasalhar-se a seu gosto, sem necessidade de lutar com o companheiro pela coberta. Os travesseiros devem ser sempre individuais. É importante que a cama escolhida seja suficientemente grande.

- *Hábitos prévios ao sono.* Que rotina prévia ao sono você segue antes de apagar a luz? Gosta de ler na cama? Ouvir música? Fazer amor? (isso, sem dúvida, não fazia quando dormia sozinho). Qualquer rotina é boa, desde que favoreça a chegada do sono. Negocie, se sua rotina interfere na de seu companheiro. Ver tevê? A televisão deve ficar fora do quarto, e neste caso não deve haver negociação, já que perturba o sono.

▪ *Passeios noturnos.* Lembrem-se de que vocês já não estarão dormindo sozinhos. Tudo o que fizerem poderá perturbar o sono do outro. Você costuma levantar de noite? Se faz isso, preocupa-se em andar sem fazer barulho para não acordar seu companheiro? Você sofre de sonambulismo? Tem pesadelos frequentes? Conversem sobre isso.

▪ *Despertar.* Como você está acostumado a acordar? Quando era criança, fazia isso sozinho, ou seus pais precisavam chamar você? Você usa despertador? Isso incomoda seu companheiro, ou ele nem liga? Se você precisa do despertador, coloque-o virado para a parede (assim não terá a tentação de controlar a passagem dos minutos se custar a dormir) e escolha um modelo que não faça barulho.

▪ *Café-da-manhã compartilhado.* Você acorda de bom humor, ou é de poucas palavras ao levantar? O que você gosta de fazer quando acorda? É muito saudável que o casal exponha suas preferências nesse sentido. Há pessoas que precisam de muito tempo para acordar de uma vez. Às vezes podem demorar uma ou duas horas. Se você é um "zumbi matinal", peça a seu companheiro que só fale o indispensável. Diga-lhe que, seja como for, não conseguirá prestar muita atenção à conversa. Uma opção prática é que seu companheiro escreva em um papel o que você deve fazer para que depois você as reveja em um momento em que esteja mais ligado.

▪ *Soluções compartilhadas.* Apresentamos algumas propostas:

1. *Um quer luz, o outro prefere a escuridão.* Solução: deixar uma pequena luz acesa fora do quarto para dar segurança a quem necessita dela, sem perturbar quem precisa de escuridão.

Pouco a pouco, pode-se diminuir a luz, até conseguir dormir no escuro, o que é o mais aconselhável.

2. *Se você levanta para ir ao banheiro no meio da noite.* Não acenda as luzes. Você também pode conservar uma lanterna no criado-mudo para, ao acordar à noite, encontrar seu caminho sem tropeçar nos móveis.

3. *Se você perdeu o sono.* Simplesmente vá para outro cômodo da casa por um tempo. Assim você não perturbará seu companheiro. Além disso, se você perdeu o sono e não consegue adormecer de novo, é melhor não ficar se virando na cama (ver a “Receita para prevenir a insônia crônica”, p. 95).

4. *Se você deita mais tarde e seu companheiro já está dormindo.* Troque de roupa em outro cômodo e não acenda a luz ao entrar no quarto (você pode usar a lanterna).

5. *Se você levanta mais cedo que seu companheiro.* Prepare a roupa na noite anterior e deixe-a fora do quarto. Isso também evitará que falte alguma coisa de manhã.

6. *Se vocês têm um cachorro que acorda cedo para fazer as necessidades e precisa sair à rua.* Combinem antes quem vai levantar. Sempre um não perde o sono e consegue facilmente voltar a dormir. Evite compartilhar a cama com animais de estimação, porque você não dormirá com conforto.

7. *Nunca vão para a cama com um problema entre os dois não resolvido.* Não levem para a cama ressentimentos que só arruinarão a relação, além de dificultar o descanso. Discutam mantendo o respeito e digam tudo o que sentem até que cheguem a um acordo. Depois virem a página e vão dormir!

Os *chefs* recomendam

- Esses acordos não são rígidos: adapte-os a suas necessidades e às de seu companheiro; a convivência fará o resto. Isso é só um incentivo para que vocês falem de coisas sobre os quais, em geral, as pessoas não conversam.

Casal explosivo: ele ronca e ela tem insônia

Uma tarde qualquer, em um consultório do laboratório do sono...

Caso 1. Primeiro diálogo

Ele telefona:

Doutor: Boa tarde, em que posso ajudar?

Senhor (*voz angustiada*): O senhor é a única pessoa que pode salvar meu casamento.

Doutor: O que está acontecendo? (*embora saiba muito bem qual será a resposta*)

Senhor: Minha mulher diz que eu ronco e que não me suporta mais. Foi até dormir em outro cômodo! Ameaçou se divorciar se eu não marcasse uma consulta. O senhor sabe como são as mulheres... Exageram tudo. Ela também ronca e eu nem me queixo. E não é que eu ronque tão forte. O que acontece é que, com o passar dos anos, ela ficou com os ouvidos muito sensíveis.

Doutor: De qualquer modo, o senhor deve vir ao consultório com sua esposa, e verei como posso ajudá-los.

Senhor: Minha mulher vai ficar contente, porque assim poderá desabafar à vontade.

Caso 2. Primeiro diálogo

Ela telefona:

Doutora: Em que posso ajudar?

Senhora: Quero que examine meu marido, porque ele ronca como um leão e não me deixa pregar o olho a noite inteira.

Doutora: Apesar de eu nunca ter ouvido um leão roncar, suponho que a senhora queira dizer que ele ronca muito forte.

Senhora: Muito forte? É insuportável! Até os vizinhos escutam. Mas o que mais me preocupa é que li sobre as apneias do sono e achei que é o que está acontecendo com meu marido. Agora ele não só ruge, como também bufa e por alguns momentos fica sem respirar. Estou muito preocupada.

DOUTORA: Muito bem, espero os dois na consulta.

Caso 1. Segundo diálogo

Ele na consulta:

SENHOR: Temos um problema grave em casa, que não sabemos como resolver. Minha mulher diz que não consegue dormir por culpa de meus roncos. E eu digo que ela não me deixa dormir por causa de seus constantes chutes, cotoveladas, chamadas para me dizer como devo ficar na cama. Passo boa parte da noite acordado ou semiacordado para não roncar. E quando acho que consegui ela diz para eu mudar de posição porque estou roncando. Preciso avisar que o sono dela é extremamente leve. Até um suspiro a incomoda, e uma luz que está a metros de distância a acorda. Isso nos obriga a dormir na mais completa escuridão, com portas e janelas fechadas. Nosso quarto parece um túmulo!

Caso 2. Segundo diálogo

O casal na consulta:

DOUTORA (*ao senhor*): Conte-me por que "trouxeram" o senhor (*observo que tem mais de 40 anos e uns quilos sobrando*).

SENHOR: Minha mulher diz que ronco.

SENHORA: Não sou eu que digo, é o prédio todo. Ronca escandalosamente! Minhas filhas e eu gravamos seu ronco uma noite para que ele escutasse, porque não acredita em nós.

SENHOR: Fizeram isso numa noite em que eu estava muito cansado e aumentaram o volume de propósito para que fosse ouvido com mais intensidade.

SENHORA: Claro, não é você que ouve! Já não sei mais o que fazer, ele não me deixa pregar o olho, acordo esgotada.

SENHOR: E eu já não sei mais onde você dorme. Acho que é sonâmbula ou algo parecido, porque cada manhã a encontro em um lugar diferente.

SENHORA: Que sonâmbula, que nada! Procuro um lugar em que possa dormir, mesmo que seja só por algumas horas.

SENHOR: Ela exagera, porque tem o sono muito leve e acorda com qualquer barulhinho. Eu ronco mesmo, mas só o normal.

SENHORA: Quando saímos para jantar com os amigos e ele bebe um pouco mais, bufa e arqueja enquanto dorme de um jeito tão insuportável que preciso tomar comprimidos para dormir.

Esses exemplos são reproduções fiéis de conversas que ouvimos dia a dia em nossos consultórios. Como viram, são situações comuns em todos os lugares do mundo.

Quando o homem ronca, em 70% dos casos o casal dorme em quartos separados, ou a mulher muda para outro cômodo durante a noite. Um estudo recente do Reino Unido evidenciou que muitas mulheres perdem até cinco horas semanais de sono por culpa dos roncos de seu companheiro.

Os homens são imunes ao barulho?

Em uma pesquisa recente, 86% das mulheres e 57% dos homens afirmaram que seu companheiro ou sua companheira roncava. O interessante é que, enquanto 52% das mulheres garantiram que os roncos de seu marido perturbavam o sono delas, apenas 15% dos homens mencionaram os roncos da companheira como um pequeno incômodo para dormir.

Também podemos transpor essa significativa diferença para o choro dos filhos e para tantos outros ruídos da casa. Parece estar demonstrado que, durante o sono noturno, as mulheres são mais sensíveis aos ruídos que os homens.

Antes de passar para a receita seguinte, lembre-se de que o ronco é um problema que afeta os dois – se ainda compartilham a cama ou o quarto – e, portanto, vocês devem lê-la juntos. Vocês enfrentam um problema para o qual há solução. O primeiro passo é o entendimento e o respeito mútuo.

Sabemos que:

1. Ele não pode evitar roncar porque está dormindo, e tudo o que faz é involuntário. Também não pode escutar a si próprio, pela mesma razão. Mas também sabemos que, com as medidas que sugerimos na "Receita para atenuar ou eliminar os roncos", ele conseguirá reduzi-los ou mesmo eliminá-los (ver p. 128).

2. O estresse, o sono insuficiente e a ingestão de bebidas alcoólicas à noite são grandes inimigos de uma boa noite de sono, em particular para os que roncam. A falta de descanso faz a pessoa entrar rapidamente em sono profundo para se recuperar, o que, somado à ingestão de álcool, diminui o tônus da musculatura da garganta e acentua os roncos.

3. Ela não pode evitar ouvir os roncos, ainda mais se é muito sensível ao barulho. Na literatura médica, esse transtorno é identificado como "insônia provocada pelos roncos do cônjuge". Há roncos que podem atingir os setenta decibéis! Porém, ele também não descansa bem. Em geral, quem ronca apoia a cabeça no travesseiro e adormece, mas não porque dorme bem, e sim porque seu sono é de má qualidade e ele precisa descansar mais. Além disso, se o homem tem mais de 40 anos, seu sono começou a sofrer

uma série de alterações que o tornam mais leve e os despertares, mais frequentes.

4. Além dos incômodos que o barulho gera para o casal – que muitas vezes opta por dormir em cama ou quarto separado –, está comprovado que roncar implica o risco de problemas cardiovasculares quando o homem tem hipertensão, cardiopatia isquêmica ou já sofreu acidente vascular cerebral.

A seguir, oferecemos uma receita para a convivência pacífica do casal. Pode ajudar ambos a dormir bem e, se possível, juntos.

Receita para a convivência entre o roncador e a insone

Ingredientes

- Leituras prévias
- Nada de álcool
- Cama ampla
- Uma separação amigável noturna

Modo de preparo, passo a passo

- Antes de pôr em prática essa fórmula, é conveniente ler as seções e as receitas correspondentes: para ele, "Algumas questões sobre os roncos" (p. 123); para ela, "O barulho não me deixa dormir" (p. 46); para ambos: "Os sabotadores do sono" (p. 64).
- *Para ele:* As bebidas alcoólicas perturbam o sono de ambos. Amplificam os roncos do homem e podem desencadear a apneia do sono. Isso fará a mulher ter maior número de despertares e um sono mais superficial, o que a levará a ouvir mais seu companheiro. Portanto, elimine o álcool ou, melhor ainda, não

tenha bebidas alcoólicas em casa: assim, evitará a tentação de tomar um copo ou dois durante ou após o jantar.

▪ *Para ela:* Na seção "A cama ideal" (p. 50), vimos que o tamanho da cama e a firmeza do colchão são dois fatores importantes para um bom descanso. Neste caso particular, a largura da cama é ainda mais importante. É uma questão de pura lógica: *quanto mais longe de seu ouvido estiver o ronco, menos você o escutará.*

Pode ser um bom momento para trocar sua velha cama de casal por outra grande, com colchões separados, ou ainda por duas camas confortáveis. Evite os colchões de água, porque propagam os movimentos e as ondas sonoras. Você também pode elevar cinco ou dez centímetros os pés da cabeceira da cama com um tijolo ou calços de madeira.

▪ *Para ambos:* Se nada funcionar, enquanto esperam a consulta com o especialista, experimentem a denominada "separação amigável noturna". Trata-se de um acordo entre os dois. O roncador poderá dormir sem ser acordado continuamente com chamadas, cotoveladas e empurrões. A insone não terá de ficar preocupada com os roncos e poderá dormir sem precisar recorrer a um comprimido ou a uma bebida para adormecer. No dia seguinte, ambos poderão estar plenamente descansados.

Os *chefs* recomendam

▪ Se quem ronca é ela e o insone é ele, usem a mesma receita.

▪ Se perceber que seu companheiro ronca e às vezes fica sem respirar, ou se ele sofre de insônia crônica, consulte urgentemente o especialista em medicina do sono. Ambas as situações são transtornos graves, que devem ser tratados sem demora.

"Sua insônia não me deixa dormir"

Olga (32 anos) trabalha há seis anos em uma produtora de televisão e há dois foi promovida a diretora. Era a oportunidade que estava esperando. É casada com Luís (35 anos) e ainda não tem filhos porque seu ritmo de vida não permite. Essa profissão exige dedicação em tempo integral: não há dia nem noite, nem horários estabelecidos. Desde a promoção, Olga come mal e rápido, e dorme só quando pode. No começo, isso não a afetava muito: é jovem, e uma oportunidade assim não se desperdiça. Muitas vezes, como os horários dos dois são muito diferentes, ela e Luís não vão para a cama juntos, e há dias em que só dizem *oi* e *tchau* um para o outro.

Olga comparece ao consultório porque há alguns meses custa a pegar no sono e fica horas virando na cama. Curiosamente, quanto mais cansada está, menos dorme. Ainda por cima, vive brigando com Luís, que a acusa de não deixá-lo descansar em paz porque não pára de se mexer na cama. Também reclama porque ela acende a luz no meio da noite para procurar os chinelos antes de assaltar a geladeira. Além disso, o barulhinho do papel das balas e bombons o irrita. Olga nos conta angustiada que seu marido é injusto, já que quem não consegue dormir é ela, e ele, com sua atitude, sem dúvida não a está ajudando. Fica até com medo de deitar para evitar mais briga.

Estudamos o caso de Olga e chegamos ao diagnóstico de "insônia relacionada ao estresse". Ela vinha tomando uns comprimidos que uma colega de trabalho lhe dera e que não tinham feito nada bem.

Antes de começar o tratamento, explicamos ao casal alguns conceitos básicos sobre o sono e a influência dos fatores externos sobre ele. Mostramos como esses fatores interagem para favorecer ou prejudicar o descanso. No fim, conseguimos que os dois fizessem algum acordo básico e pudemos começar a tratar a insônia de ambos.

Quando se compartilha a cama, a insônia de um repercute nos dois. Sabemos disso porque em nosso consultório ouvimos todos os dias problemas conjugais causados por uma péssima noite de sono compartilhada.

Como já dissemos antes: *se seu companheiro dorme mal, considere isso um problema seu também, porque sua saúde pode ser afetada.* Já conhecemos as consequências, para o indivíduo, de um sono insuficiente ou de má qualidade, e agora sabemos também a repercussão desses transtornos no seu companheiro ou na sua companheira.

Estimou-se que a insônia afeta entre 20 e 40% da população, e é mais frequente entre as mulheres. Essa porcentagem duplica no caso dos casais. Não são apenas os roncos que causam divórcios e brigas conjugais; a insônia crônica também pode acabar com a boa saúde da relação.

A vida nos tempos de hoje exige muito de nós. Desperdiçamos energia e sofremos de estresse em larga escala. O consumo de psicofármacos atingiu níveis inacreditáveis, assim como a porcentagem de pessoas que dormem mal permanente ou transitoriamente. Como especialistas, conhecemos tratamentos específicos para toda patologia do sono, e ninguém, solteiro ou casado, deveria conformar-se em descansar mal, se isso pode ser evitado.

Como em todas as receitas deste capítulo, o casal deve chegar a um acordo para que o problema seja resolvido de modo eficaz. Não é preciso sofrer dia e noite!

Receita para que a insônia não se multiplique por dois

Ingredientes

- Busca de soluções
- Respeito e consideração para com o outro
- Visita ao especialista

Modo de preparo, passo a passo

- Se a insônia de seu companheiro não deixa você dormir, a primeira coisa a fazer é conversar sobre o problema e começar a buscar soluções... juntos. Escolha um momento tranquilo (nunca antes de deitar) para expor, sem dramas ou acusações, o que está acontecendo e como isso está afetando vocês. Sem dúvida, vocês terão muitas coisas a dizer um ao outro, até mesmo coisas que o outro não quis ouvir até agora. Lembrem-se de que estão tentando encontrar soluções: *não permitam que a busca dessas soluções se torne parte do problema.*

- *Para o insone.* Tratando-se de uma insônia esporádica ou que começou recentemente, para superá-la, experimente seguir os passos que explicamos na "Receita para prevenir a insônia crônica" (p. 95). Veja que recomendamos a você só ir para a cama quando tiver sono e não ficar virando nela se não consegue dormir ou se perdeu o sono no meio da noite. Isso é benéfico principalmente para você – não se deve permitir que a insônia esporádica se transforme em crônica –, mas também para seu companheiro, cujo sono deve ser respeitado.

Sem dúvida, mexer-se na cama sem parar é tão prejudicial quanto ficar imóvel olhando o teto para não incomodar ninguém. Deixe de se "pré-ocupar" e ocupe sua mente apenas em buscar a solução para dormir bem.

- *Para quem ainda não é insone.* Entenda que seu companheiro tem um problema; tente fazê-lo enxergar isso e ajude-o.

Insistimos: não é o momento de dramas ou acusações. Discutir não é ruim, desde que um respeite o outro. O segredo está em dizer o que se pensa sem agredir ou desrespeitar.

Se seu companheiro está passando por um período difícil e às vezes sofre de insônia, analisem juntos o que fazer para melhorar essa situação transitória. Se ele sofre de insônia crônica há meses ou anos, automedicando-se com comprimidos que não resolvem o problema, seja você a primeira a incentivá-lo a recorrer ao especialista e acompanhe-o. A insônia crônica tem cura.

7

O sono de nossos filhos

Se é complicado para o casal dormir bem, para a família – cada um tem seus costumes, preocupações, medos e horários – isso é quase um milagre.

Tivemos um longo dia de trabalho, estamos cansados, e a única coisa que desejamos é deitar e dormir a noite toda sem interrupções. Terminado o jantar, é o momento de iniciar as rotinas que nos levarão para os braços de Morfeu.

Porém, a essa hora, na maioria das casas, a história pode ser bem diferente. A criança pequena resiste às nossas súplicas para que vá dormir. Quer que contemos outra história, quer ver tevê, um copo de água, fazer xixi... Seus olhos se fecham e ela está chata e irritada, mas insiste em ficar acordada até as 11 horas da noite como seu irmão mais velho, que ainda não terminou seus deveres escolares.

Após muitas discussões e esforços, conseguimos fazer a mais nova deitar, pois precisa levantar cedo para ir à escola. O mais velho também foi vencido pelo cansaço e dorme sobre a escrivaninha. Por fim podemos ter um pouco de calma em casa!

O pai já foi dormir, porque acorda muito cedo. A mãe, depois de aproveitar alguns minutos do esperado silêncio, prepara-se para fazer a mesma coisa. Mas pouco tempo depois ouve: “Mamãe, estou com medo!”, “Mamãe, quero água!”. E o “baile” recomeça.

Entre as crianças em idade escolar, 25% levantam com frequência durante a noite e 35% recusam-se a ir para a cama antes de seus pais ou irmãos mais velhos. Cada família é um mundo, com suas características e necessidades, mas os problemas na hora de pôr as crianças na cama e fazê-las dormir são uma constante: maus hábitos entre as crianças pequenas, problemas de insônia e depois aquelas fases em que elas têm pesadelos e terrores noturnos que, embora sejam involuntários e exijam que mostremos a elas todo nosso afeto, ameaçam acabar com a paciência dos pais. Sobre medos, terrores e pesadelos, e como combatê-los, falaremos no capítulo 9. Este será dedicado aos hábitos de dormir e aos transtornos de insônia das crianças e como solucioná-los.

O fato de esses problemas serem frequentes não significa que devamos nos conformar em dormir pouco e mal simplesmente porque somos casados e temos filhos. Levantar de manhã é muito mais difícil se a pessoa acordou várias vezes durante a noite. Todos os membros da família precisam de um bom descanso para poder enfrentar o dia seguinte.

Neste capítulo, os pais encontrarão diversas receitas para ter noites mais tranquilas. Mas com uma particularidade: eles não estarão sozinhos "à mesa" (metaforicamente falando).

Imagine que vocês decidem sair com toda a família e comer naquele restaurante de que todos gostam. Ao chegar, sentarão à mesa e cada um pedirá seu prato favorito. Depois, conversarão e contarão os acontecimentos do dia, enquanto esperam o garçom aparecer e servir todos os pratos ao mesmo tempo.

Enquanto isso, na cozinha do restaurante, o *chef* estará preparando os diferentes pratos, que levam diversos ingredientes e demoram diferentes tempos para ficar prontos. Com a arte, a organização e a experiência do *chef*, todos os pratos deverão ficar prontos ao mesmo tempo e no ponto certo.

Algo parecido acontecerá neste capítulo: ofereceremos diferentes receitas para o sono de seus filhos (desde os recém-nascidos até os adolescentes), mas vocês serão os *chefs* encarregados de preparar um bom sono para toda a família.

A INSÔNIA INFANTIL

Nesta carta que recebemos, um pai desesperado narra com peculiar senso de humor uma situação real. Reproduzimos aqui a carta porque a consideramos especialmente representativa e sincera:

> "Dorme logo, m....!!!"
>
> Essa é, provavelmente, a frase que mais pronunciamos em casa entre 20 de novembro de 1997 e 11 de setembro de 1998. Essas datas marcam dois acontecimentos cruciais em nossas vidas:
>
> - 20/11/1997: nascimento de Irene e Laura
> - 11/9/1998: leitura de *Duérmete, niño**
>
> O primeiro capítulo do livro reúne, uma por uma, as ideias geniais que tivemos no início para tentar fazer os "pequenos monstrinhos" da casa dormirem. Não vou descrever como foram os dez primeiros meses com nossas filhas em casa, mas quero mencionar alguns detalhes:
>
> – Correrias pelos corredores à meia-noite.
> – Ataques de nervos.

* Ed. bras.: ESTIVILL, Eduard; BEJAR, Sylvia de. *Nana, nenê* – Como resolver o problema da insônia do seu filho. Trad. Monica Stahel. São Paulo: Martins Fontes, 2004. [N. da E.]

– Sonolência no trabalho.

– Perda absoluta dos próprios interesses nos momentos de lazer.

– Encontrões às três da madrugada no armário embutido que a construtora teve a infeliz ideia de colocar justamente em frente da porta do meu quarto, ao lado do das meninas.

– Contraturas nos ombros, braços e pulsos pelas horas gastas balançando as meninas nas redinhas mágicas que nos recomendaram para adormecê-las, já que não se deve fazê-las dormir no colo.

– Sexo? O que é isso?

– Voltinhas na rua à meia-noite, empurrando o carrinho por lugares escuros e silenciosos. E ainda bem que era verão! O calor incomodava tanto as pobres meninas que elas não conseguiam dormir. Além disso, acordavam com o barulho das crianças brincando, dos carros, com o latido dos cachorros, com o vento, a descarga do vizinho, o ônibus que vira na esquina de minha casa... Até chamei a polícia para denunciar um vizinho que ligava a tevê em som alto!

– Procura de um apartamento maior, porque o nosso só tem dois quartos.

Por fim, já à beira do desespero, falaram-me de seu livro e eu o comprei. Em uma única noite, depois de uma hora e meia de choro, ELAS ADORMECERAM SOZINHAS E FICARAM DEZ HORAS SEM ACORDAR! E assim dia após dia, até agora. Só se passaram treze dias, e já dormimos mais do que nos últimos dez meses. Agora as meninas deitam entre 8 e meia e 9 horas, dormem doze horas de noite e fazem a sesta. Não é preciso fazê-las dormir, elas adormecem sozinhas!

Recuperamos nossa intimidade, o tempo livre, e curtimos muito as meninas. Elas até nos deixam ver as partidas do Atlético de Madri, nosso time! Agora já não dizemos: "Dorme logo, m....!!!", mas: "Vamos para a cama que é preciso descansar...". As crianças estão com um excelente humor. Mostram-se muito menos nervosas do que antes e não ficam irritadas com os dentes, o calor, os gases e sobretudo... conosco.

Parabéns pelo seu livro, e sobretudo obrigado por escrevê-lo. Por acaso não tem nenhum outro para resolver os problemas do Atlético de Madri?

Mais uma vez, OBRIGADO. Saudações, cordiais.

FERNANDO, MARGA, IRENE E LAURA
"The sleeping family"

A insônia é o transtorno do sono infantil mais frequente e pode afetar desde os lactentes de 6 meses até crianças de 5 anos. Os pais explicam que a criança "nunca" dormiu bem e que desde o primeiro dia os despertares noturnos foram muito frequentes. Falam que raramente há períodos de normalidade e que, depois de um estímulo externo – uma doença, a permanência na casa dos avós ou familiares –, o problema se manifesta.

Esse tipo de insônia caracteriza-se pela dificuldade da criança de iniciar o sono sozinha, com despertares frequentes durante toda a noite. Ela costuma interromper seu sono de cinco a quinze vezes por noite, e não consegue voltar a pegar no sono espontaneamente, sem ajuda.

Ao observá-las durante o período de sono, temos a sensação de que estão "vigiando" continuamente. Nesses casos, os pais costumam experimentar todo tipo de método para fazê-las dormir, com pouco sucesso.

À medida que a criança cresce e aprende a falar, a hora de ir dormir fica ainda mais complicada, pois em geral é a criança quem determina as "normas" que os pais devem seguir para fazê-la adormecer. Ela pede que cantem, quer água, quer dormir com os pais, dormir em frente à televisão etc. Nada disso promoverá a uma boa rotina dos hábitos do sono, muito menos resolverá o problema.

A origem da insônia infantil relaciona-se a uma aquisição deficiente do hábito do sono. Basicamente, a insônia é decorrente das associações inadequadas que a criança faz com o sono. As múltiplas estratégicas que os pais usam para tentar fazê-la adormecer contribuem bastante para isso.

Muitos pais ainda acreditam que o fato de a criança acordar várias vezes à noite é comum e normal. Portanto, não é preciso consultar o pediatra. Basta a paciente ação da mãe – mais que do pai –, que levantará todas as vezes que forem necessárias para tentar adormecê-la.

Não há nada que mais desestabilize a harmonia conjugal do que uma criança que acorda várias vezes à noite, dia após dia, semana após semana, um mês após o outro. Quanto isso acontece, os pais começam a usar os recursos mais lógicos: dar água à criança, embalá-la, cantar, segurar a mão dela, acariciá-la etc. Nada disso costuma produzir resultado. Apesar de conseguirmos fazer a criança adormecer após alguns minutos, ela acordará várias vezes e os pais precisarão voltar a fazê-la dormir.

Se a estratégia não é mudada, pouco a pouco as coisas se complicam. A criança cresce fazendo novas exigências: dormir no sofá vendo tevê ou na cama dos pais. Tudo isso continuará sendo insuficiente, pois os despertares noturnos persistirão e a hora de deitar será adiada.

Receita para o sono do recém-nascido

Ingredientes

- Berço no quarto dos pais
- Muita ordem e rotinas fixas
- Posição adequada para dormir

■ Associação "escuridão e silêncio = sono" e "luz e ruídos = vigília"

■ Temperatura habitual

Modo de preparo, passo a passo

■ Os berços disponíveis nas lojas são, em sua maioria, totalmente adequados. Como é lógico – e sobretudo por comodidade da mãe –, é bom colocar o berço no quarto dos pais.

■ O que um recém-nascido mais assimila para aprender a dormir são a ordem e as rotinas. Sabe-se que os bebês dormem muitas horas, mas não de maneira contínua. Isso ocorre porque seu relógio biológico – encarregado de nos fazer dormir durante toda a noite – ainda não está maduro. A única forma de educá-lo é por meio de hábitos e rotinas corretos. Por isso, desde muito cedo, é bom que os bebês tenham horários certos de comida e sono. Eles devem associar a luz, os sons, os carinhos e as canções com o dia, e o silêncio e a escuridão, com os períodos de sono noturno.

É imprescindível que o bebê não adormeça enquanto estiver mamando, seja no peito ou na mamadeira. Ele deve permanecer acordado ao mamar. Podemos estimulá-lo com breves carícias, sopros ou música, evitando que durma. Também é importante que adormeça no berço. Para isso, é preciso colocar a criança acordada nele, de modo que o sono venha pouco tempo depois. Em princípio, não é bom o bebê adormecer em nosso colo, nem enquanto o embalamos. Se agirmos assim, quando acordar em outras ocasiões, ele precisará do mesmo colo ou que o embalemos. Nem sempre é possível fazer isso com os bebês, portanto não se preocupe se não conseguir desde o início. De qualquer modo, tente: você ficará surpreso de ver como aprendem rápido. São pequenos, mas não bobos!

■ É importante colocar o recém-nascido de barriga para cima ou de lado. Evite colocá-lo de barriga para baixo. Os últimos estudos realizados pelos pediatras desaconselham essa posição, que parece estar relacionada a alguns problemas graves, como a denominada "síndrome da morte súbita do lactente" (SMSL).

■ Quando puser o bebê no berço para iniciar o sono, procure reduzir os ruídos ambientais. Ninguém adormece com música estridente ou com o som muito alto da tevê! O recém-nascido deve associar o silêncio e a escuridão com o sono, e o som e a luz com a vigília. Mas também não exagere. Não transforme sua casa em um cemitério quando a criança começar a dormir. Simplesmente abaixe o volume da tevê e encoste a porta de seu quarto para que não entre luz demais nele. Lembre-se: as crianças nunca devem aprender a dormir com a luz acesa, já que, nesse caso, se acordarem no meio da noite, vão precisar da luz para adormecer de novo.

■ A questão da temperatura é muito importante. Nós, adultos, tendemos a agasalhar demais as crianças. Uma criança definiu "blusa de lã" como a peça de roupa que a faziam usar quando sua avó sentia frio. O recém-nascido não tem mais frio do que um adulto e, portanto, a temperatura de que precisa para dormir deve ser igual à sua. Pense que muitas vezes colocamos no recém-nascido um pijama, lençóis, cobertor, colcha e ainda por cima ligamos o aquecedor no quarto. Como ele não vai sentir calor? Faça o teste: vista-se um dia como seu bebê e coloque em sua cama as mesmas peças de roupa. Você descobrirá o que é ter uma sauna na cama!

Os *chefs* recomendam

■ Seguir alguns horários regulares para as refeições, a higiene e a hora de deitar favorece a aquisição de bons hábito de sono.

- O recém-nascido não distingue o dia da noite. Alguns chegam a dormir mais de dia que de noite. É perfeitamente normal. Os bebês não têm relógio e não sabem quando a mamãe tem sono. Portanto, é preciso ter um pouco de paciência. Se você fizer isso bem, a criança aprenderá rápido. Por outro lado, se você ficar inquieta e nervosa, a criança perceberá e será mais difícil ela aprender a dormir corretamente.

O SONO DOS LACTENTES E CRIANÇAS DE ATÉ 5 ANOS

Conhecemos Marta no mês de abril. Tinha uma carinha esperta, era simpática e falava muito bem para sua idade. Seus pais – de 32 e 35 anos – estavam preocupados porque a menina não dormia a noite toda. Custava muito a ir para a cama e acordava várias vezes. Nunca tinha sono. Para ela, a noite era o momento alegre do dia, uma oportunidade para "encantar" seus pais, que chegavam tarde do trabalho. Ela passava o dia feliz e bem cuidada por uma babá, mas na presença dos pais tornava-se lenta e chata.

O jantar em si era um martírio. Comia devagar e com dificuldade. Depois, não havia meio de convencê-la a ir para a cama. Às 11 da noite, os pais ainda estavam preocupados com o sono de sua filha. Já tinham experimentado de tudo para fazê-la dormir. Contavam histórias, cantavam cantigas, deixavam que ela visse tevê, revezavam-se para deitar com ela, davam-lhe água, levavam-na para fazer xixi quatro vezes por noite... Em suma: um rosário de tentativas para ver se adormecia. Depois de duas horas de luta, Marta caía exausta e dormia, mas quatro horas depois acordava e corria para a cama dos pais. No fim, os pais, esgotados e sonolentos, concordavam com tudo o que ela pedia e acabavam dormindo os três na mesma cama. Outras vezes era o papai que ia para a cama de Marta para conseguir pelo menos três ou quatro horas de sono superficial, e no dia seguinte levantava feito uma pilha de nervos.

Desde quando Marta tinha 6 meses, a família não sabia o que era dormir mais de três horas seguidas, mesmo nos feriados. Os pais estavam esgotados e irritados, e sentiam-se culpados por não saber lidar com a situação. Chegaram a pensar que Marta podia ter um problema cerebral que a impedia de pegar no sono como as outras crianças. A própria menina sentia as consequências das noites maldormidas. Durante o dia não queria fazer a sesta e, se fazia, era sempre muito curta. Por mais cansada que estivesse, de noite não havia meio de dormir em um horário razoável. Os pais não desfrutavam de um único momento de intimidade; nunca podiam conversar nem sair para jantar com os amigos. A vida conjugal tinha deixado de existir. Por isso desistiram de ter mais filhos: imagine se viesse outro igual à Marta. Uma já era o suficiente!

O pediatra tinha confirmado que Marta era perfeitamente normal. Os pais já não sabiam mais o que fazer. Todo mundo dava conselhos, mas eram eles que passavam noites sem pregar o olho e na manhã seguinte levantavam esgotados e deprimidos, porque sabiam o que os esperava à noite. Chegaram a nosso consultório bem desanimados. Alguém lhes dissera que poderíamos orientá-los sobre como fazer sua filha dormir, mas não tinham muitas esperanças, porque pensavam que "Marta era diferente". Bastou uma consulta de uma hora e meia de duração, na qual explicamos que o sono é uma necessidade fisiológica, mas que dormir bem é um hábito e precisa ser aprendido. Se ensinamos as crianças a comer, também podemos ensiná-las a dormir.

Saíram pouco confiantes, mas decididos a tentar. Adotariam uma série de rotinas para Marta desenvolver bons hábitos de sono. Pelo menos agora sabiam como fazer. Duas semanas depois vieram à consulta de acompanhamento. A primeira coisa que disseram foi que haviam decidido dar um irmãozinho a Marta. Sorriam e estavam felizes. Enfim, os três conseguiam dormir. Comentaram que os primeiros cinco dias tinham sido difíceis, porque Marta, que é muito esperta, tentou todas as estratégias possíveis para desarmá-los. Mas eles repetiram exaustivamente, com palavras doces e amorosas, que estavam ensinando-a a dormir. No fim, conseguiram. Agora Marta dorme onze horas todas as noites. Levanta de bom humor, não fica mais irritada e come muito melhor. Faz a sesta e continua tão alegre e divertida como sempre. Enquanto isso, seus pais aproveitam o período noturno para tentar um irmãozinho...

Durante o primeiro ano de vida, o bebê aprende hábitos essenciais para seu futuro. Comer e dormir corretamente são dois dos mais importantes. Ambos podem ser aprendidos.

As crianças aprendem a comer de forma correta segundo as normas sociais de cada cultura. Os ocidentais fazem isso sentados em cadeiras, apoiando o prato na mesa e usando utensílios como o garfo e a colher. Em muitos países do Oriente, come-se sentado no chão, com uma tigelinha na mão e palitos. Ambas as condutas são igualmente corretas.

Com o sono acontece o mesmo. As crianças podem aprender a dormir sozinhas, acompanhadas dos pais, no sofá, em sua cama, na dos pais etc., mas as "normas" que cercam o ato de dormir devem ser estabelecidas pelos pais. A partir dos 6 ou 7 meses, um bebê deve adormecer sozinho, sem choro, e o sono deve ter duração de onze a doze horas seguidas, sem despertares que o interrompam. Pode usar um bicho de pelúcia como "amigo acompanhante", mas deve dormir em seu berço e com a luz apagada.

Como adquirimos um hábito

Para incorporar um hábito, a criança deve associar uma função – como dormir – a uma série de "elementos externos". Por exemplo, o ato de comer é associado a elementos como o babador, a cadeira, o prato, a colher, o garfo... Temos de repetir essa associação de "elementos externos" até que o bebê aprenda a comer sozinho.

Com o sono acontece a mesma coisa. O bebê deve aprender a adormecer sozinho. Para isso, deve associar esse ato com determinados elementos externos: a cama, o ursinho de pelúcia, a chupeta, bem como com os enfeites de seu quarto. A atitude dos pais é fundamental nesse processo: eles é que devem transmitir segurança ao bebê.

Quando uma criança se senta pela primeira vez à mesa, não esperamos que saiba usar corretamente a colher ou o garfo, não é mesmo? Esse é um hábito que ela aprenderá depois de muita prática, dia após dia. Após repetir a mesma ação diversas vezes, ela será capaz de realizá-la corretamente. Pode-se fazer o mesmo com o sono: os pais devem ensinar seus filhos a dormir sozinhos e transmitir-lhes segurança.

Como reeducar o hábito do sono

Para modificar os hábitos do sono, é essencial criar um ritual antes de deitar. Esse ritual deve ser um momento agradável, compartilhado por pais e filhos, e deve durar entre cinco e dez minutos.

É basicamente uma troca emocional que deve acontecer em um lugar diferente daquele onde a criança dorme. O ritual pode consistir em cantar uma suave melodia, contar uma história ou, ainda, programar uma atividade para o dia seguinte. A criança deve ser informada do tempo que resta antes de começar a dormir.

Em seguida, devemos deixá-la em seu quarto – no berço ou na cama – e nos despedirmos dela. É comum a criança ainda estar acordada quando saímos de seu quarto. Não vamos esquecer que ela aprende a dormir com os adultos. Portanto, em seus despertares fisiológicos noturnos, pedirá aquilo que associa com o sono. Se a criança adormece sozinha, volta a dormir sozinha quando acorda de noite; mas, se adormece no colo ou enquanto a embalamos, pede as mesmas coisas.

Quando acostumamos a criança a seguir uma rotina correta, ela espera com alegria o momento de deitar e despede-se dos pais sem criar problemas quando eles saem de seu quarto. Ver televisão antes de deitar, mesmo que seja em família, não é uma opção tão boa, porque não permite a troca pessoal. É muito mais recomendável ler uma história ou fazer qualquer outra atividade tranquila. Do mesmo modo, é bom a criança ter consigo seu bichinho de pelúcia, seu brinquedo preferido ou seu travesseiro. Assim, ela se sente acompanhada quando é deixada sozinha no quarto e, mais importante ainda, vai perceber que eles ainda estão lá quando acordar de noite.

A regularidade na rotina noturna é muito importante para preparar a criança para o sono.

Receita para o sono dos lactentes e crianças de até 5 anos

Ingredientes

- Ordem e rotinas
- Mais ordem e mais rotinas
- Afetividade
- Elementos externos que "durmam" com a criança
- Segurança e paciência
- Afetividade firme diante dos pedidos da criança

Modo de preparo, passo a passo

■ Assim como o recém-nascido – ou até mais do que ele –, os lactentes e as crianças menores de 5 anos devem seguir rotinas antes de ir dormir. Em outras palavras: saber o que vai acontecer lhes dá segurança. Por isso, é imprescindível seguir um ritual correto antes de deitar.

Comecemos pelo jantar. Deve ser sempre no mesmo lugar – na cozinha ou na sala de jantar –, sem tevê ou brinquedos, e constar apenas do que foi preparado pelos pais. Terminada a refeição, não se deve oferecer nenhum outro complemento, como um copo de leite, água, a mamadeira etc. É muito importante que a criança, por mais nova que seja, entenda que só pode tomar a mamadeira ou o leite durante o jantar, que eles não servem para dormir.

Em seguida iniciamos o que denominamos o "hábito da afetividade". Trata-se de um período entre quinze e vinte minutos em que a criança fica com os pais, sentada no colo deles ou ao seu lado. Os pais lêem uma história, cantam ou simplesmente falam com seus filhos ou lhes fazem carinho. Não convém que essas ações aconteçam no mesmo lugar onde as crianças dormem e comem. A sala pode ser o lugar ideal. Não contamos histórias com a intenção de fazer a criança adormecer, mas para nos comunicarmos com ela e transmitir-lhe nosso afeto.

Passado esse tempo, começamos a lhe ensinar o hábito do sono. Colocamos a criança em seu berço ou sua cama junto com os elementos externos que acompanharão seu sono (ver mais adiante) e, a pequenos intervalos, repetimos que ela deve aprender a dormir.

■ Mais ordem e mais rotinas. É evidente que, ao fazer o que propusemos no item anterior, a criança não aprenderá a dormir logo na primeira noite. Do mesmo modo que precisou de tempo para aprender a tomar a sopa com a colher sem derramar e sem fazer cara feia, precisará de tempo para aprender a dormir. Os pais devem encher-se de paciência e seguir as mesmas rotinas toda vez que a criança reclamar. Isso não é fácil – requer alguns dias de repetição –, mas já foi demonstrado que a porcentagem de sucesso é altíssima. Na imensa maioria dos casos, em menos de uma semana as crianças aprendem a dormir sem interrupção.

- Quais são os elementos externos que "dormem" com a criança? Tudo o que lhe damos para que aprenda a dormir e que deve ficar com ela durante a noite. Por exemplo: um ursinho de pelúcia escolhido pelos pais, um desenho na parede, um móbile, cinco ou seis chupetas, se usá-las. A criança se sentirá segura se aprender a dormir com esses elementos externos. Se acordar no meio da noite, encontrará os mesmos companheiros de sono. Desse modo, não podemos dar-lhe algo para fazê-la adormecer e depois levar embora. Portanto, ela não deve adormecer segurando a nossa mão, já que, se acordar no meio da noite, desejará segurá-la para voltar a dormir. O mesmo acontece quando a abraçamos ou ninamos, quando dormimos com ela etc.

- Uma criança sempre capta o que o adulto lhe transmite. Se os pais se mostrarem seguros e tranquilos, isso lhe dará tranquilidade, mesmo que no começo chore por não conseguir o que quer. Por outro lado, as crianças logo percebem se os pais hesitam, se estão nervosos ou simplesmente cansados. Nesse caso, ficarão mais irritadas e dependentes, e custarão mais a aprender. Por conseguinte, os pais devem ficar muito tranquilos e informar à criança a todo momento que estão ensinando-a a dormir corretamente. Dormir nunca deve ser um castigo, e sim um ensinamento, que só é transmitido com muita paciência e segurança.

- Por último, a luz e outras exigências. É normal que, nos primeiros dias, as crianças não entendam nada e peçam constantemente coisas para dormir. Isso acontece sobretudo quando começam a dominar a linguagem. Sempre usam frases inteligentes para convencer os pais: estou com sede, quero fazer xixi, dá um beijinho, deita comigo... Nunca usam argumentos que não convençam. São muito espertas! Em compensação, gritam "Água!", por exemplo, porque sabem que com isso conseguirão que papai ou mamãe apareçam. É frequente fazerem outras exigências que podem parecer lógicas para nós, mas que não são. Por exemplo: a luz acesa. A luz não serve para dormir; portanto, as crianças devem aprender a dormir nas mesmas condições que nós, adultos.

Os *chefs* recomendam

- Dois livros para ensinar bons hábitos às crianças:

– *Método Estivill. Guía rápida para enseñar a dormir a los niños.* Nesta obra explicamos todos os detalhes necessários para que, em menos de uma semana, os pais ensinem a seus filhos os bons hábitos do sono.

– *¡A comer!** é um manual para ensinar as crianças a comer de tudo de forma tranquila e efetiva. Esse livro apresenta muitas ideias diferentes para que elas aprendam esse bom hábito.

O SONO DAS CRIANÇAS EM IDADE ESCOLAR

Recebemos em nosso consultório Alba, uma menina de 8 anos que toda noite, poucas horas após ter adormecido, corria para a cama de seus pais. Dizia sentir medo e ter pesadelos constantes.

"Desde que nasceu, não dormiu uma única noite inteira sem acordar", contaram seus pais, abatidos. "Experimentamos de tudo:

* Ed. bras.: DOMÈNECH, Montse. *Vamos comer!* – Método Estivill. Trad. Eduardo Brandão. São Paulo: Martins Fontes, 2006. [N. da E.]

dar água, colocar a chupeta, segurar sua mão, passear com ela... mas nada funcionou." Como último recurso, os pais fizeram o que acharam mais cômodo: deixar que Alba dormisse com eles em sua cama. Depois disso, não houve jeito de fazê-la dormir na própria cama.

Além do problema do medo noturno, Alba apresentava problemas de conduta, como irritabilidade, déficit de concentração e desobediência em casa e na escola.

Durante o exame, constatamos que Alba era uma criança perfeitamente normal quanto a sua inteligência e capacidades motoras. A família, no entanto, mostrava uma atitude de superproteção com a menina, o que tinha gerado nela uma insegurança que repercutia em seu sono. A primeira coisa que fizemos foi fornecer aos pais um critério claro para sua filha desenvolver novos hábitos de sono. Para o tratamento, seguiu-se o procedimento descrito na próxima receita. Em poucas semanas, Alba conseguiu dormir de modo autônomo e saudável, e melhorou visivelmente seu rendimento durante o dia.

A insônia aprendida

O número de pais que consultam um especialista para tratar transtornos do sono de seus filhos mais velhos tem aumentado cada vez mais.

A insônia infantil a partir dos 5 anos de idade apresenta uma frequência de 14%. Essa patologia caracteriza-se pela dificuldade da criança para iniciar o sono sozinha, ou para mantê-lo (mais de trinta minutos), somada aos despertares noturnos com visita aos pais – normalmente já não os chama – e à exigência de que durmam com ela.

Quando a criança vai para a cama dos pais ou fala de seu problema, costuma valer-se de argumentos elaborados e convincentes. A finalidade é que os pais não resistam a suas súplicas de madrugada. Ao serem questionadas pelos especialistas, elas falam de medos noturnos, mas na realidade trata-se de uma insegurança em seu hábito de sono.

Por esse motivo, elas se recusarão a ir dormir na casa de outras crianças, a ir para colônias de férias e, em geral, não verão o ato de deitar como algo agradável.

O tratamento, logicamente, é diferente daquele que se aplica a crianças menores. No caso da criança maior, as condutas já desenvolvidas em relação ao hábito do sono tornam mais complexa sua abordagem. Como essa problemática costuma estar relacionada com condutas equivocadas da família, é imprescindível realizar a aproximação terapêutica de forma conjunta com a criança e os pais.

Essa patologia tem clara repercussão nas atividades diurnas e afeta o rendimento intelectual das crianças, que poderão apresentar problemas de aprendizado na escola por dormirem mal. Também podem ter dificuldades de se relacionar com seus colegas, já que a irregularidade de seu sono as faz sentir-se diferentes das demais crianças ou inferiores a elas.

Receita para ensinar as crianças em idade escolar a dormir

Ingredientes

- Explicação
- Despertares
- Aprendizagem
- Paciência

Modo de preparo, passo a passo

- Antes de deitar, informamos à criança as regras que vamos seguir. Podemos desenhar todas as atividades que ela deve realizar antes de deitar: jantar cedo, brincar ou ler um pouco com o pai, a mãe ou com ambos, deitar, ler cinco minutos sozinha e relaxar com a luz apagada.
- Diremos a ela que, se acordar de noite, poderá ir ao banheiro ou beber água, que deve ser deixada em seu criado-mudo. Também poderá acender e apagar a luz de seu quarto para se acalmar, desde que faça isso sozinha, sem acordar ninguém.
- Para levá-la a desenvolver um hábito de sono saudável, mostramos à criança um calendário e lhe dizemos que, toda noite que conseguir dormir em sua cama sem acordar, vamos colocar um adesivo verde para marcar esse dia no calendário. Nos dias em que não conseguir dormir, o adesivo será vermelho. Esclarecemos que, a cada três adesivos verdes seguidos, ela ganhará um presente ou prêmio. Da próxima vez deverão ser cinco adesivos para receber outro prêmio e, depois, sete.
- É preciso ter paciência. Essas regras precisam ser mantidas pelo menos por um mês. No começo, é normal a criança ter dificuldade para cumprir os requisitos e até se sentir incapaz de fazê-lo. Os pais devem repetir com tranquilidade as mesmas regras, mesmo que aconteçam pequenos fracassos. Precisam deixar-lhes claro que, ao sair do quarto, não está fazendo nada errado. Simplesmente está confusa e, muito contra a sua vontade, colocarão um adesivo vermelho no calendário. É preciso incentivá-la sempre para que volte a tentar. Com um pouco de paciência, esse método tão simples funciona com quase todas as crianças. O mais importante é que os pais continuem insistindo no método até que a criança resolva o problema por si mesma.

Os *chefs* recomendam

- A leitura do livro *Vamos a la cama*, que explica de forma detalhada e completa como esse problema deve ser tratado. Inclui conselhos úteis para ensinar as crianças de 5 anos até a pré-adolescência a dormir.

O SONO DO ADOLESCENTE E SEUS TRANSTORNOS

Berta tem 16 anos quando vem ao consultório. Loira e esbelta, causa inveja em suas colegas de classe. Era boa aluna até um ano atrás.

Seus pais a trouxeram porque a menina não consegue pegar no sono em um horário razoável. Acham que, se ela acorda às 8 da manhã para ir ao colégio, deveria deitar o mais tardar à meia-noite. Berta tenta, mas, por mais que relaxe e fique quieta na cama, não consegue dormir. Depois de uma hora tentando, ela levanta e liga seu computador, com o qual fica entretida até as 3 da manhã. É nesse momento que sente sono. Ao deitar, adormece imediatamente.

De manhã, o despertador toca às 8, cinco horas depois de ter deitado. Berta sequer o escuta. Depois de chamá-la por mais de vinte minutos, seu pai vai a seu quarto e tira suas cobertas. E aí começa o drama: não há meio de arrancá-la da cama. Após meia hora – de mau humor e com cara feia –, ela consegue chegar ao banheiro. "Você viu que horas são?", grita a mãe. "Vai chegar atrasada à aula." Ela nem responde. Toma banho por inércia, bebe o chocolate e come o lanche que sua mãe preparou.

Chega tarde ao colégio, com cara de sono e de péssimo humor. Entra na classe quando seus colegas já estão sentados, como todo dia. Nas duas primeiras horas de aula, não entende nada. Não presta atenção e fica com cara de "zumbi". A professora nem pergunta nada. Sabe que Berta ainda está meio adormecida. Como é de esperar, todo trimestre ela fica de recuperação naquelas duas matérias da primeira hora da manhã. Por volta das 11, toma seu primeiro café. Antes comeu um sanduíche no bar em frente ao colégio e tomou um refrigerante de cola. Então começa a funcionar...

Normalmente, toma outros dois refrigerantes de cola ao longo do dia. Quando chega a noite está ativa, em seu melhor momento. Fala com as amigas, ajuda em casa, está de bom humor e janta bem. Estuda um pouco, vê tevê, e o martírio recomeça. É meia-noite, e seus pais a obrigam a ir para a cama. Ela tenta, mas depois de uma hora de espera levanta e liga seu computador. A história se repete.

Em média, adolescentes deveriam dormir pelo menos nove horas por dia. Quase nenhum dorme, isto é uma evidência, sobretudo quando chegam aos 17 ou 18 anos. Nesta idade, eles costumam adiar a hora de deitar e custam muito a levantar. São típicas as súplicas e palavrões quando toca o despertador e os pais os obrigam a sair da cama. Pode chegar a ser uma tortura para muitas famílias.

Por que os adolescentes custam tanto a ter um bom hábito de sono?

• *O ritmo circadiano da vigília e do sono.* Todos estamos sujeitos a determinados ritmos biológicos que se repetem de forma periódica e são vitais para o bom funcionamento de nosso organismo. Alguns têm uma periodicidade "circadiana", o que significa que se organizam em ciclos de 24 horas. É o caso do ciclo vigília/sono.

Hipóteses recentes sugerem que esse ritmo circadiano sofre um atraso durante a adolescência e situa-se em um período de 25 a 26 horas. Em consequência, o sono aparece cada vez mais tarde, o que implica uma alteração equivalente na hora de acordar. Isso explicaria por que os adolescentes custam tanto a ir deitar em um horário razoável e custam mais ainda a levantar.

À defasagem do ritmo circadiano somam-se outros fatores externos, como a vida social noturna, seja em forma de saídas a bares e danceterias ou de *chats* da Internet.

• *Espaço próprio.* Na adolescência, a maioria dos jovens depara com uma liberdade que ainda não sabe administrar. De repente, podem dispor de seu tempo e realizar atividades de acordo com suas preferências, e costumam colocar o lazer e a vida social em primeiro lugar. Depois vem todo o resto.

As "sugestões" dos pais às vezes podem provocar mais rebeldia que outra coisa, porque essa fase da vida caracteriza-se pela recusa sistemática de qualquer conselho ou norma, até mesmo dos relacionados com a vigília e o sono.

Para piorar ainda mais a situação, muitos adolescentes têm em seu quarto – que deveria ser usado "apenas para dormir" – toda uma parafernália para se entregar ao lazer: computador, aparelho de som, telefone, televisão... Com esses recursos à sua disposição (e considerando o que dissemos sobre o ritmo circadiano), não é de admirar que a hora de dormir demore cada vez mais a chegar.

• *Liberdade de horários.* Muitos adolescentes têm liberdade para organizar seus horários, o que pode implicar desde deitar de madrugada até faltar a algumas aulas, o que costuma passar despercebido para muitos pais. Alguns preferem frequentar o colégio no horário noturno para poder manter seus maus hábitos de sono. Costumam ser os mesmos que já têm certa dificuldade para levantar de manhã.

Enquanto os pais veem tevê ou quando já se recolheram a seu quarto, o adolescente aproveita para dispor com tranquilidade de um tempo livre roubado das horas de sono. De noite há tempo para fazer de tudo: jogar no computador, entrar em salas de bate-papo com os amigos e até estudar. O velho – e nada saudável – costume de "se matar" de estudar na noite anterior à prova e chegar ao colégio sem ter dormido nem uma hora continua vigente em muitos casos.

• *Pouca consciência da importância do sono.* É comum ouvir alguns adolescentes repetirem a fórmula: "Terei tempo para dormir quando eu morrer", o que demonstra a pouca importância que dão ao sono. Não deixa de ser curioso, no entanto, que o grupo da população que menos dá valor à necessidade do sono seja o que mais horas passa dormindo nos finais de semana. Consideram o ato de dormir uma perda de tempo e o reduzirão até o limite de suas forças para dedicar horas a outras atividades.

• *Consumo de álcool e estimulantes.* Na adolescência inicia-se o consumo de álcool e de estimulantes socialmente aceitos, como o café e os refrigerantes de cola. Todos eles afetam de forma negativa a qualidade do sono.

As bebidas alcoólicas proporcionam uma sedação temporária, mas ao mesmo tempo impedem a entrada nas fases mais profundas do sono. Após um significativo consumo de álcool, o adolescente tem um sono superficial e pouco reparador, com um despertar precoce.

Por sua vez, os jovens recorrem muito ao café e aos refrigerantes de cola para minimizar um dos efeitos da falta de sono: a sonolência. É como o cachorro que corre atrás do próprio rabo: quanto mais sono, maior a necessidade de estimulantes; quanto mais estimulantes, menos sono.

Os que adoram a noite geralmente combinam um sedativo (álcool) com um estimulante (cola), o que não favorece em nada um subsequente sono de qualidade.

Muitos passam a noite em claro e tomam esse tipo de bebida por puro desejo de imitação. É preciso considerar que essa é uma etapa da vida de grande insegurança, em que os adolescentes buscam se afirmar por meio de condutas mais ou menos transgressoras.

• *Privação crônica do sono.* Embora nem todos os adolescentes sofram de transtornos do sono, é verdade que cada vez se registram mais alterações do sono específicas dessa faixa etária, com frequência ignorada pelos adultos.

O déficit de horas de sono tem um efeito cumulativo já fartamente demonstrado. Por exemplo, um adolescente que desde segunda-feira dorme toda noite uma hora a menos que o necessário chegará à sexta-feira de manhã com uma perda real de quatro horas, mesmo que no dia anterior tenha dormido oito horas. Para efeito de sono, é como se tivesse dormido só quatro horas.

É o que se conhece como "privação crônica do sono". Seus sintomas: sonolência excessiva diurna com clara repercussão no rendimento escolar, na concentração e também no estado de ânimo.

Para combater esses problemas, muitos jovens recorrem a estimulantes como o café ou os refrigerantes de cola, o que só faz agravar a situação.

Receita para ensinar os adolescentes a dormir

Ingredientes

- Alguns minutos de teoria
- Um pouco de ordem e menos cafeína (casos leves)
- Luz, melatonina e atraso do momento de deitar (casos graves)

Modo de preparo, passo a passo

- A primeira coisa que um adolescente deve entender é que dormir bem é imprescindível para ficar acordado durante o dia. Dormir cinco horas todo dia durante muitos meses – como era o caso de Berta – leva inevitavelmente a graves problemas sociais e escolares. É preciso explicar-lhe com tranquilidade que ele necessita de pelo menos nove horas de bom sono e que deve realizar todas as suas atividades antes do jantar. Não deve deixar nada para depois. Sim, já sabemos que adolescentes têm muitas tarefas, mas também é verdade que perdem muito tempo desde a hora em que chegam em casa até a hora de jantar. Sem a colaboração deles, não obteremos nenhum sucesso. É preciso conscientizá-los de que dormir não significa perder tempo, mas viver melhor.

▪ *Para os casos leves.* O adolescente tende a ser desorganizado, tanto em seus assuntos pessoais quanto em suas atividades escolares. Ele acumula o trabalho ou deixa-o para depois de jantar, o que dificulta um bom sono. Assim como os adultos, o adolescente precisa de um período de desligamento, um tempo entre o fim de suas atividades e o início do sono.

Antes de mais nada, é preciso organizar de forma conjunta – melhor ainda se o adolescente sugerir isso – um calendário de atividades desde a hora em que chega do colégio. Começaremos com um tempo para ele se desligar e telefonar para seus amigos. Pode vir em seguida um tempo mais longo para realizar suas tarefas escolares. Depois pode ligar o computador para jogar ou papear. Tudo isso enquanto espera o jantar. Após a refeição, o ideal seriam uns minutos de bate-papo com a família e alguma atividade relaxante, como ouvir música ou ler. Tudo isso serve de preparação para que seu cérebro vá se desligando das atividades diurnas.

Sim, já sabemos que eles nunca têm tempo para tudo. Alguns fazem muitas atividades extracurriculares: aulas de reforço, idiomas, esporte... e chegam tarde em casa. Se seu filho tem problemas de sono, é conveniente sacrificar algumas dessas atividades (as menos imprescindíveis) para aumentar suas horas de sono. É lógico que estabelecer rotinas saudáveis para um adolescente de 18 anos – imagine-o apaixonado – pode ser impossível, mas nós, pais, devemos começar antes. Se incutirmos neles bons hábitos desde o início do período escolar, tudo será muito mais fácil quando chegarem à adolescência.

Também é essencial que não consumam cafeína depois das 6 da tarde. Devem trocar seus cafés e refrigerantes de cola por sucos, água ou leite.

▪ *Para os casos graves.* Quando o problema é realmente sério, o único tratamento eficaz é o realizado nos laboratórios do sono. Consiste em aplicar a cronoterapia, atrasando todo dia duas horas o momento de o adolescente deitar (justamente o contrário do que sempre disseram a você) até que volte a coincidir com o horário desejado. Esse procedimento deve ser acompanhado de luminoterapia, que consiste em expor o adolescente a luz intensa nas quatro primeiras horas de seu dia. Também será administrada melatonina, uma substância que vai ajudá-lo a manter os horários estáveis e deve ser receitada pelo médico. Apenas com a realização dos três procedimentos terapêuticos ao mesmo tempo teremos sucesso. Uma vez obtido um horário regular para dormir, devemos estabelecer rotinas sociais rígidas e hábitos de sono saudáveis. Isso não pode ser feito sem a ajuda de um profissional. Pode-se conseguir um resultado excelente, desde que o adolescente tenha total consciência do que está ocorrendo e a família colabore. Em menos de quinze dias voltará a se adaptar a um horário normal e dormirá das 11 da noite às 8 da manhã, se esse era seu desejo.

Os *chefs* recomendam

▪ A leitura do livro *Padres y adolescentes, ¡cuántas dudas!*, de Montserrat Domènech, que explica de forma detalhada e completa como se deve lidar com os diferentes problemas que afetam a adolescência.

O SONO DE TODA A FAMÍLIA

Pilar (36 anos) e Agostinho (39) são advogados. Ela trabalha apenas meio período desde que nasceram os filhos, João (5) e Mercedes (3). Pilar chega ao escritório cada vez mais cansada e irritada. De noite acontece algo estranho com ela: adormece sem problemas – com a tevê ligada –, mas às 3 horas acorda sobressaltada e já não consegue dormir tão profundamente como no início. Vira-se muito na cama e perde o sono várias vezes.

Pilar recorreu ao especialista bastante inquieta: "O senhor acha que pode tratar da minha insônia?", perguntou angustiada.

Agostinho, que a acompanha à consulta, escuta o que sua mulher diz com expressão sisuda. Conta-nos que ela insiste em dormir com a tevê ligada, o que o incomoda, porque tem de levantar para desligá-la no meio da noite. Afirma que não tem problemas de sono e que só dorme mal quando as crianças o acordam. Admite, de fato, que se sente esgotado durante o dia, mas atribui isso ao estresse do trabalho. Acrescenta que é o encarregado de "acomodar" as crianças na cama.

Aqui fazemos uma pausa e pedimos que esclareçam esse último item. O que acontece é mais ou menos assim: depois de jantar, Pilar deita na cama de casal para ver tevê e leva as crianças com ela. Enquanto assistem a diferentes programas, as crianças pulam na cama, brigam e fazem uma festa de chocolates e Coca-Cola até se cansar, e as três adormecem. Enquanto isso, Agostinho está terminando seu trabalho. Perto da meia-noite e meia decide deitar. Então, carrega as crianças e leva-as dormindo para suas camas.

Mercedes tem muita personalidade e dá um jeito de sempre conseguir o que quer. É muito voluntariosa e irritada. Acorda às 3 da manhã e vai para a cama dos pais, momento que coincide com o despertar de Pilar. A menina também tem medo do escuro, por isso a acostumaram a dormir com a luz do banheiro acesa, o que a acalma, mas faz seu pai perder o sono, porque a luz bate justamente do seu lado da cama.

Se não tivéssemos pesquisado seus hábitos familiares, Pilar teria saído da consulta com um hipnótico ou sedativo, que por certo, nessas circunstâncias, seria absolutamente ineficaz.

Por onde começar?

Como dissemos no começo do capítulo, essas receitas são mais complexas, mas isso não deve ser motivo para desanimar. Temos certeza de que funcionarão! Às vezes não se prepara um cardápio para vários convidados com aperitivo, primeiro prato, segundo prato e sobremesa? Vocês verificarão que aqui é mais ou menos o mesmo esquema.

A primeira coisa que fizemos foi explicar a Pilar que não podíamos tratar de sua insônia sem antes *colocar cada um em seu devido lugar*. Era preciso desocupar a cama para verificar se realmente sua insônia persistia. Após analisar a situação em conjunto, o casal compreendeu que toda a família estava dormindo mal em consequência de alguns hábitos de sono incorretos. Não só Pilar, como também Mercedes e o pequeno João sofriam de insônia. E toda a família tinha sequelas durante o dia por não ter descansado como devia à noite.

E agora... mãos à obra!

Receita para que toda a família durma

Ingredientes

- Ordem
- Novos hábitos e rotinas

- Eliminação dos sabotadores do sono
- Readaptação

Modo de preparo, passo a passo

- Para começar, colocaremos cada um em seu devido lugar. Tanto os recém-nascidos como os lactentes, as crianças, os adolescentes e os adultos precisam de ordem, rotinas e segurança na hora de deitar. Começaremos do zero, como se fosse o primeiro dia de convivência. Primeiro os pais conversarão e combinarão a melhor maneira para que todos durmam de modo correto. Ensinar os filhos a dormir sozinhos é uma forma valiosa de amá-los. Permitir que a criança durma regularmente no quarto dos pais pode provocar graves problemas nas crianças e nos próprios pais.
- Os hábitos que adultos e crianças seguiram até agora criaram problemas de sono por causa de associações erradas. Portanto, para começar do zero, também criaremos novas rotinas e estabeleceremos horários regulares. Isto não significa que toda a família deva deitar na mesma hora. *Há uma hora adequada para as crianças e outra para os adultos.* Isso não deve mudar, por mais que as crianças reclamem, gritem ou tentem manipular os pais. Cabe aos pais decidir como, onde e quando dormir. E se as crianças recusarem e gritarem ou chorarem? Respondemos com outra pergunta: você deixaria que seu filho enfiasse os dedos na tomada só para ele não gritar?
- Ver tevê na cama, comer chocolate e tomar refrigerantes de cola à noite são alguns dos piores sabotadores do sono. Vejamos o caso da família de Pilar (que bem poderia ser a sua) justamente no momento em que o cérebro recebe a ordem de que está preparado para dormir. É noite e todos estão na cama, mas para o cérebro chega outra mensagem ativadora: estimulação visual e sonora, cafeína e mais cafeína. Todos despertadores

natos. Essa dupla mensagem desorienta-o, e o cérebro já não sabe mais o que fazer. Dormir ou permanecer acordado? Releia as seções "O ambiente apropriado para dormir bem" (p. 40) e "Os sabotadores do sono" (p. 64).

- Assim que as crianças tiverem perdido o costume de permanecer na cama do casal e dormirem a noite inteira, virá a readaptação dos adultos a essa nova situação. Seu cérebro também incorporou como hábito pré-sono adormecer junto com as crianças, portanto, no começo, acordarão algumas vezes pensando que elas ainda estão ali. A boa notícia é que os adultos se acostumam rapidamente às coisas boas, e em poucos dias dormirão sem estranhar a sua falta.

Pilar telefonou após duas semanas para nos contar que acontecera um milagre: seus filhos estavam dormindo a noite inteira em suas camas, e sua insônia havia desaparecido.

8

O sono dos mais velhos

O tempo passa, e tudo muda... Que bom que é assim! O que seria de nós se hoje fosse igual a ontem e amanhã igual a anteontem?

A vida nos surpreende todos os dias. Os anos nos transformam, é verdade, mas também são uma oportunidade para fazer o que antes não foi possível. Gastamos a maior parte de nossa existência trabalhando, fazendo comida, comprando, lavando, passando, pagando financiamentos, criando os filhos, ajudando-os em seus estudos e depois a adquirir uma casa própria... Sempre havia alguma razão que nos impedia de fazer o que desejávamos, porque não sobrava tempo ou o dinheiro já estava comprometido.

Lembra quando você dizia a si mesmo: "Quando tiver tempo vou fazer isto e aquilo"? Se finalmente chegou esse momento, por que você não põe em prática o que pensou?

Você acha que ninguém mais precisa de você? Que já não vale a pena? Sugerimos que veja isso sob outro prisma. Pode dizer a si mesmo: "Que bom que todos estão se virando sozinhos, porque agora poderei dedicar meu tempo e meu dinheiro só para mim!" Não é um pensamento egoísta, você conquistou isso!

Deixe-nos contar uma história. Faz alguns anos, alguns amigos compraram uma casa para passar os finais de semana. Tomaram essa decisão pensando em reduzir o estresse dos dias úteis. Era uma casa muito bonita, com um jardim maravilhoso com algumas árvores centenárias.

Eles eram gente da cidade: só conheciam o asfalto e o barulho; não tinham intimidade com flores, plantas e árvores. Depois de passear pelo jardim e observá-lo atentamente, decidiram retirar algumas árvores, pois acharam que eram velhas demais e atrapalhavam.

Contrataram uma renomada paisagista para replanejar seu jardim sem aquelas árvores. A especialista olhou para o jardim, olhou para eles, e lhes sugeriu que, antes de começar a arrancar as árvores, deixassem passar as quatro estações do ano. Se decorrido esse tempo continuassem pensando da mesma forma, então mandaria cortá-las.

Embora um pouco chateados, aceitaram – que remédio! – sua sugestão. Os meses foram passando, e cada estação trazia consigo uma nova surpresa, uma transformação na cor, no aroma, no aspecto, na estrutura daquelas árvores... Um verdadeiro presente para os sentidos! Como resultado, não retiraram uma única árvore e ainda hoje lembram agradecidos o bom conselho da paisagista.

Diz um velho provérbio: "As flores do inverno não são menos belas, simplesmente são diferentes." Do mesmo modo, as estações da vida também são diferentes. Cada uma tem uma beleza especial, seus próprios encantos.

A melhor receita que podemos dar a você para a maturidade é aceitar dignamente as mudanças. Aparecem rugas, sentimos indisposição, o cabelo fica branco. Mas ninguém pode nos tirar toda a experiência e a sabedoria adquiridas com os anos.

Além disso, está comprovado cientificamente que a velhice é mais um estado psicológico do que físico. Envelhecemos quando deixamos de sonhar e de ter projetos. Todos nós conhecemos jovens que parecem velhos e pessoas idosas que irradiam tanta força, luz e sabedoria que ninguém lhes dá a idade que têm.

É verdade que para algumas coisas a idade é um limite, mas nunca deve ser um impedimento. Estabeleça objetivos que possa realizar. Há pessoas que começam a estudar aos 60, e outras que encontram um novo companheiro aos 70. Você decide, porque tem todo o tempo à sua disposição. Não é maravilhoso? Não deixe que a realidade – às vezes difícil – impeça você de continuar sonhando, porque no dia em que deixar de fazer isso terá envelhecido definitivamente.

Vamos contribuir com nosso grãozinho de areia para ajudar você. Como somos especialistas no sono e seus transtornos, levaremos você a nossa área: procuraremos fazê-lo dormir bem e estar acordado na hora de concretizar seus outros sonhos.

Algumas questões sobre o sono na maturidade

Antes de passar às receitas, queremos responder a algumas dúvidas e problemas que os mais velhos apresentam com maior frequência na consulta:

1. "Já não durmo tão bem como antes. É por causa da idade?"

Até certo ponto é verdade, mas não porque você dorme pior, e sim porque dorme diferente. As mudanças afetam tanto a qualidade quanto a quantidade do sono noturno.

O sono das pessoas mais velhas é menos profundo. Essa é uma das razões por que podem perceber qualquer barulho na casa. A partir dos 20 anos, o sono profundo – fases 3 e 4 – diminui progressivamente e chega a desaparecer depois dos 60 anos.

2. "Nunca me sinto totalmente acordado ou totalmente adormecido."

Com a idade, tem-se a sensação de adormecer com facilidade durante o dia e de acordar com a mesma facilidade ao longo da noite. Um dos responsáveis por isso é a melatonina. Este hormônio produzido pelo cérebro encarrega-se de regular os ritmos do sono e da vigília.

A partir dos 50 anos, a melatonina começa a diminuir e as curvas do sono e da vigília tornam-se menos definidas. Por outro lado, foi demonstrado que muitos insones têm níveis baixos demais de melatonina, por isso um suplemento desse hormônio pode ajudar a solucionar o problema.

3. "Tenho sono muito cedo."

Na idade madura, tendemos a antecipar a hora de deitar e a levantar mais cedo. Isso acontece possivelmente porque, com o passar dos anos, o ritmo circadiano fica mais curto. Em decorrência, muda nosso horário do sono e da vigília. Às 8 da noite poderemos começar a sentir sono e, se fizermos alguma atividade monótona, como ver tevê, será bem fácil adormecermos.

Na adolescência ocorre justamente o contrário: o sono se atrasa, e a tendência é dormir cada vez mais tarde. Ambas as situações são perfeitamente normais e têm uma causa fisiológica. Não é preciso dar muita importância a isso.

4. "Quantas horas preciso dormir?"

As pessoas mais velhas precisam de menos horas de sono noturno – entre cinco e seis –, embora, como comentamos no primeiro capítulo, algumas continuem a dormir entre sete e oito horas por noite. Por outro lado, os idosos passam mais tempo na cama descansando do que dormindo.

A redução das horas de sono noturno é compensada, no entanto, com o sono diurno. É normal e saudável tirar algumas sonecas, de dez a vinte minutos, durante o dia.

5. "As pernas não me deixam dormir."

As cãibras na hora de deitar costumam ser frequentes em pessoas de idade avançada. Na maior parte das vezes, estão relacionadas com a ingestão de diuréticos, assim como com a carência de determinados minerais, como o magnésio ou o potássio. Em todo caso, se as cãibras forem diárias, será preciso consultar o médico.

A denominada "síndrome das pernas inquietas" é uma sensação de impaciência que obriga a pessoa a mexer as pernas – quando elas estão em repouso – ou caminhar (sobre essa síndrome, ver o capítulo 11). Esse fenômeno aumenta ao deitar e é uma das causas da dificuldade para iniciar o sono.

6. "Por que acordo muitas vezes à noite sem motivo algum?"

Certamente tem saudade daquele sono profundo e contínuo da juventude. Lembra-se daqueles anos dourados em que nada nem ninguém conseguia acordá-lo e você chegava a dormir até dez horas seguidas? Esse é um privilégio quase exclusivo dos adolescentes. A fragmentação do sono e o aumento do número de despertares noturnos são normais nas pessoas mais velhas.

7. "Levanto para urinar muitas vezes durante a noite."

Para 70% dos idosos, essa é a "causa" de seus despertares noturnos. Em parte isso é provocado pela fragmentação do sono, que os torna mais suscetíveis a levantar para urinar, com a consequente sonolência diurna.

A causa mais frequente da denominada *nictúria* – a necessidade de urinar de noite – nos homens é a hipertrofia prostática, isto é, uma próstata grande demais, enquanto na mulher é a diminuição da resistência uretral.

Se você sofre desse transtorno, uma das coisas que deve fazer é verificar seus medicamentos. Talvez você esteja tomando um diurético. Neste caso, simplesmente mudar – de acordo com seu médico – a hora da ingestão, distanciando-a o mais possível do momento de deitar, pode ajudar você a não precisar levantar tantas vezes à noite, o que beneficiará seu descanso noturno e fará desaparecer a sonolência e a fadiga diurnas.

8. "Meu criado-mudo parece uma farmácia."

Um fator importante nos transtornos do sono é a influência de alguns medicamentos na conciliação ou manutenção do descanso.

É bem provável que um idoso de 80 anos esteja tomando uma média de cinco a sete medicamentos por dia: para o coração, a próstata, os ossos, para artrose, artrite, hipertensão, diabetes, prisão de ventre, depressão... A lista pode não ter fim!

Muitos desses medicamentos são tomados no jantar e antes de dormir. Alguns têm entre seus componentes a cafeína, que, como você já sabe, é um estimulante. Ou seja, enquanto uma coisa melhora a outra piora. Peça a seu médico que avalie todos os medicamentos que você toma – incluindo os que são vendidos sem receita, como as vitaminas ou as ervas – e que ele mude para de manhã ou de tarde a ingestão dos que contêm cafeína.

9. "Quando deito, meus ossos doem e não consigo dormir."

Talvez você sofra de artrose cervical, bastante comum em pessoas mais velhas. Seus sintomas se acentuam com a imobilidade do corpo, como acontece quando dormimos. A permanência na cama intensifica as dores e provoca despertares frequentes. É o que chamamos de "insônia secundária", que se resolve tratando a causa que a origina, para evitar que se torne crônica. Do contrário, a pessoa pode desenvolver até mesmo receio da cama e do ato de dormir.

10. "Ele faz o que sonha."

Alguns idosos apresentam à noite um aumento da atividade motora durante o sono REM. O fenômeno se manifesta na forma de gestos bruscos, gritos, tapas, chutes, bem como condutas agressivas, que costumam estar relacionadas ao conteúdo ameaçador e violento dos sonhos.

Os casos agudos podem estar relacionados com o consumo de antidepressivos tricíclicos ou ISRS (inibidores seletivos de recaptação da serotonina). Outra possível causa é a abstinência alcoólica.

Cerca de metade dos casos crônicos desse transtorno está associada ao mal de Parkinson, enquanto a outra metade é de caráter idiopático, ou seja, de origem desconhecida. Independentemente de sua causa, é preciso consultar sem mais demora um especialista.

11. "Ele caminha pela casa dormindo."

O sonambulismo nos idosos, denominado "perambulação noturna", é um sintoma secundário de um transtorno orgânico. Requer, portanto, a consulta a um especialista.

12. "Tenho pesadelos toda noite."

Quando aparecem de forma reiterada, os pesadelos costumam ter origem psiquiátrica, embora também possam ser o efeito secundário de determinados medicamentos, como os anti-hipertensivos, os neurolépticos, os antidepressivos tricíclicos e os benzodiazepínicos.

Calcula-se que cerca de 50% das pessoas com mais de 75 anos sofrem ou sofreram de algum transtorno do sono. Segundo as últimas estatísticas, a incidência da insônia é duas vezes mais frequente entre as mulheres que entre os homens.

Tudo o que fazemos, sentimos e pensamos durante o dia repercute direta ou indiretamente no sono noturno. Por isso, as receitas a seguir têm como propósito ajudar as pessoas mais velhas a organizar tanto a vigília quanto a noite para favorecer um descanso de qualidade.

As rotinas matinais

Maria tem 66 anos e vive sozinha. Aposentou-se há pouco tempo, depois de trabalhar mais de 45 anos em diferentes empresas, onde adquiriu os hábitos de acordar muito cedo, dormir poucas horas, tomar muito café e fumar. Como sua vida concentrou-se no trabalho, agora quase não tem vida social, por isso ocupa as horas livres com cochilos, música, novelas e conversas ocasionais com alguma vizinha. Essa situação provoca nela uma grande ansiedade. Quando veio a nosso consultório porque não conseguia dormir à noite, continuava tomando várias xícaras de café depois da sesta, intercaladas com chá, refrigerantes e aspirinas. Maria não se preparara para sua mudança de vida, nem desenvolvera outros interesses fora do trabalho. Além disso, não se alimentava corretamente, porque não sentia fome.

Explicamos a ela que seu estilo de vida não favorecia um bom sono. Então lhe indicamos uma dieta variada e a ajudamos a organizar seu tempo com novos interesses. Começou a fazer exercícios de relaxamento e elaborou novos projetos de vida, o que contribuiu para estabelecer rotinas de sono saudáveis. A ideia central de nosso programa era ocupá-la com algo mais que consumir estimulantes e vegetar.

Nas três próximas receitas, vamos propor a você uma maneira de organizar as 24 horas do dia para aproveitar melhor seu descanso e o dia não parecer tão longo. Vamos começar pela manhã.

Receita para a manhã

Ingredientes

- Horário regular para acordar
- Um bom café-da-manhã
- Hábitos de higiene pessoal

- Atividade e exercício físico
- Sair de casa
- Um bom almoço

Modo de preparo, passo a passo

- Levante-se todos os dias na mesma hora – a que você preferir, mas sempre a mesma –, ainda que na noite anterior tenha dormido mais tarde. Quando acordar, não fique "esquentando" a cama. Se já acordou, é porque seu cérebro está satisfeito e não precisa de mais sono por enquanto. Você se sente cansado? Gostaria de ficar um pouco mais na cama? E quem não gostaria? Lembre-se de que seu cérebro necessita de mensagens claras, rotinas estáveis para manter os horários de realizar as atividades. Não se preocupe, logo você encontrará outro momento do dia para descansar, se precisar.
- Quando acordar, espreguice-se sem inibição e até com barulho. Isso permitirá que seu corpo reative os músculos e as articulações que estiveram quietos durante toda a noite. Depois sente-se na beira da cama por alguns minutos. As mudanças bruscas de posição podem desencadear tonturas, e você poderá cair. Se seu médico receitou algum remédio que deve ser tomado em jejum, deixe-o preparado no criado-mudo e tome-o. Agora, sim: você já está pronto para levantar!
- Abra as cortinas de toda a casa para que entre luz. De noite, seus olhos se acostumaram à escuridão e isto é bom para o sono, mas não ajuda a acordar! Após alguns minutos, seus olhos se acostumarão com a luz, você verá melhor e poderá dar as boas-vindas ao dia.
- Agora, antes de mais nada, tome o café-da-manhã. Seus neurônios – as células do cérebro – precisam se alimentar para acabar de acordá-lo. Se você tomar banho ou se lavar de estômago vazio, poderá sentir tontura, porque o nível de açúcar do

sangue está baixo. Você correrá o risco de tropeçar se estiver confuso e sonolento. Por isso, comece o dia com um bom café-da-manhã. Aproveite este momento para tomar os medicamentos da manhã, enquanto lê o jornal, ouve as notícias do rádio ou assiste às reportagens da tevê. Lembre-se de que você está apenas recebendo informações; não é necessário engolir todas as catástrofes e desgraças do dia!

■ Agora você já pode tomar um banho, barbear-se ou passar cremes. Também é o momento de esvaziar o intestino, que às vezes está preguiçoso logo de manhã. Um conselho para pessoas de idade avançada: instalar corrimãos ao redor da banheira, do chuveiro e da privada de seu banheiro, para sentar ou levantar com mais facilidade.

■ Escolha uma roupa confortável e larga, e de acordo com a temperatura. Não se agasalhe demais "para o caso de fazer frio"; é preferível usar várias peças de roupa sobrepostas, de modo que você possa colocá-las ou tirá-las à medida que sente frio ou calor. Tire o pijama, mesmo que não planeje sair: o cérebro associa o pijama ao sono, e você já está acordado! Use sapatos ou tênis com sola de borracha antiderrapante e salto baixo. Evite chinelos ou sapatos soltos demais, que podem fazer você tropeçar. O calçado deve adaptar-se à pessoa, e não a pessoa ao calçado da moda! O mais importante é sentir-se seguro ao andar.

■ Arrume a cama, lave a louça do café-da-manhã e ponha a casa em ordem. Lembre-se de que não é necessário limpar o que já está limpo. A casa não suja tanto a ponto de ser preciso dedicar três ou quatro horas diárias para limpá-la. Se puder, pague uma pessoa para fazer uma limpeza mais pesada na casa uma vez por semana. Nos outros dias, bastará dar uma arrumada.

■ Agora você já pode iniciar as atividades da manhã. Saia de casa para fazer suas compras, conversar com os vizinhos ou ir ao médico. Você pode dedicar algumas horas a um trabalho voluntário – por exemplo, em uma ONG – ou simplesmente dar um passeio. O importante é que saia e se exponha à luz do sol. Não fique fechado em casa; obrigue-se a sair pelo menos uma hora por dia, mesmo no inverno.

Está provado que a exposição à luz do sol tem um efeito benéfico sobre o estado de ânimo, o metabolismo e as funções orgânicas em geral. Além disso, os raios de sol estimulam a circulação periférica do sangue e promovem a sudorese para eliminar toxinas.

- Experimente praticar uma atividade física. Os mais velhos podem desfrutar os benefícios do esporte, só que o exercício deve ser mais suave. Você pode fazer natação, jogar golfe ou simplesmente caminhar. O sedentarismo faz a perda de massa óssea se intensificar, o que aumenta o risco de acidentes e quedas. O exercício favorece a saúde dos ossos e das articulações, assim como o equilíbrio. Também ajuda a melhorar o funcionamento do intestino. Uma atividade física regular, mesmo que mínima, ajuda a consolidar o sono. Se você sofrer de alguma doença que restrinja o tipo de atividade que pode praticar, peça a orientação de seu médico.
- Esta receita termina ao meio-dia com o almoço, a segunda refeição mais importante do dia. A dieta deve ser equilibrada e incluir carnes brancas, vermelhas (pouca quantidade), peixe fresco, legumes, frutas e verduras. Lembre-se de que deve beber pelo menos dois litros de água por dia, embora não de forma contínua e menos ainda à noite. Encha quatro garrafinhas de 250 ml e guarde-as na geladeira ou deixe em temperatura ambiente, como preferir. Tomar água ajudará você a controlar a hidratação. Se tiver vontade de tomar um copo de vinho, faça isso ao meio-dia. Se mantiver uma dieta especial, siga as orientações de seu médico.

As rotinas da tarde

Liliana (76 anos) mora sozinha há quinze anos por decisão própria. Há três anos, entretanto, e apesar de seu caráter enérgico e positivo, evita sair à rua, porque sofreu algumas quedas. As fraturas no braço e no quadril reduziram sua mobilidade. Além disso, agora fica insegura, sente receio ao caminhar. Só sai acompanhada por seus familiares ou amigas, mas tem medo do movimento intenso do bairro onde vive. Durante o dia, limpa seu apartamento, prepara a comida, faz a sesta ou assiste à tevê, por isso sua vida social ficou reduzida a ir à igreja ou fazer fisioterapia. Embora mantenha o entusiasmo, vive muito preocupada com "as coisas que acontecem no mundo". Conta-nos que a televisão fica em seu quarto e que janta recostada assistindo ao último noticiário da noite. Depois, preocupada com as notícias, reflete sobre elas e não consegue pegar no sono até as 3 da madrugada. Acorda cedo, com azia, e sente-se sonolenta durante todo o dia, o que compensa com sonecas intermitentes ou tomando café.

Na consulta, recomendamos a Liliana uma série de medidas de higiene do sono, exercícios de relaxamento, e a incentivamos a reforçar suas relações sociais. Dois meses depois, seus sintomas estavam sensivelmente atenuados e ela estreitara laços com vizinhos e familiares, rompendo com seu isolamento.

Receita para a tarde

Ingredientes

- Sesta
- Interação social

- Exercitar a memória
- Jantar leve

Modo de preparo, passo a passo

- Depois de almoçar, é normal – em qualquer idade – sentir certa sonolência. Agora que as obrigações profissionais não são um impedimento, não desperdice a oportunidade de fazer uma sesta, algo muito saudável e recomendável. Alguns estudos realizados em pessoas mais velhas confirmam que a sesta ajuda a baixar a pressão dos hipertensos, melhora o humor, diminui a sonolência e melhora o rendimento. Portanto, não se prive dela! Além disso, lembre-se do que dissemos no capítulo 1 (p. 33): o sono diurno – a sesta – complementa o noturno. É um erro evitá-la acreditando que depois se sentirá mais cansado e prolongará o sono noturno.

Para tirar maior proveito da sesta, mantenha um horário regular: faça-a de preferência entre as 2 e as 3 da tarde, e procure evitar que ultrapasse meia hora de duração. Se perceber que não adormece, não permaneça na cama, menos ainda vendo tevê! Para descansar, é melhor uma poltrona confortável. Se sofrer de insônia, evite a sesta; bastará descansar em uma poltrona ou no sofá.

- Tanto no verão como no inverno, o momento adequado para o convívio social é a tarde. É conveniente sair de casa para visitar familiares, encontrar-se com amigos, frequentar algum curso de artesanato ou cuidar dos netos. Muitas coisas podem ser feitas para reforçar os laços com as outras pessoas. A maioria das depressões e insônias dos mais velhos acontece pela falta de interação social. Essa situação pode criar neles o sentimento de que já não servem para nada. Se você acorda todas as manhãs e pode respirar, é porque ainda está vivo. Escolha entre viver ao máximo a vida que lhe resta ou simplesmente "durar"!

■ Em medicina há uma regra de ouro: tudo o que não é utilizado atrofia. E isso também se aplica à memória. A mente age de maneira significativa sobre o corpo e, do mesmo modo, o corpo age sobre a mente. Foi demonstrado que o exercício físico ajuda a combater a depressão e a potencializar a memória. Também pode evitar – ou pelo menos retardar – a senilidade cerebral. Basta um passeio de meia hora por dia, melhor ainda se for acompanhado. Faça palavras cruzadas ou sudokus, escreva, aprenda algo novo, deixe de ver a vida pela televisão! É muito melhor ler ou praticar algum passatempo. A memória não vem em comprimidos, portanto é preciso estimulá-la.

■ Se você gosta de tomar chá, mate, café, chocolate ou bebidas à base de cola, faça isso com moderação durante o dia e evite-as depois das 5 ou 6 da tarde. Verifique com seu médico a medicação que toma, já que muitos remédios contêm cafeína e outras substâncias estimulantes. Se esse for o seu caso, peça ao médico para tomá-los antes das 6 da tarde. Cuidado com os analgésicos e os antigripais que são vendidos sem receita: costumam conter cafeína! Se precisar tomá-los, faça isso bem antes da hora de deitar.

■ Em geral, a pessoa mais velha costuma – muito sabiamente – jantar pouco. Às vezes só come um prato de verdura e uma sobremesa. Se você não tem hábitos tão saudáveis, ao menos jante com moderação. Consuma alimentos como verduras, massas ou arroz. Evite as carnes (é melhor deixar as proteínas para o meio-dia) e as verduras que fermentam, porque provocarão gases. Ingira laticínios, como queijo fresco ou iogurte, que lhe fornecerão cálcio – muito importante sobretudo para as mulheres. Se você gosta de vinho ou cerveja, tome no máximo um copo. No entanto, se tiver problemas para dormir ou se roncar, será melhor evitar o álcool.

A HORA DE DEITAR

Susana (85 anos) é viúva e vive sozinha há dez anos em um apartamento do tipo quarto-e-sala. Veio a nosso consultório porque não conseguia dormir sem tomar comprimidos. Aliás, nem com eles dormia de modo satisfatório. Pedimos que nos contasse a rotina de um dia de sua semana.

Susana levanta e, mal toma o café-da-manhã, começa a se mexer porque tem muito a fazer: limpa até o último cantinho da casa, passa pano nas prateleiras, nos enfeites, móveis, lava a roupa do dia anterior, telefona ao supermercado para fazer um pedido, prepara a comida... Só põe um avental sobre a camisola, assim não perde tempo. Não sai à rua porque tem medo. Já caiu duas vezes, o que a deixou receosa. Pede tudo por telefone. Quando acaba de limpar, começa a preparar o almoço, embora quase não coma. Depois, deita na primeira hora da tarde – cansada de tanta trabalheira – e fica quieta tentando dormir, mas não consegue nunca. Às 4 horas, liga a tevê e assiste a uma novela após a outra. Às 5, toma o chá, à moda britânica, sem largar as séries televisivas, que acompanha até as 7 da noite. Então dá uma parada para telefonar para sua irmã. As duas conversam sobre tudo diariamente e com detalhes. Chega a hora de preparar o jantar, a refeição em que mais come. Depois assiste ao filme das 10. Como nunca tem sono, toma seu comprimido e deita quando acha que ele fez efeito: mais ou menos três ou quatro horas mais tarde.

Susana é um caso clássico de insônia por hábitos incorretos. Não foi fácil modificar suas rotinas, mas após vários meses e com o tratamento adequado conseguiu colocar sua vida em ordem e dormir sem interrupções.

Receita para a hora de deitar

Ingredientes

- Não deitar muito cedo
- Redução da ingestão de líquidos antes de deitar
- Rotinas pré-sono
- Um quarto que convide a dormir

Modo de preparo, passo a passo

■ Depois de jantar, pode ser que você já tenha vontade de ir dormir. Porém, recomendamos que não vá para a cama antes das 11 da noite. Lembre-se de que seu sono está naturalmente – fisiologicamente – antecipado. Se deitar cedo demais, por exemplo, às 9h30, estará de pé às 3 ou às 4 da manhã. Portanto, resista à tentação, a não ser que goste de levantar de madrugada. É possível que, no começo, você tenha um pouco de dificuldade de ir para cama mais tarde, se for o caso. Seu corpo demorará alguns dias até se adaptar ao novo horário – como se viajasse para outro continente –, mas, no fim, você conseguirá acertar a hora, e o desejo de dormir atrasará de modo conveniente.

O que você pode fazer enquanto não consegue acertar a hora de ir para cama? À noite, diminui nossa capacidade para ver ou focalizar corretamente, o que é conhecido como presbiopia ou vista cansada. Portanto, esse não é o melhor momento para a leitura. Você pode assistir a um bom filme – sentado no sofá – ou a seu programa favorito.

■ Entre o fim do jantar e a hora de ir deitar, procure não tomar líquidos. No máximo, um copo de leite antes de dormir. Se beber muito líquido, levantará várias vezes à noite por causa da vontade de urinar, e pode ocorrer que escape um pouco antes de você chegar ao banheiro. Lembre-se de que a bexiga das pessoas mais velhas é menos resistente à retenção de urina. Portanto, dentro do possível, não consuma líquidos antes de deitar.

- Como estamos insistindo ao longo deste livro, estabeleça e mantenha algumas rotinas fixas na hora de deitar. Faça sempre a mesma coisa, já que assim avisará o cérebro de que está se preparando para dormir. Trata-se de atividades comuns, como escovar os dentes, vestir o pijama e tomar uma infusão relaxante, se estiver tenso, assim como conferir se as portas estão bem fechadas e verificar se o gás da cozinha está desligado. Se puder, coloque alarmes contra incêndio na casa.
- A partir das 11 da noite, quando chegar o sono, vá para a cama. Use o quarto apenas para dormir, não para assistir à tevê. E lembre: não permaneça na cama se não estiver dormindo, não importa o quanto esteja cansado. Se não tiver sono, não se deite.
- Como explicamos no capítulo 2, o quarto deve ser um lugar seguro e tranquilo, além de escuro e silencioso. Agora gostaríamos de acrescentar mais alguns ingredientes aos que já foram citados.

Retire todos os tapetes soltos no quarto, ou então prenda-os no chão, de modo que não se mexam. Ponha um telefone no criado-mudo ou na cabeceira da cama. Anote em uma folha o número de seu familiar mais próximo – ou, se não tiver, o da ambulância – com algarismos bem grandes e legíveis. Você também pode gravá-lo em seu telefone.

Do mesmo modo, mantenha perto da cama um abajur ou um interruptor; assim, evitará andar no escuro. Se precisa tomar medicação em jejum, deixe-a preparada junto a um copo de água em seu criado-mudo.

A cama deve ser confortável e de fácil acesso: nem muito alta, nem muito baixa. Se for alta demais, você poderá se desequilibrar ao tentar ficar de pé. Se for muito baixa, será difícil para você se erguer. Talvez você precise de mais de um travesseiro para dormir, mas é preferível elevar em alguns centímetros os pés da cabeceira da cama.

Existem muitos tipos de camas que podem tornar seu descanso mais confortável, algumas com botões que, acionados, levantam o encosto ou os pés. Também há colchões antiescaras para as pessoas que precisam permanecer muito tempo imobilizadas. Fumar traz inúmeros prejuízos à saúde, e fazer isso na cama é perigoso por muitas razões, principalmente pelo risco de se adormecer com o cigarro aceso e provocar um incêndio.

▪ Se você acordar no meio da noite, não olhe a hora. Isso só faz aumentar a ansiedade. Além disso, você só precisa saber que é noite e, portanto, é hora de dormir. Se perder o sono, ligue o abajur – ou a luz de cabeceira – e permaneça sentado na beira da cama alguns minutos antes de levantar. Nunca faça movimentos bruscos. Evite perambular pela casa, porque isso deixará você mais desperto ainda. Se, passados quinze minutos, não conseguir pegar no sono de novo, saia da cama. Quando o sono voltar, tente outra vez. Procure não se preocupar em dormir. Você pode fazer algum exercício mental de relaxamento ou respiração. As infusões calmantes, como a camomila, a valeriana, a melissa, a passiflora, a tília e o lúpulo, podem ser úteis.

Os *chefs* recomendam

▪ Cuidado para que não haja objetos nem móveis na passagem entre seu quarto e o banheiro ou a cozinha. Deixe a passagem livre de obstáculos. De noite, você levantará sonolento; existe o risco de se machucar ou bater em algum móvel ou objeto. As pancadas e quedas podem acabar em fraturas dolorosas, obrigando você a ficar imobilizado, o que provoca incômodo. Lembre-se de que 90% das fraturas de fêmur são causadas por uma queda.

9

A face mais obscura do sono: as parassonias

As parassonias são uma série de fenômenos que acontecem durante a noite e perturbam o sono tanto de crianças como de adultos. Em geral, são condutas motoras (movimentos) e/ou vegetativas (palidez, sudorese), um misto de estados de sono e vigília parcial, o que confunde as pessoas que as presenciam, sejam os pais, os irmãos ou o companheiro.

Podem apresentar-se sob diferentes formas, sendo as mais frequentes a *soniloquia* (quando se fala dormindo), o *bruxismo* (ranger de dentes), os *terrores noturnos* (que se manifestam em gritos), os *pesadelos* (sonhos apavorantes) ou o *sonambulismo* (andar dormindo).

Embora sejam mais frequentes na infância, também podem acontecer com adolescentes e adultos. Têm um componente hereditário e são mais comuns entre membros de uma mesma família.

As parassonias não costumam ser graves e também não representam um risco para a saúde. No entanto, chamam a atenção, já que a pessoa que sofre delas não está consciente do que faz durante os episódios noturnos, e as que estão ao seu redor não entendem por que faz aquilo. O normal, durante esses episódios, é a pessoa surpreender-se quando acordada e pedir explicações. O diálogo típico é: "Acorda, acorda!" "O que foi? O que é que você está falando? Por que você me acordou!?" "Você estava falando enquanto dormia, estava gritando, parecia que estava tendo um pesadelo..."

Embora as parassonias possam parecer alarmantes, sobretudo quando não se tem informação sobre o fenômeno, na maioria das vezes acabam *por si só* ou podem ser tratadas em um laboratório do sono.

O BRUXISMO E A SONILOQUIA

Trata-se de fenômenos inócuos, como vimos no capítulo 1 (pp. 29 e 30). O bruxismo, o típico ranger de dentes, é frequente nas crianças. Aparece em qualquer momento do sono e nem sequer as desperta. Embora às vezes preocupe os pais, não é prejudicial. No pior dos casos, a excessiva contratura do maxilar e da mandíbula provoca um desgaste dos dentes. Esse efeito pode ser minimizado com próteses dentárias prescritas pelo médico.

A soniloquia é o nome científico do que popularmente se conhece como "falar dormindo". Não é prejudicial nem requer tratamento. Quando muito, pode acordar quem está do lado.

OS TERRORES NOTURNOS

Diferentemente dos pesadelos, os terrores noturnos não são fruto da atividade onírica. Acredita-se que reflitam períodos do sono nos quais a criança tem dificuldades para passar do sono profundo para uma etapa mais superficial.

Também conhecidos como pavor noturno, são comuns na infância, embora possam acontecer em qualquer idade. Calcula-se que entre 1% e 5% das crianças em idade escolar sofram deles. Provavelmente trata-se do transtorno do despertar mais dramático. Costumam acometer as crianças aos 3 ou 4 anos, embora às vezes ocorram aos 5 ou 6 anos. Também podem surgir na idade adulta.

Os terrores noturnos costumam se manifestar – sempre do mesmo modo – na primeira metade da noite. A pessoa, que dormia tranquilamente, passa a agitar-se de forma brusca, senta-se na cama, grita, parece aterrorizada e desorientada, não reconhece os que a cercam.

Se acorda, não consegue explicar o que está acontecendo, por causa de sua confusão. Embora quem sofre de terrores noturnos não se lembre deles, esses episódios podem ser extremamente preocupantes para o companheiro ou os pais. Muitas vezes, a pessoa soluça ou grita, agita-se ou corre por toda a casa com os olhos abertos. Não vê as pessoas que tentam ajudá-la, não consegue ouvir as palavras que procuram tranquilizá-la.

Esses episódios costumam ser acompanhados de rubor facial, taquicardia, respiração acelerada, sudorese excessiva e dilatação das pupilas. Passada a crise, a pessoa volta a dormir com tranquilidade e na manhã seguinte esqueceu totalmente o episódio. O sono noturno, porém, fica perturbado em termos de quantidade e de qualidade, e, se os terrores se repetem com certa frequência, passam a ter importância clínica.

Entre os adultos, 75% admitem ter sofrido algum episódio de terror noturno em sua vida; 6% mencionam pelo menos um episódio por semana, e outros, até dois ou três. Os homens são mais propensos a sofrer deles. Essas alterações podem manifestar-se entre os 2 e os 30 anos de idade.

Os terrores noturnos não estão relacionados com transtornos psiquiátricos nem com um tipo específico de personalidade. No entanto, podem ser desencadeados pela fadiga e pelo estresse. Três quartos dos adultos que sofrem de terrores noturnos dizem que eles começaram após terem passado por alguma situação traumática. Também podem ser ocasionados por diversos estímulos: ruídos, mudança forçada de posição na cama, um processo febril, álcool e certos medicamentos (hipnóticos, neurolépticos, estimulantes, anti-histamínicos).

Receita para combater os terrores noturnos de crianças e adultos

Ingredientes

- Sensação de segurança
- Muito afeto e tranquilidade
- Sono suficiente
- Consulta a um profissional

Modo de preparo, passo a passo

- Os terrores noturnos provocam mais angústia em quem os presencia do que em quem sofre deles. Pouca coisa pode ser feita para ajudar alguém durante um episódio desse tipo. Quando muito, podemos permanecer a seu lado, esperar que acabe e dar-lhe toda a segurança possível. O mais provável é que não tenha efeitos traumáticos nem duradouros. Só devemos nos assegurar de que não haja perto da cama objetos ou móveis com bordas duras ou pontiagudas que possam machucar a pessoa.
- Se a pessoa mostrar-se muito agitada, ficar ruborizada e suada, você poderá tentar abraçá-la para que se acalme, além de passar uma toalha molhada em seu rosto. Não é necessário, mas assim você sentirá que está fazendo algo útil e tranquilizará quem sofre do terror quando voltar à realidade. Não converse nem pergunte à pessoa o que sonhou; isso a confundirá ainda mais. Simplesmente dê-lhe um beijo de boa-noite e voltem a dormir, porque não aconteceu nada!
- Pode ser bom que a pessoa durma mais. Se ela tiver mais horas de descanso, diminuirá a quantidade de sono delta (profundo), que é quando se manifestam os terrores noturnos. Para isso, podem ser feitas sestas depois das refeições.
- Os terrores noturnos podem ser sintomas de alterações neurológicas ou efeitos secundários de alguma medicação. Se

ocorrem com muita frequência (mais de duas vezes por semana) com a criança, o especialista pode indicar um tratamento, prescrevendo uma medicação cuidadosamente controlada. No caso de adultos, é aconselhável que sempre consultem um especialista.

Os pesadelos

Os pesadelos costumam ocorrer na segunda metade da noite – perto do amanhecer –, que é quando predomina o sono REM. Podem ser aterrorizantes para quem sofre deles, seja criança ou adulto, e também para os pais e/ou companheiro.

Nas crianças, são fruto de sentimentos de insegurança, ansiedade, medos ou preocupação. Também podem ser provocados por doenças, dores, sobre-excitação, pelos programas violentos da televisão ou ameaças por parte dos colegas de classe ou de adultos. Seja qual for sua origem, as crianças e os adultos inseguros, os que se preocupam por qualquer motivo ou sofrem de ansiedade são mais propensos a sofrer de pesadelos.

Esses sonhos desagradáveis começam normalmente aos 3 anos de idade, atingindo seu ponto culminante entre 4 e 6 anos. Com as meninas, costumam acontecer mais tarde do que com os meninos. Das crianças entre 6 e 12 anos, 28% têm pesadelos. Por volta dos 10 anos, a frequência desses sonhos desagradáveis aumenta outra vez, e diminui mais tarde.

Os pesadelos diferem dos terrores noturnos em outros aspectos: quando a criança grita, sua e respira de forma agitada ao ter um pesadelo, pode ser acordada rapidamente e lembrará o sonho ou pelo menos partes dele. De qualquer maneira, é preciso fazer uma advertência aos pais: se a criança parar de chorar e estiver acordada quando você entrar no quarto dela, é possível que não se trate nem de terror noturno nem de pesadelo. Talvez ela só queira chamar sua atenção.

Entre os adultos, os pesadelos são mais frequentes nas mulheres. Do mesmo modo como acontece com as outras parassonias, seu aparecimento e sua frequência estão intimamente ligados a situações de estresse, ansiedade ou crises vitais. Também podem ser provocados por febre alta, privação de sono, hipnóticos e abstinência alcoólica ou de drogas.

Receita para combater os pesadelos das crianças

Ingredientes

- Sensação de segurança
- Muito carinho e tranquilidade
- Diálogo
- Mais diálogo
- Lápis e papel

Modo de preparo, passo a passo

- O que os pais podem fazer por uma criança que tem pesadelos é acordá-la, tranquilizá-la e dar-lhe segurança. A criança precisa que digamos a ela que tudo está bem, que não está acontecendo nada. Da mesma forma, podemos acariciá-la e embalá-la, mas sem dar importância demais ao pesadelo; do contrário, ela aprenderá a utilizá-lo como mecanismo para atrair nossa atenção. Não é importante, nesse momento, comentar o conteúdo do sonho.
- Para prevenir os pesadelos, evite tudo o que possa inquietar as crianças. O período antes de se deitar deve ser de calma e relaxamento. Portanto, não se deve permitir que vejam programas de televisão violentos ou de terror. Também não devemos contar-lhes histórias de medo, nem deixar que pratiquem atividades físicas violentas. As experiências de muitos pais su-

gerem que é de grande ajuda limitar o tempo na frente da televisão.

- A conversa e os sonhos podem revelar algum possível problema. Durante o dia, comente com a criança os pesadelos que ela teve e tente aliviar seus medos e inquietações. Seja precavido e prepare-a com antecedência para acontecimentos que possam causar-lhe tensão, como a volta à escola depois das férias ou uma viagem. Muitos medos que as crianças têm decorrem da falta de informação. Converse com ela.
- Tome providências em caso de pesadelos repetitivos. Se a criança tiver o mesmo sonho mais de uma vez, certamente está ansiosa por algum motivo. Continue dialogando com ela. Estimule-a a falar sobre seu sonho e a representá-lo acordada, mas com um final feliz.
- Prepare uma estratégia noturna. Em casos extremos, permita que a criança fique com o abajur aceso como uma defesa contra o pesadelo. Você também pode propor a ela que faça um desenho do "monstro". Depois, rasgue-o em mil pedaços e... adeus, monstro!

Receita para combater os pesadelos dos adultos

Ingredientes

- Sono suficiente
- Pensamentos positivos
- Lápis e papel
- Consulta médica

Modo de preparo, passo a passo

- Durma a quantidade de horas adequada às suas necessidades. Se você estiver carente de sono, a possibilidade de ter pesadelos aumentará. Reduza o estresse com técnicas de relaxamento, como respirar profundamente ou meditar antes de deitar. Lembre-se: não consuma cafeína nem bebida alcoólica à noite.

■ Quando for para a cama, antes de dormir, pratique este exercício: Diga a si mesmo: "Os personagens do sonho, embora pareçam muito reais, não podem me fazer mal. Só vivem em minha mente e não podem sair dela para me atacar."

■ Se acordar durante a noite com taquicardia, suores e medo, acenda uma luz suave e repita: "Não pode me fazer mal, era só um pesadelo." Tenha sempre papel e lápis em seu criado-mudo e, quando acordar, pegue-os e desenhe ou escreva o que sonhou. Ao terminar, rasgue o papel em pedacinhos e jogue-o no lixo, e o pesadelo desaparecerá. Você pode fazer esse exercício a sós, sem necessidade de acordar ninguém.

■ Recorra ao especialista se tiver pesadelos mais de duas vezes por semana e não conseguir controlá-los com as orientações que lhe demos.

Outras experiências noturnas desagradáveis

No campo das experiências noturnas desagradáveis, existem duas situações especiais que merecem atendimento médico:

- *Estresse pós-traumático.* Após ter sofrido um trauma – uma guerra, agressão sexual, assalto, roubo, atentado terrorista, um acidente –, costuma aparecer o que denominamos estresse pós-traumático, que inclui pesadelos, terrores noturnos e ataques de ansiedade. Esse quadro deve ser tratado por um psiquiatra, já que pode levar à depressão.
- *Ataques de pânico noturno.* Estas crises não estão relacionadas com os pesadelos ou os terrores noturnos. A pessoa acorda su-

bitamente com sensação de aperto no peito, taquicardia, suor nas palmas das mãos, terror e às vezes desorientação. Ela deve erguer-se ou caminhar durante alguns minutos para atenuar os sintomas. Nesse caso, é conveniente verificar se, em vez de pânico, não se trata de apneias do sono, que muitas vezes se manifestam como episódios noturnos de despertares com sensação de aperto no peito.

Vovô representa seus sonhos!

Uma das características dos sonhos é que não podemos representá-los fisicamente, já que durante a fase REM (quando sonhamos) ocorre uma perda de força muscular que nos mantém imóveis. Ou seja: quando estamos sonhando, com exceção do movimento dos globos oculares, o corpo fica mole e paralisado.

Entre as parassonias de adultos, sobretudo dos homens idosos, estão os denominados "transtornos do comportamento durante a fase REM". Caracterizam-se por condutas agressivas e violentas, habitualmente durante a segunda metade da noite. Em geral, reproduzem situações que a pessoa vive em seus sonhos. Quem sofre desses transtornos costuma ter sonhos violentos e senti-los como algo que representa um grande perigo.

Trata-se normalmente de pessoas mais velhas, com evidentes riscos de sofrer acidentes ou causá-los aos que estão ao seu redor. Sabe-se que esses pacientes, em vez de sofrer uma perda de tônus muscular durante a fase REM, como seria normal, conservam sua força e conseguem reproduzir as situações vividas em seus sonhos. Em alguns casos, isso pode resultar em automutilações ou em lesões nas pessoas que as cercam.

Esses transtornos são frequentes em pessoas internadas em casas geriátricas, e em 60% dos casos não se encontra uma causa concreta para eles. Os outros 40% são pacientes com problemas neurológicos graves, como demências, alterações vasculares cerebrais, esclerose múltipla ou tumores do tronco cerebral. Podem acontecer de forma isolada e esporádica ou várias vezes durante a noite.

É imprescindível realizar um estudo do sono noturno (polissonografia) para confirmar o diagnóstico. O tratamento deve ficar nas mãos de um especialista que conheça a problemática e possa ministrar os medicamentos apropriados.

Não há receita para esses transtornos, apenas alguns conselhos:

- Consulte urgentemente um especialista.
- Proteja a pessoa para que ela não se machuque.
- Proteja as pessoas que a cercam para que ela não possa feri-las.
- Ninguém deve compartilhar a cama com essa pessoa.

O SONAMBULISMO

Esse é, provavelmente, o transtorno do sono mais frequente na infância, ocorrendo em cerca de 15% das crianças entre 5 e 15 anos. Pode, porém, persistir na adolescência e até na idade adulta.

Entre os adultos, 2,5% são sonâmbulos habituais. Embora nas crianças o sonambulismo não seja considerado sintoma de doença, nos adultos merece uma consulta com o especialista para descartar alterações psicológicas, epilepsias ou efeitos secundários de uma medicação.

Os episódios de sonambulismo costumam ser problemáticos não só para quem os protagoniza, mas também para o companheiro ou os pais.

Em geral, essa alteração do sono leva a condutas inadequadas que não são lembradas no dia seguinte. Os episódios acontecem habitualmente na primeira parte da noite e têm duração variável. O sonâmbulo pode realizar alguns movimentos simples e persistentes, como sentar-se na cama, ou ter atitudes como perambular pelo quarto e pela casa com os olhos abertos e as pupilas dilatadas, evitando ou não os objetos que encontra no caminho. Nesses casos, muitas vezes, ele se machuca ao bater em um móvel ou, inclusive, ao tentar passar por uma janela. Outras vezes, a pessoa consegue terminar uma ação – fazer a higiene pessoal, vestir-se ou sair de casa – de forma adequada. Em casos muito excepcionais, ela pode chegar a sair da residência caminhando e até tentar dirigir um carro.

Em geral, o sonâmbulo não reage quando falam com ele, embora às vezes possa responder de modo violento quando tentamos acordá-lo. Se conseguirmos despertá-lo, não saberá onde está nem como chegou àquele lugar. Se, pelo contrário, voltar a dormir, o episódio terminará com um sono tranquilo. Na manhã seguinte, não terá nenhuma lembrança do acontecido.

Em casos leves, é preciso apenas tomar algumas medidas de segurança. Em casos mais perigosos, é conveniente a ingestão de medicamentos que reduzem o sono profundo.

Alguém caminha pela casa de noite (sonambulismo benigno)

Carlos (42 anos) é dentista, está muito bem casado e tem um filho de 10 anos. Vem à consulta porque já não sabe a quem recorrer. Diz que somos sua última esperança. Seus pais lhe contaram que na infância era sonâmbulo, mas do tipo tranquilo. Há anos – já não lembra quantos –, acorda duas ou três vezes por semana na cozinha, sem nem ter ideia de como chegou lá. Às vezes nem acorda e só percebe o que aconteceu na manhã seguinte, quando encontra restos de comida que revelam as comilanças e misturas estranhas que fez de noite.

Ganhou peso por causa disso. Apesar de estar de dieta, à noite ingere mais calorias do que no dia todo. Os quilos a mais não só potencializaram seus roncos, como agora eles são acompanhados de arquejos e, em alguns momentos, Carlos deixa de respirar. Há noites em que devora uma torta inteira untada de maionese. Sente-se culpado, mas não consegue evitar. Sua mulher conta-nos que tentou de tudo para ajudá-lo, até mesmo fechar a porta da cozinha com chave. O resultado foram choros e súplicas no meio da noite para que abrisse a porta, e ela acabou cedendo para poder dormir tranquila.

Mas ultimamente a coisa piorou: Carlos acrescentou a suas comilanças outras atividades noturnas. Liga uma máquina de lavar roupa cheia de papéis, ou bate no liquidificador farinha, geléia de framboesa e pimenta. A barulheira faz sua esposa e seu filho correrem para a cozinha às 3 da manhã para ver o que está acontecendo. Ele os olha confuso e não sabe do que estão falando. Os vizinhos do prédio começaram a comentar os barulhos estranhos que ouvem de noite.

No laboratório do sono, gravamos uma noite de Carlos com videopolissonografia para estudá-lo. Comprovamos que seus roncos eram acompanhados de apneias do sono e pudemos filmar um episódio de sonambulismo. Esses pacientes não têm só um transtorno do sono; geralmente, coexistem vários. As apneias provocam diminuição do oxigênio no sangue e fragmentação do sono, o que pode exacerbar qualquer parassonia.

Começamos com o tratamento das apneias do sono e, após alguns meses, os episódios de sonambulismo desapareceram totalmente. Hoje em dia, Carlos e sua família dormem tranquilos e sem sobressaltos.

Os casos mais leves de sonambulismo costumam passar despercebidos, já que são amenos e não deixam marcas da situação acontecida na noite anterior, a não ser uma cama revirada ou a roupa fora de lugar.

Normalmente, o sonâmbulo não se lembra dos episódios, embora algumas vezes consiga contar de modo vago o que acha ter sonhado na noite anterior.

O sonambulismo geralmente está relacionado com alguma situação de estresse, embora também possa surgir sem ter nenhum motivo concreto. Não costuma estar ligado a problemas psiquiátricos ou ao estado de ânimo. Mesmo que às vezes possa ser assim, o comum é que se manifeste em pacientes psicologicamente saudáveis.

É mais frequente na primeira metade da noite, apesar de alguns pacientes sofrerem sonambulismo em qualquer momento do sono.

Uma variante do sonambulismo são os episódios de ingestão de alimentos durante o sono. Os pacientes apresentam sinais evidentes de ter comido durante a noite, mas não têm consciência desse ato. Ocorre então um visível aumento de peso.

Receita para dar segurança ao sonâmbulo e a sua família

Ingredientes

- Filmadora
- Sesta
- Medidas de segurança
- Normas de atuação
- Conversa familiar

Esclarecimento importante: esta receita é indicada para o sonambulismo que denominamos "benigno" ou "tranquilo". Em casos de sonambulismo agressivo (ver a próxima seção), deverá ser consultado um especialista em medicina do sono.

Modo de preparo, passo a passo

- Já que atualmente muitas famílias têm acesso a uma filmadora, a melhor ajuda que o médico pode receber é a filmagem de um episódio de sonambulismo. Isso facilita muito o trabalho do especialista, sobretudo em casos de sonambulismo agressivo.
- A falta de descanso faz a pessoa entrar diretamente no sono profundo e ter uma porcentagem maior de sono delta ao deitar. Fazer uma sesta à tarde ajuda a diminuir o sono profundo à noite. Evite o cansaço excessivo e reduza o estresse.
- O único perigo que o sonâmbulo do tipo tranquilo ou benigno corre é o de se machucar quando perambula pela casa. Por isso, a melhor coisa que podemos fazer por ele é dar-lhe segurança. Se possível, deve-se evitar que ele durma no andar de cima de uma casa ou na cama superior dos beliches. Se não for possível, pode-se bloquear a escada com alguma barreira para impedi-lo de subir ou descer dormindo. Também as portas e janelas que dão para a rua devem ser bem fechadas. Guarde todos os objetos nos quais ele possa tropeçar e deixe o quarto livre de obstáculos. Esconda os objetos perigosos, como facas ou tesouras. Você nunca deve trancar o sonâmbulo em seu quarto. Também podemos usar alarmes que acordem tanto o sonâmbulo quanto seus familiares. Por exemplo: um objeto pendurado na porta que toque quando o sonâmbulo sair do quarto. Nas lojas de equipamentos de segurança são vendidos detectores de movimento muito eficazes.
- Se encontrar à noite um sonâmbulo silencioso e tranquilo, não o acorde, a menos que esteja correndo perigo. Lembre-se de que ele está profundamente adormecido. Apenas acompanhe-o em silêncio até a cama e ajude-o a deitar-se com delicadeza.
- A família deve conversar sobre o problema. Deve escolher um momento tranquilo do dia para falar sobre o assunto,

mas evitando culpar o sonâmbulo. Lembre que, enquanto dormimos, não podemos controlar nossos atos. A família, junto com o sonâmbulo, deve preparar uma estratégia para fazê-lo sentir que todos estão trabalhando em conjunto. É preciso oferecer-lhe segurança, não castigá-lo. As crianças maiores podem contribuir para o preparo de suas próprias medidas de segurança. Decidam se é necessário recorrer à consulta com o especialista.

"Tenho medo de machucar alguém sem querer" (sonambulismo agressivo)

Maria (33 anos) é casada com Pedro, e eles têm um filho de 2 anos. Na infância, ela levantava de noite para perambular pela casa. Na ocasião, o pediatra explicou a seus pais que não deviam se preocupar demais, já que se tratava de um sonambulismo que passaria com a chegada da adolescência, e assim aconteceu.

Depois de se casar e ter o filho, o sonambulismo voltou a aparecer, mas de outra maneira. Toda noite, após duas ou três horas de sono, Maria começa a gritar assustada, ou então sai em disparada da cama e corre para proteger seu marido ou o filho de um perigo imaginário que só ela vê. Em suas andanças noturnas, com um andar desajeitado e descontrolado, bate nos móveis até que Pedro consegue acalmá-la e levá-la de volta para a cama. De tudo isso, ela só guarda alguma vaga lembrança e as marcas roxas que ficam no corpo.

Veio com seu marido a nosso consultório porque, uma semana atrás, em uma de suas incursões noturnas, pegou a criança no colo e saiu correndo e gritando, como se a protegesse de algum suposto agressor. Por sorte, a criança começou a chorar e ela acordou. Ficou muito assustada quando se deu conta da situação. Esse episódio foi a gota d'água, e decidiram marcar a consulta.

Na consulta, Maria mostra-se jovial, saudável e sem antecedentes significativos. Só nos diz que acontecia a mesma coisa com seu avô.

O resultado da análise psicológica foi totalmente normal. Decidimos, portanto, registrar seu sono com uma filmadora para descartar uma epilepsia e entender melhor suas crises noturnas. Durante a videopolissonografia, observamos que, em um momento da noite, Maria se levantou bruscamente, gritou "Estão levando o menino!", correu até a porta do quarto e tropeçou no criado-mudo. Isso a acordou e ela voltou a deitar. Ocorreram mais dois episódios nessa mesma noite: em um, sentou-se na cama e começou a dizer coisas incoerentes; no outro, apenas gritou. Na manhã seguinte, não se lembrava de nada, mas desconfiava de que alguma coisa tinha acontecido com ela, porque se sentia muito cansada e a cama estava revirada.

Os testes que fizemos com Maria confirmaram o diagnóstico de sonambulismo agressivo. Iniciamos um tratamento farmacológico e de higiene do sono. Após três semanas, soubemos que ela já não se levantava à noite. Desde então, acorda de bom humor e descansada.

Quando o sonambulismo agressivo acontece em casais jovens, logicamente aquele que compartilha o leito com o sonâmbulo se preocupa ou sente medo. Algumas vezes, chega a evitar compartilhar a cama.

Embora seja raro o sonâmbulo mostrar-se violento, em alguns casos ele pode ameaçar as pessoas ao seu redor e agredi-las. São episódios de falsos despertares – na realidade, a pessoa está profundamente adormecida – que ocorrem durante a primeira metade da noite.

Nos casos mais leves, a pessoa apenas senta-se na cama e volta a deitar. Nos mais violentos, o sonâmbulo pode refugiar-se no banheiro ou em outro cômodo e até ficar dormindo em um lugar diferente da casa. Às vezes chega a mudar móveis de lugar, arrastar o colchão até outro cômodo, bater na pessoa que está a seu lado e que tenta acalmá-lo. Este último caso é bastante excepcional, mas aconteceu com alguns de nossos pacientes.

Os episódios mais impressionantes podem ser acompanhados de soniloquia: o sonâmbulo pronuncia frases desconexas ou se expressa com base no que está sonhando. Às vezes pode proferir gritos ou ameaças.

Geralmente fica pálido e suado e pode ter taquicardia, já que nesses transtornos sempre há um componente de ansiedade. Quase sempre os que estão ao seu redor conseguem levá-lo de volta à cama, mas muitas vezes o sonâmbulo resiste violentamente e pode chegar a agredir quem tenta acalmá-lo.

Os pacientes que vivem esses episódios podem sofrer lesões que se tornam evidentes no dia seguinte, como arranhões ou inflamações decorrentes de pancadas contra a parede, móveis ou outros objetos.

Os sonâmbulos agressivos também não se lembram desses episódios noturnos. Talvez na manhã seguinte, quando perguntados a respeito, lembrem-se de um vago sonho. Com frequência, contam que fugiam de alguma coisa ou que um estranho invadira a casa.

No caso de se ter um sonâmbulo violento em casa, é preciso aumentar as precauções. Essas pessoas costumam reunir muita força durante os episódios noturnos e às vezes agridem sem perceber. Se o sonâmbulo estiver em perigo, não tome nenhuma atitude; simplesmente chame-o delicadamente pelo nome várias vezes até conseguir acordá-lo. Se seu companheiro sofre desses episódios, é mais seguro você dormir em outro cômodo até que o especialista resolva o problema. Proteja as crianças, sem assustá-las.

Há casos extremos de pacientes que, para sua própria segurança ou para não machucar os que estão ao seu redor, amarram seus pulsos na cama com uma corda. Quando o fenômeno se inicia, por estarem limitados em seus movimentos, despertam levemente e o episódio de sonambulismo não ocorre.

Essa alteração do sono costuma afetar ambos os sexos, embora um pouco mais os homens entre 18 e 35 anos. A frequência varia muito de um indivíduo para outro, mas os episódios podem ser diários ou mesmo ocorrer várias vezes por noite.

Nos casos de sonambulismo agressivo, é imprescindível consultar um especialista em medicina do sono. Para realizar um diagnóstico confiável, esse especialista deve ser informado de todos os fenômenos que ocorrem durante o episódio de sonambulismo. Por isso, é importante que o paciente seja acompanhado na consulta por um familiar próximo que tenha presenciado várias vezes esses episódios. Como comentamos na receita anterior, a melhor ajuda que o especialista pode receber é a filmagem de um desses episódios.

No laboratório do sono serão realizados os testes necessários – videopolissonografia – e depois será iniciado o tratamento farmacológico e de hábitos de higiene do sono mais adequado ao paciente.

10

Dormir em situações especiais

Nosso relógio biológico está programado para dormir à noite. O que fazemos, então, quando somos obrigados a "desprogramá-lo"? Como nos afeta, por exemplo, ter de trabalhar de noite ou a defasagem de horário de um voo transoceânico? Como podemos minimizar seus efeitos? E quando, por diferentes motivos, "atrasamos" ou "adiantamos" o relógio de nosso sono, de que maneira podemos fazê-lo voltar a acertar sua hora? Responderemos a essas questões neste capítulo.

Os turnos da noite

Grande parte da população dos países industrializados trabalha em turnos diurnos, das 9 da manhã às 6 da tarde. Cerca de 20% dessa população não trabalha em turnos diurnos. Somente na Espanha, mais de 2 milhões de trabalhadores fazem turnos de revezamento ou noturnos, como o pessoal da área de saúde, taxistas, garçons, policiais, operários de fábricas e profissionais que realizam muitas outras funções.

Essas pessoas vivem em luta contra seus relógios biológicos, o que costuma ter consequências para a saúde em geral e o sono em particular, além de afetar as relações familiares e sociais.

A maioria dos acidentes de trabalho e de trânsito tem um denominador comum: acontecem de noite, um horário em que as pessoas sentem-se mais fatigadas, o que faz disparar o índice de acidentes. Por outro lado, trabalhar à noite é inevitável em determinadas profissões. Porém, o homem é diurno por natureza e, ao manter-se acordado de noite, seus dois "relógios" entram em conflito: um indica o horário biológico com sua programação natural, o outro marca a programação de trabalho.

Segundo a Organização Internacional do Trabalho, a cada quinze anos de trabalho noturno a pessoa envelhece prematuramente uns cinco anos. O corpo humano nunca chega a se adaptar completamente ao trabalho nesse horário. Por isso, após cinco ou dez anos de trabalhos por turnos, a pessoa começa a sentir uma fadiga constante que não diminui com o descanso, dores de cabeça, vertigens, angústia, depressão, irritabilidade e alterações oculares. Do mesmo modo, são muito frequentes os transtornos digestivos e o abuso de estimulantes, como as bebidas alcoólicas, o fumo e a cafeína.

Entre esses trabalhadores existe maior risco de aquisição de doenças cardiovasculares ou diabetes, assim como transtornos de origem nervosa. Os divórcios também são três vezes mais comuns entre os trabalhadores noturnos, em consequência do desajuste de horário em relação à vida familiar e social.

Numerosas pesquisas realizadas na Europa e nos Estados Unidos concluíram que os trabalhadores da noite dormem de cinco a sete horas a menos por semana do que o restante da população ativa. Essa perda de sono às vezes é recuperada nos dias de folga, mas, mesmo assim, é um estado de privação crônica do sono que, indiscutivelmente, afeta o rendimento e a capacidade do trabalhador.

Na Alemanha, foi feita uma experiência sobre a direção de veículos em autoestradas com voluntários. A Autobahn é uma via expressa, sem nada que possa desviar a atenção do motorista, sem paradas ou obstáculos. Para avaliar a atividade cerebral dos motoristas durante o trajeto, foram colocados elétrodos em seu couro cabeludo, a fim de registrar os estados de vigília e sono. Os pesquisadores se surpreenderam ao encontrar segmentos de até vinte minutos nos quais a atividade cerebral era claramente indicativa de sono. No entanto, como os veículos não pararam nem ocorreu nenhum acidente, foi preciso admitir que os voluntários dirigiram seu automóvel adormecidos, mas com os olhos abertos.

Esse estado entre a vigília e o sono é denominado "comportamento automático"; nos motoristas, é conhecido como "hipnose da estrada". Também foi observado em pilotos de avião, trabalhadores do turno da noite, enfermeiras, vigilantes, maquinistas e, em geral, em pessoas que realizam uma atividade repetitiva nas horas em que deveriam estar dormindo. Durante o comportamento automático, a velocidade de reação a estímulos externos é muito mais lenta e o indivíduo corre sério risco de sofrer um acidente.

Nos Estados Unidos, foi demonstrado que os acidentes de trânsito dos caminhoneiros aumentavam 700% entre as 3 e as 6 da manhã, que são as horas de vigilância mínima entre a maioria das pessoas. Visto que, além disso, o trânsito na estrada nesse horário é muito pequeno, pode-se supor que a sonolência interferiu na causa dos sinistros.

O que sentem os trabalhadores em turnos da noite ou de revezamento?

Nas pessoas que trabalham nesses horários, o relógio biológico interno sofre alterações, porque o cérebro recebe uma informação modificada.

O trabalhador passa a noite acordado, às vezes sob uma luz fraca. Quando sai à rua para retornar a sua casa, expõe-se à luz radiante da manhã, o que diminui sua capacidade para iniciar o sono. Se acrescentarmos a isso o fato de o quarto, durante o dia, ser pouco escuro e invadido pelos barulhos da rua, pode-se compreender por que o cérebro nunca chega a se adaptar completamente. Além disso, os ritmos circadianos resistem à inversão, e o indivíduo luta contra uma maré interna de ritmos hormonais e de estímulos nervosos.

São muito frequentes a insônia e a sonolência excessivas nas pessoas que precisam trabalhar de noite ou mudar constantemente de turno.

Como vimos ao longo de todo o livro, para adquirir um bom hábito de sono, é preciso seguir rotinas e horários regulares. Entretanto, para os profissionais que precisam mudar seu horário de trabalho toda semana, isso se transforma em uma missão quase impossível. Portanto, o sono deles nunca é suficientemente reparador e sentem-se fatigados e sonolentos durante o dia. Isso acontece com 60% a 70% das pessoas que fazem revezamento de turnos.

Mesmo que consigam dormir em ótimas condições de isolamento, sem barulho, a qualidade do sono diurno é muito ruim. Dormir durante o dia diminui o tempo total de sono e aumenta os despertares.

As pessoas que realizam constantes mudanças de turno custam a se acostumar a pegar no sono. Além disso, como dissemos, costumam sofrer de problemas gastrointestinais, e sua vida social e familiar fica comprometida por causa da sonolência e fadiga persistentes. São mais suscetíveis de sofrer transtornos cardiovasculares e problemas psicológicos, como mudanças de estado de ânimo e irritabilidade, abuso de bebidas alcoólicas, cafeína ou hipnóticos.

Esse tipo de rotina de trabalho sempre é uma fonte de estresse pessoal e familiar, embora a capacidade individual para tolerar os turnos de revezamento dependa de vários fatores que interagem:

• *Características individuais*. Nem todo mundo tem a mesma sensibilidade. Para começar, os jovens se adaptam com mais facilidade ao revezamento de turnos. As pessoas que podem apresentar mais problemas para se adaptar às mudanças de turnos de trabalho são: pessoas com mais de 50 anos, as que têm ocupações domésticas, as que possuem um histórico de alterações do sono, problemas gástricos, abusam de bebidas alcoólicas, cafeína ou hipnóticos, ou ainda as que têm problemas cardíacos, epilepsia ou diabetes.

• *Sistema de trabalho*. É preciso estudar bem os turnos, conciliando as necessidades da empresa e a manutenção ou o menor comprometimento da saúde dos trabalhadores, o que pode torná-los mais rentáveis. Do contrário, o rendimento e a produtividade do trabalhador poderão ser muito afetados.

• *Ritmo circadiano*. Para os que trabalham em turnos de revezamento, os problemas no ajuste circadiano são:

– As mudanças nas rotinas de descanso causam uma privação parcial do sono.

– O horário em que devem estar acordados coincide com uma queda da temperatura corporal.

– O relógio biológico e o de trabalho marcam horas diferentes e nunca conseguem sincronizar-se totalmente.

Os profissionais da noite quase nunca conseguem uma adaptação completa ao horário de trabalho, mesmo após muitos anos. Isso é causado, em parte, pela tendência de quebrar o ritmo dos dias de trabalho nos finais de semana, feriados e férias, o que confunde ainda mais o relógio que estabelece as horas de descanso e as de vigília.

Por tudo isso, as pessoas submetidas a esse tipo de rotina de trabalho sofrem dos seguintes sintomas:

– Insônia ou sonolência excessiva.

– Incapacidade para manter um sono contínuo durante o dia.

Sofrem um déficit do tempo total do sono, que pode chegar a diminuir quatro horas por dia.

– Sensação de sono pouco satisfatório.

– Diminuição da atenção e precisão no trabalho, o que aumenta o risco de acidentes.

– Tentativa de recuperar o sono atrasado durante as horas livres, em detrimento da vida familiar e social.

– Irritabilidade.

Por que a luz é tão importante?

A luz possibilita sincronizar os ritmos biológicos. A maior parte dos neurônios do relógio biológico do núcleo supraquiasmático (NSQ) tem sua atividade espontânea regulada pela entrada de luz na retina.

Muitos ritmos biológicos humanos são regulados pela claridade diurna. Por exemplo, os que indicam o sono e a atividade, assim como a secreção de hormônios como a melatonina e o cortisol.

Em termos terapêuticos, a luz pode ser empregada para tratar a depressão, os transtornos do sono e outras doenças sazonais relacionadas aos ritmos circadianos.

Para que serve a melatonina?

A melatonina é um hormônio segregado pela glândula pineal, que fica alojada no cérebro. Nós, especialistas, costumamos denominá-la "o hormônio da escuridão", porque, assim que começa a anoitecer, ela entra no fluxo circulatório. A secreção de melatonina diminui com a luz.

Administrada via oral, inicia seu efeito em trinta minutos e dura cerca de três horas. Entre outras coisas, serve para diminuir a temperatura corporal, o que aumenta a duração do sono e reduz as fases 3 e 4. Tomada durante a vigília, produz fadiga e faz diminuir a memória e o rendimento.

"Trabalho enquanto todos dormem e vou para a cama quando todos se levantam"

Fernando cumpre o turno da noite: começa a trabalhar à meia-noite e sai às 8 da manhã. Quando volta para casa, os filhos já foram para o colégio. Prefere aguentar acordado até o meio-dia para almoçar e dormir, depois, até as 9 ou 10 horas da noite. Enquanto dorme, Laura, sua esposa, tenta manter as crianças em silêncio, mas, na maioria das vezes, precisa mandá-las brincar fora de casa. Quando Fernando acorda, jantam todos juntos e depois ele vai embora. Esse é o único momento do dia em que vê sua família.

Quando chega o final de semana, tudo se complica: por um lado, espera com ansiedade esse momento para recuperar o sono; por outro, também deseja conviver com a família. Acaba não conseguindo fazer bem nem uma coisa nem outra, porque o mau humor por causa da falta de sono impede-o de suportar as exigências normais de duas crianças de 6 e 8 anos. Também briga frequentemente com Laura, com quem, além disso, tem poucas relações sexuais, porque sua libido diminuiu bastante. Resultado: o final de semana termina com um monte de caras feias.

Apresentamos agora duas receitas que podem ser úteis se você trabalha em sistema de revezamento ou à noite.

Receita
para dormir de dia se você trabalha de noite

Ingredientes

- Apoio de familiares e amigos
- Atenção durante o trajeto para casa
- Dormir de manhã
- Escuridão e silêncio
- Horas suficientes

Modo de preparo, passo a passo

- Para suportar melhor o difícil horário noturno, é muito importante que o ambiente familiar colabore. É preciso ensinar tanto ao trabalhador como à família a importância do sono e planejar as estratégias conjuntas a serem empregadas para conseguir isso. Uma família compreensiva é a melhor aliada de um trabalhador que vive nessas circunstâncias. Combinem que o sono da pessoa não será interrompido sob nenhuma circunstância, só se existir um perigo real (a mesma forma de agir quando se dorme à noite). Para o casal conseguir um pouco de intimidade, de vez em quando podem organizar um final de semana em que as crianças fiquem com seus avós ou tios.
- No trajeto do trabalho para a casa, tente manter-se acordado e, se possível, evite dirigir seu carro. Utilize o transporte público. Não tome café, porque isso o despertará, e você deve chegar em casa e dormir bem. Use óculos de sol para que a exposição à claridade diurna não tire ainda mais seu sono. Não se distraia durante o caminho, vá direto descansar. Lembre-se de que você deve dormir de dia porque trabalha à noite.
- Quando chegar em casa depois de ter trabalhado a noite toda, não espere adormecer de imediato, como se apertasse um botão. Nosso organismo não é uma máquina. Precisa de

alguns momentos para relaxar. Aja como se, em vez de ser 7 da manhã, fosse 7 da noite. Guarde suas coisas, descanse um momento, coma algo leve, porém evite bebidas alcoólicas ou cafeína. Depois, faça suas rotinas antes de dormir, como faria se dormisse à noite. E, ato contínuo, deite sem mais demora.

- Escolha o cômodo mais silencioso da casa para dormir. Feche as portas e janelas, puxe as cortinas que, de preferência, devem ser grossas, ou abaixe as persianas para conseguir total escuridão. Desligue os telefones, rádios ou relógios e peça que ninguém o acorde. Se baterem à porta, não atenda.
- Você deve procurar dormir o mesmo número de horas que uma pessoa dorme à noite. Está comprovado que os trabalhadores do turno da noite, ao alterarem o ritmo de sono e vigília – e devido à dificuldade de dormir de dia –, dormem menos horas. Observa-se também uma redução do sono profundo, o que dificulta a recuperação do cansaço físico.

Receita para trabalhar de noite (e manter-se atento e acordado)

Ingredientes

- Grande atenção
- Luz intensa e barulho como campainha
- Frio moderado
- Atividade física moderada
- Alimentação leve
- Melatonina

Modo de preparo, passo a passo

- Embora a comodidade e o conforto sejam tentadores, é preferível manter-se um pouco desconfortável para garantir a atenção, evitando adormecer. Lembre-se de que você está lutando contra seu relógio natural.

■ A luz forte é fundamental para manter o estado de alerta. Deveria haver uma iluminação de pelo menos 1.000 lux nos lugares onde se trabalha à noite. No entanto, existe o mau costume generalizado de atenuar as luzes à noite. Se a atividade realizada for muito monótona e a luz for tênue, você será presa fácil do sono. Fique atento, em especial entre as 3 e as 6 da manhã, o período de máxima sonolência. Ouça rádio para se manter acordado.

■ A temperatura ideal é o frio moderado – melhor ainda se o friozinho bater no rosto –, que mantém o trabalhador acordado. O aquecimento provoca sonolência durante o turno da noite; portanto, é preciso evitá-lo.

■ Não fique muito tempo sentado, nem na mesma posição. Uma atividade física moderada – como caminhar, alongar-se ou mesmo mascar um chiclete! – irá ajudá-lo a se manter acordado.

■ As refeições pesadas desencadeiam automaticamente o sono. Por outro lado, uma dieta leve aumenta o estado de alerta. Os refrigerantes com cola e o café só são recomendáveis no início do turno da noite. Depois devem ser evitados, já que prejudicarão a posterior chegada do sono, além de provocar mal-estar estomacal. Os medicamentos que causam sonolência não devem ser tomados nem antes nem durante o horário de trabalho. Informe a seu médico o seu turno de trabalho para que ele organize os horários de ingestão dos remédios de modo que sua atenção não seja prejudicada.

■ A melatonina é um "cronobiótico": indica ao cérebro quando é a hora de dormir. É de grande utilidade para os trabalhadores noturnos que são obrigados a dormir de dia. Para fazer efeito, deve ser tomada umas três horas antes de deitar.

Não são conhecidos efeitos secundários, e uma dose de três miligramas costuma ser suficiente. Embora seja vendida sem receita nas farmácias, é conveniente consultar seu médico antes de começar a tomá-la.

Acertar sua hora: controlar o *jet lag*

Antônio (40 anos) é um engenheiro especializado na construção de rodovias. Com os acordos entre Europa e América do Sul nos últimos anos, ele tem precisado voar com frequência sobre o Atlântico. Todo mês realiza no mínimo duas viagens transoceânicas. Ele não gosta do trajeto: quase não dorme, e a comida do avião não lhe agrada. Ao chegar a seu destino, nos primeiros dias acorda várias vezes durante a noite e de dia funciona "em marcha lenta". Também fica perturbado com a brusca mudança de temperatura. Na Espanha deixa o frio do inverno de dias curtos e chega à Argentina em pleno verão, com um calor sufocante, e não anoitece antes das 9 da noite.

O pior de tudo é que, quando já se adaptou ao novo horário, precisa retornar para a Espanha. A viagem de ida – para o oeste – não é tão problemática, porque simplesmente o dia fica mais longo. A dificuldade está na volta, porque, ao viajar para o leste, desaparecem no ar quatro ou cinco horas de seu dia.

Vejamos como podemos ajudá-lo a minimizar a alteração dos ritmos circadianos que ocorre quando atravessamos mais de quatro fusos horários: o temido *jet lag*. O relógio interno continua marcando a hora local, enquanto os relógios externos indicam um horário diferente.

Receita
para minimizar os efeitos do *jet lag*

Ingredientes

Antes do voo:	▪ Informação e planejamento ▪ Hidratação
Durante o voo:	▪ Roupa confortável ▪ Acertar o relógio de pulso com a hora do local de destino ▪ Dormir ▪ Levantar-se e fazer alongamentos
Ao chegar ao local de destino:	▪ Adaptação ao novo horário

Modo de preparo, passo a passo

▪ *Antes da viagem.* Verifique qual é a diferença de fuso horário entre seu país e o país de destino e qual é a estação do ano nesse país. Se possível, escolha um voo noturno, para que chegue de manhã. Se for uma viagem de negócios ou se você precisa participar de um congresso, é recomendável chegar pelo menos dois dias antes. Enquanto prepara a viagem, pode ser de grande ajuda ir atrasando um pouco a hora de deitar toda noite.

Vários dias antes de voar, também é aconselhável fazer exercícios e tomar muito líquido – água e sucos de fruta; nada de bebidas alcoólicas, café, chá ou mate. Na noite anterior à viagem, tente relaxar para garantir um bom descanso noturno.

▪ *Durante a viagem.* Use roupa folgada e confortável. Assim que entrar no avião, acerte seu relógio de pulso com a hora do país para o qual se dirige. A partir desse momento, esqueça a hora local que deixa para trás e comece a mentalizar seu "novo horário". Tire os sapatos e relaxe.

Tente não comer tudo o que é oferecido a bordo – embora cada vez ofereçam menos; comida salgada ou temperada demais provoca edemas nas pernas. É preferível escolher peixe, verduras e frutas, se forem oferecidos. Evite bebidas alcoólicas; no máximo, um copinho de vinho ou uma cerveja ajudarão você a pegar no sono. Por outro lado, beba muita água durante o voo e evite os refrigerantes com gás, que causarão uma revolução em seu sistema digestório.

Se você é daqueles que não pregam o olho no avião, peça a seu médico que lhe receite um hipnótico de nova geração, que o ajudará a descansar sem deixar sensação de ressaca. Durma o máximo que conseguir enquanto viaja.

Quando estiver acordado, levante-se, caminhe e faça alongamentos a cada hora para que seus músculos não se entorpeçam.

- *Na chegada ao local de destino.* Ao programar as atividades que realizará no local de destino, aproveite as horas em que estiver mais acordado. Se viajar para o oeste, por exemplo, escolha marcar os encontros de trabalho pela manhã, que equivalerá ao horário da tarde em seu lugar de origem. Você também pode tomar melatonina na noite da chegada para se adaptar com mais rapidez ao novo horário, mas apenas se for permanecer mais de dez dias no país. Almoce e jante de acordo com o novo horário. Não faça a sesta – mesmo que seu corpo peça – e mantenha-se acordado até a noite.

Adapte-se tão logo seja possível aos novos horários de refeições, sono e exercício físico. Em pessoas com mais de 50 anos, essa adaptação levará mais tempo.

Os *chefs* recomendam

- Um truque simples: exponha-se ao sol quando sentir sono e for hora de ficar acordado.

- Se você for permanecer pouco tempo no país de destino, não será necessário ressincronizar os ritmos. Se voa com frequência, recorra a um especialista em medicina do sono para ajudar você.

"Não consigo levantar antes do meio-dia"

Xavier (24 anos) estuda direito e se considera uma "ave noturna". Sempre preferiu a noite à manhã. Por isso, seus pais permitiram que frequentasse a escola à tarde. Costuma estudar para as provas com um grupo de colegas que, assim como ele, rendem mais de noite. O resultado é que, nos últimos anos, mudou seu relógio biológico: estuda das 11 da noite às 6 da manhã e dorme das 7 às 3 da tarde.

No entanto, há pouco tempo arranjou um estágio em um renomado escritório de advocacia e tem de entrar no trabalho às 9 da manhã. É um verdadeiro martírio para ele, já que de manhã se arrasta, e nunca consegue chegar no horário. Já não sabe que desculpa dar para se justificar, e seus chefes estão com a pulga atrás da orelha. "Caiu na farra de novo?", perguntam a ele toda manhã. Nas primeiras horas, comporta-se como um autômato e não entende nada do que lhe dizem. Consome quantidades impressionantes de café e refrigerantes de cola para tentar ficar acordado, mas isso é meio inútil. Informaram-lhe que, se não mudar de atitude, terão de dispensá-lo.

Quando Xavier sai do trabalho, vai direto para a faculdade, onde na maioria das vezes adormece. Só pensa em chegar em casa e enfiar-se na cama. Deita muito mais cedo do que antes, mas só pega no sono depois de 4 ou 5 horas, e com isso só consegue dormir três ou quatro horas antes de seu dia recomeçar.

No consultório, colocamos em Xavier um actímetro – uma espécie de relógio de pulso –, que ele usou durante uma semana para registrar seu ritmo de sono e vigília. Também lhe demos um diário de sono para anotar quando se deitava e se levantava, para que soubéssemos o número de horas que havia dormido todos os dias. Além disso, ele devia registrar o número de cafés e refrigerantes de cola que consumia diariamente. Com os dados obtidos na actigrafia, os testes psicológicos e o diário de sono, diagnosticamos uma "síndrome de fase atrasada de sono". Xavier iniciou um tratamento e, em duas semanas, alcançou um ritmo normal de vigília e sono. Agora trabalha e estuda de dia e dorme à noite.

As pessoas que sofrem dessa síndrome têm dificuldades para dormir cedo à noite. Em consequência, custam a levantar de manhã. A síndrome acontece devido a um desajuste em seu relógio biológico.

Esse transtorno pode ter começado há muito tempo, às vezes já na adolescência. O problema é que, uma vez que o corpo – e o cérebro – se acostuma a dormir tarde, o hábito fica gravado e o ritmo circadiano é alterado.

Se você tem esse problema e ele cria-lhe dificuldades no trabalho ou impede-o de ter uma vida familiar normal, chegou o momento de acertar a hora de seu relógio biológico. Para começar, você deve se certificar de que não sofre de insônia, se quando o deixam dormir em "seu horário" você consegue pegar no sono sem problemas.

Nos laboratórios de sono, usamos diferentes técnicas e tratamentos para acertar o relógio biológico, e normalmente são obtidos bons resultados. Se você achar que seu problema não é tão grave e não é necessário consultar um especialista, a receita a seguir pode ajudá-lo.

Receita para adiantar a hora de deitar

Ingredientes

- Apoio familiar
- Cronoterapia
- Luminoterapia
- Melatonina
- Horários regulares

Modo de preparo, passo a passo

- Durante o período de "ajuste" do seu relógio biológico, você precisará contar com o apoio de sua família, porque necessitará de silêncio em certas horas nas quais a casa costuma estar movimentada. É absolutamente impossível conseguir fazer o ajuste sem a colaboração das pessoas com as quais você convive. Mas vale a pena tentar; você só precisará de algumas semanas até encontrar o horário desejado, e isso beneficiará sua saúde e o bom humor de todos.
- A cronoterapia consiste em atrasar paulatinamente o momento de deitar entre duas e três horas todo dia, até atingir o horário de sono desejado. Por exemplo, ir dormir às 11 e meia da noite para levantar às 7 e meia da manhã.

Se seu objetivo for dormir às 11 e meia e agora você está deitando às 6 da manhã, siga estes passos: durante dois ou três dias seguidos, mude sua hora de dormir das 6 para as 9 da manhã; depois, mude-a de novo, mais dois ou três dias, das 9 para as 11 da manhã, e assim até acertar o relógio da vigília e o do sono na hora desejada.

Quando tiver sincronizado ambos os relógios, você deverá manter alguns horários regulares de modo muito rigoroso, para não voltar a atrasar a fase do sono.

■ A luminoterapia consiste em ficar exposto a uma luz intensa pelo menos durante uma ou duas horas depois de levantar, o que ajuda a regular o ritmo circadiano. A intensidade da luz deve ser de 2.500 lux. Os aparelhos de fototerapia são encontrados em lojas especializadas, mas você pode construir um caseiro com oito lâmpadas fluorescentes de 1,2 metro de comprimento, que deverá cobrir com um difusor de plástico para que não o ofusque. Você poderá colocar as lâmpadas fluorescentes no teto ou montá-las sobre um suporte. Permaneça sob a luz intensa nas duas primeiras horas após levantar, enquanto toma o café-da-manhã, lê ou realiza qualquer outra atividade, até que consiga ajustar o relógio da vigília e o do sono.

Também é recomendável expor-se à luz da manhã o máximo que puder e evitar o sol da tarde.

■ Você deverá tomar melatonina, o hormônio que serve para sincronizar os ritmos da vigília e do sono, assim que concluir a cronoterapia. Durante um mês, recomenda-se tomar um comprimido por dia, três ou quatro horas antes de sentir sono. A melatonina por si só não consegue acertar o relógio biológico, mas faz parte do conjunto de medidas do tratamento.

■ Quando tiver atingido seu objetivo e encontrado seus novos horários, deverá adaptar-se a horários e rotinas regulares. É a mesma maneira de agir de quando se segue uma dieta para perder peso. Não basta emagrecer, depois é preciso manter o peso. Com o sono acontece a mesma coisa: se você não for rigoroso com os horários de deitar e levantar durante alguns meses, voltará a atrasá-lo e todo o sacrifício terá sido em vão. Quando passar um tempo, você poderá voltar a sair nos finais de semana e deitar mais tarde, desde que mantenha a regularidade de horários durante a semana.

Evite o consumo de cafeína oito horas antes de deitar. Embora você pense que a cafeína não o afeta, ela permanece no sangue muitas horas depois de ser consumida e é um grande inimigo do sono.

Os *chefs* recomendam

- Se o atraso do sono é de muitas horas, é aconselhável realizar o reajuste sob a supervisão de um especialista em medicina do sono.
- A melhor maneira de prevenir esse problema é impedir que apareça. Por isso, convém ensinar os filhos desde pequenos, e em especial na adolescência, a importância de seguir alguns horários regulares.

"DURMO CEDO DEMAIS"

Mário (38 anos) é médico e há anos tem o costume de deitar às 8 e meia da noite e levantar às 4 da manhã. Antes fazer isso era bom, porque aproveitava a tranquilidade das primeiras horas da manhã para estudar e atualizar-se. Mas essa rotina começou a criar problemas com sua esposa e seus filhos, de 7 e 9 anos. A família janta às 7 da noite, e às 8 Mário espera que a casa fique em silêncio absoluto, o que provoca constantes discussões.

Mário veio a nosso consultório. Sua esposa diz que a convivência tornou-se quase impossível, já que o restante da família quer ter horários mais normais. Por sua vez, ele está muito irritadiço e pouco tolerante, por estar sofrendo excessiva pressão no trabalho.

Fizemos testes psicológicos para descartar uma depressão disfarçada (acordar muito cedo é um sintoma bastante comum). Também estudamos seu sono durante uma noite inteira, porque sua mulher disse que ultimamente ele roncava muito forte. Pedimos-lhe que escrevesse um diário de sono e vigília pelo período de uma semana. O estudo evidenciou um descanso noturno superficial, com escassa porcentagem de sono profundo, possivelmente por causa do estresse. Não foram registradas apneias do sono. O diário confirmou o diagnóstico de "síndrome de fase adiantada do sono".

Se a pessoa mora sozinha, consegue conviver com a síndrome de fase adiantada do sono. Porém, ela é causa de sérios problemas se a pessoa vive com familiares que seguem um horário mais comum.

Esse transtorno é semelhante ao que acontece com as pessoas idosas. Às vezes, ele é confundido com insônia, e o médico da família pode receitar erroneamente hipnóticos, quando na realidade essas pessoas dormem um número adequado de horas, só que deitam mais cedo.

Quando o desejo de dormir cedo é recente e acompanhado de tristeza e falta de apetite, uma depressão não deve ser descartada.

Receita
para atrasar a hora de deitar

Ingredientes

- Apoio familiar
- Cronoterapia
- Luminoterapia
- Horários regulares

Modo de preparo, passo a passo

- Para resolver esse problema, você precisará da ajuda da sua família. Os ingredientes são quase os mesmos da receita anterior, quando o problema era justamente o contrário: ir deitar muito tarde. O que varia é o preparo. No entanto, é mais simples atrasar a hora de ir dormir do que adiantá-la.

■ Nesse caso também se recorre à cronoterapia. O procedimento é adiar a hora de deitar entre meia e uma hora todo dia até atingir o objetivo desejado: ir dormir às 11 da noite, no mínimo.

Para ficar mais tempo acordado, não jante antes das 8 da noite. Evite ficar quieto ou sentado, porque você dormirá. Aproveite o intervalo entre o jantar e a hora de deitar para conversar com seus filhos e sua companheira, ou para ver algum programa interessante de televisão. Se o sono dominar você, saia um pouco para tomar ar ou molhe o rosto. Em apenas alguns dias, você conseguirá dormir no horário desejado. Por um tempo, mantenha esses horários de forma rigorosa, para não voltar a adiantar a hora do sono.

■ Exponha-se à luz natural o máximo que puder durante o dia, e não use óculos de sol, exceto se a luz for forte demais. Se seu trabalho impedir que você saia à rua, sente-se diante de uma janela pela qual entre claridade. Se trabalhar com luz artificial, arranje um aparelho de fototerapia ou construa um caseiro (ver a receita anterior). Sente-se a 90 centímetros de distância desse aparelho durante uma hora ao chegar em casa.

■ Mantenha um horário regular para deitar e levantar, mesmo nos finais de semana, para fixar bem a nova rotina. Evite consumir café, chá, mate ou refrigerantes de cola a partir das 6 da tarde.

Os *chefs* recomendam

■ Como na receita anterior, a melhor maneira de evitar a síndrome de fase adiantada do sono é impedir que apareça. Para isso, é preciso seguir alguns horários regulares, em especial as pessoas mais velhas.

■ Se você ou as pessoas com quem convive acham que você pode estar deprimido, consulte sem mais demora seu médico.

11

Transtornos graves do sono: quando consultar o especialista

Neste capítulo você não encontrará receitas caseiras para os transtornos mais graves do sono, porque elas não existem. O que há são estudos e tratamentos efetivos que nós, especialistas em medicina do sono, conhecemos bem.

Vamos por partes. Você precisa de ajuda agora se...

"Ronca e interrompe a respiração enquanto dorme." Se você está nesta situação, é provável que sofra de:

SÍNDROME DA APNEIA DO SONO

Um ronco intenso e entrecortado costuma ser motivo de comentários engraçados entre os familiares da pessoa que ronca, que em geral desconhecem a gravidade do problema.

De modo semelhante, a pessoa que dorme durante o dia pode ser tachada de indolente, folgada ou mesmo preguiçosa. Normalmente, costuma defender-se dando desculpas como: "Estou muito cansado", "Trabalho muito" ou "Estou passando por um período de estresse". Nada disso é verdade.

As pessoas que produzem roncos fortes, seguidos de paradas respiratórias durante o sono, e sentem sonolência diurna sofrem da denominada *síndrome da apneia obstrutiva do sono.* O termo "apneia" significa "ausência de respiração". Clinicamente, é empregado para definir a falta de entrada ou saída de ar dos pulmões durante dez ou mais segundos. Os episódios apnéicos muitas vezes são acompanhados por um despertar violento.

Em consequência dessa síndrome, muitas pessoas enfrentam problemas sociais e profissionais. Rendem pouco no trabalho, esquecem-se das coisas e custam a se concentrar. Nas reuniões, sofrem de ataques de sono e podem chegar a dormir dirigindo.

Em casa, dormem no sofá antes de almoçar ou jantar, prestam muito pouca atenção ao que as cerca e sentem pouco desejo sexual.

Essa doença caracteriza-se por três sintomas muito evidentes:

– ronco intenso,
– apneias que interrompem o ronco e
– sono acentuado durante o dia.

Antigamente, acreditava-se que essa doença era comum entre pessoas muito obesas, mas hoje em dia foi demonstrado que pode ocorrer com pessoas sem problemas de sobrepeso ou até magras.

Os pesquisadores concordam que a apneia é causada por uma disfunção neurológica que afeta o controle motor da musculatura do pescoço, mas o mecanismo exato pelo qual acontece ainda é desconhecido. Em todo caso, há uma clara predisposição genética, já que todos os pacientes têm familiares que roncam em número significativo.

Fatores agravantes

Existe uma série de circunstâncias que agravam a intensidade da síndrome da apneia obstrutiva do sono:

- *De tipo mecânico.* Qualquer dificuldade que o ar encontre em sua passagem pelas vias respiratórias altas aumentará os sintomas. Por isso, um desvio do septo nasal, a presença de pólipos, a úvula ou o palato mole grandes aumentarão a frequência e a intensidade das apneias.
- *Obesidade.* O sobrepeso, em especial entre as pessoas que não foram obesas na infância, manifesta-se na musculatura abdominal e do pescoço. Por isso, ao ganhar alguns quilos a mais, a gordura se deposita sobretudo em nossa faringe e dificulta a passagem do ar. A obesidade acentuada pode até mesmo ser a causa da doença.
- *Alterações craniofaciais ou esqueléticas.* A forma do rosto, especialmente do maxilar inferior, e o comprimento do pescoço podem influenciar o processo. Uma mandíbula retraída ou um pescoço grosso e curto serão, com toda certeza, causa de uma síndrome da apneia obstrutiva do sono.
- *Alterações metabólicas.* Foram descritos casos desse transtorno do sono em pacientes que sofrem de afecções como hipertireoidismo, acromegalia, amiloidose ou síndrome de Prader-Willi.
- *Substâncias relaxantes.* Também são fatores agravantes da apneia todas as substâncias de ação relaxante que consumimos. O álcool é uma delas, já que provoca, entre outras coisas, relaxamento muscular. Por isso, os roncadores habituais roncam mais forte depois de uma refeição farta na qual ingeriram bebidas alcoólicas. Da mesma forma, todos os medicamentos que produzem relaxamento muscular – sobretudo os ansiolíticos e os hipnóticos – provocam um aumento das apneias.

Frequência, sintomas e diagnóstico

Foi comprovado que a apneia do sono é mais frequente nos homens e nas pessoas que possuem roncadores na família. Calcula-se que o transtorno afeta entre 4% e 6% da população. Os pacientes diagnosticados com essa doença representam 22% das pessoas que procuram laboratórios do sono.

Os sintomas são a suspensão da respiração após um ronco barulhento e entrecortado, que pode variar em intensidade de acordo com a posição em que a pessoa dorme. No fim de cada apneia, a falta de oxigênio provoca um despertar que permite superar o episódio.

Esses despertares provocam dificuldades para desfrutar um sono profundo, com a consequente sonolência diurna. A necessidade de dormir durante o dia varia de um paciente para outro e está intimamente ligada ao número de apneias.

Essa enfermidade pode incapacitar a pessoa, que no início costuma atribuí-la ao excesso de trabalho ou ao estresse. A sonolência costuma começar imediatamente após a pessoa se levantar.

A confirmação do diagnóstico é feita por meio de uma polissonografia – o estudo de um sono noturno completo –, realizada em um laboratório do sono. Observa-se então o comportamento do paciente durante toda a noite: modo de respirar, intensidade dos roncos, número de paradas respiratórias, alterações do ritmo cardíaco, profundidade do sono, número de despertares etc. Só assim é possível determinar a gravidade da doença e registrar as alterações do organismo que acontecem durante o sono e a vigília.

Tratamento

Muitas mortes noturnas inexplicáveis ocorrem durante uma apneia. Trata-se, portanto, de uma doença que exige a imediata consulta ao especialista.

Quando se comprova que a obstrução na passagem de ar decorre de causas estritamente físicas – caso das grandes hipertrofias tonsilares –, é necessária uma intervenção cirúrgica. Infelizmente, nos adultos, essa causa é bem pouco comum e a cirurgia só melhora os sintomas em 50% ou 60% dos casos. Da mesma forma, nas anomalias faciais muito acentuadas, o cirurgião bucomaxilofacial poderá operar, se considerar oportuno.

Se a causa da apneia for uma doença neurológica, metabólica ou muscular tratável, será preciso primeiro eliminar a doença. Só depois, se persistirem os sintomas, deve ser aplicado um tratamento médico.

Tratamento com CPAP

Em casos muito graves de apneia obstrutiva do sono é utilizado um equipamento denominado CPAP (do inglês *continuous positive airway pressure*). É um mecanismo que introduz ar pelo nariz com pressão maior que a ambiental, isto é, com uma pressão positiva contínua. Para isso, é usado um pequeno compressor que envia o ar através de um tubo que desemboca em uma máscara.

O tratamento com CPAP não cura a doença, apenas a corrige, como os óculos em uma miopia. O paciente deverá usá-lo sempre, se quiser sentir-se bem na manhã seguinte.

Nos casos leves de apneia obstrutiva do sono, fazemos as seguintes recomendações:

1. Perder peso.
2. Eliminar o consumo de álcool.
3. Não usar depressores do sistema nervoso central, como sedativos, ansiolíticos ou hipnóticos.

4. Dormir um mínimo de oito horas diárias e manter alguns horários regulares.
5. Evitar a posição de barriga para cima durante o sono.
6. Tomar com precaução e sob rigoroso controle médico os betabloqueadores e diuréticos.

Os dispositivos encontrados à venda nas farmácias para abrir as cavidades nasais e diminuir os roncos são contraindicados. São totalmente inúteis, já que a origem da disfunção que provoca o ronco não está no nível das cavidades nasais, e sim mais atrás, no nível da faringe.

Alguns desses dispositivos consistem em próteses que tentam evitar a queda da língua durante o sono e manter livres as vias aéreas. No entanto, não foram aprovados pelos especialistas devido ao seu preço elevado, ao desconforto que produzem e à sua ineficácia nos casos moderados ou graves de apneia.

"Onde senta, adormece." Se este é seu sintoma, além do que foi explicado no capítulo 4, você deve conhecer a seguinte doença:

Narcolepsia

O termo provém dos vocábulos gregos *narco,* que significa "sonolência", e *lepsia,* que se traduz por "ataque" ou "crise".

A narcolepsia é uma síndrome de origem desconhecida que necessariamente implica uma disfunção do sono REM. Essa importante fase do sono se manifesta num momento inadequado, seja no início do sono ou após um despertar noturno. Isso explica por que os pacientes que sofrem esse transtorno costumam lembrar-se muito dos sonhos.

Frequência, causas e sintomas

Uma em cada 10 mil pessoas sofre de narcolepsia. Entre os pacientes, 88% desenvolvem os primeiros sintomas antes dos 35 anos.

É uma patologia crônica que, uma vez instalada, permanece por toda a vida, e sua causa ainda é desconhecida. Estudos mais recentes evidenciaram que tem uma base neuroquímica.

Em cerca da metade dos casos, uma circunstância estressante ou uma mudança nos horários com déficit de sono age como desencadeante dos sintomas. Porém, dificilmente existe algum condicionante que possa ser relacionado com o início da doença.

Seus sintomas básicos são a sonolência excessiva diurna e a cataplexia. Os sintomas secundários são a paralisia do sono e as alucinações hipnagógicas. Comentaremos esses sintomas a seguir.

Sonolência excessiva diurna

As pessoas que sofrem narcolepsia sentem inesperadamente uma necessidade incontrolável de dormir, nem que seja por um breve espaço de tempo. Isso acontece sobretudo ao realizarem atividades monótonas que provoquem o relaxamento.

Entre os pré-adolescentes, o transtorno manifesta-se em forma de atraso escolar, falta de atenção e mínimo interesse por tudo que os cerca. Frequentemente, dormem até na danceteria. A única coisa que acontece com esses jovens é que têm sono.

Entre os adultos, esse transtorno leva-os a dormir em reuniões familiares, no trabalho ou até quando estão dirigindo. Mais da metade dos pacientes narcolépticos que vêm a nosso consultório já sofreu um acidente de carro.

As pessoas que convivem com os narcolépticos não entendem por que estes têm tanto sono e costumam criticá-los por isso. No início de sua doença, os afetados pelo transtorno também não sabem o que acontece com eles. Não entendem por que sentem tanta vontade de dormir e tentam disfarçar para que as outras pessoas não pensem que estão chateados ou desinteressados. As desculpas se sucedem uma após a outra, mas a única coisa que conseguem é angustiar-se mais, porque, por mais que tentem, não conseguem dominar o sono.

Os episódios podem durar de alguns minutos a uma hora, dependendo da posição em que a pessoa se encontra. Se estiver deitada ou tiver possibilidade de deitar, dormirá rapidamente. Se, pelo contrário, procurar não dormir para evitar uma situação embaraçosa, a sensação de sonolência persistirá até que possa dormir alguns minutos. Depois do sono, sentirá uma sensação reconfortante, os sentidos alertas e vontade de cumprir suas tarefas.

Cataplexia

É a perda brusca do tônus muscular durante a vigília, desencadeada por uma emoção súbita de alegria, medo ou surpresa, entre outras. Pode afetar apenas alguns grupos musculares ou todo o corpo. A duração desses sintomas pode oscilar entre breves segundos e trinta minutos.

Quando a cataplexia é parcial, costuma afetar os músculos cervicais e, com frequência, os do rosto; observa-se também uma respiração irregular. É muito comum ver que o rosto dos narcolépticos com esse sintoma "se desfigurar", como se todos os seus músculos faciais perdessem força. Isso os impede de falar durante breves segundos, embora muitas vezes esse fenômeno possa passar despercebido pelas pessoas ao seu redor.

A cataplexia também pode afetar os músculos do tronco e dos braços, o que impede a realização de um movimento com precisão. Uma situação típica é a do jovem jogador de basquete que perde a força de seus braços justamente quando tenta encestar. A emoção de marcar o ponto provoca nele o ataque de cataplexia.

Quando toda a musculatura do corpo fica afetada, a pessoa pode cair ao chão de forma brusca. Isto provoca fraturas e pancadas que, algumas vezes, são confundidas com ataques epilépticos.

O fator desencadeante é sempre uma causa emocional, que pode variar de um indivíduo para outro. A alegria ou a risada depois de uma piada podem provocar cataplexia. Outras vezes, pode ser a emoção de realizar um movimento – o que acontece com frequência nos esportes –, ou um sentimento de raiva ou medo. Os ataques também podem ser causados por uma situação de ansiedade, como falar com um desconhecido, perguntar um endereço ou pedir ajuda diante de um perigo. Após a crise, os pacientes tentam evitar as situações que provocaram a cataplexia.

Esse sintoma associado à narcolepsia costuma apresentar-se três ou quatro anos após os primeiros ataques de sono.

Paralisia do sono

Esse é um fenômeno desagradável, que acontece quando se inicia o sono ou quando termina. Consiste na impossibilidade de mexer o corpo, falar ou mesmo respirar fundo quando se está totalmente acordado. A sensação de imobilidade é total, apesar de a pessoa tentar se mexer usando todas as suas forças.

Costuma desaparecer subitamente depois de algum tempo. Se isto acontece enquanto a pessoa tenta se mexer, ela pode até mesmo cair da cama, já que a força reaparece de forma brusca e descontrolada. Os episódios assustam o paciente, sobretudo se os desconhece, e provocam nele ansiedade e medo. Sua duração costuma ser inferior a um minuto, mas em casos excepcionais pode chegar a dez minutos. Sempre cessam de modo espontâneo.

Quando se observa o paciente durante esses episódios, é como se estivesse dormindo. Se é tocado levemente ou se falamos com ele, a atonia (falta de força) cessa de forma brusca. O problema é que ele não consegue nos dizer o que está acontecendo para que possamos ajudá-lo.

Ao estudar o sono durante o aparecimento desse fenômeno, vemos que o paciente acorda a partir de uma fase REM e seu cérebro está completamente desperto, mas a musculatura permanece adormecida, como se ainda estivesse naquela fase do sono. É como se o cérebro despertasse alguns minutos antes dos músculos.

A paralisia do sono costuma ser acompanhada de alucinações visuais, sensitivas e auditivas, que dão um caráter ainda mais aterrorizante ao episódio.

Alucinações hipnagógicas

São os sonhos que acontecem no exato momento de dormir. Também podem ocorrer ao acordar, embora sejam mais raros – e neste caso recebem o nome de alucinações "hipnopômpicas".

Costumam ser sonhos com componentes visuais intensos e desproporcionais em relação à realidade. Por isso, mais do que sonhos, são considerados alucinações. Pode ser uma única imagem que se distorce, ou várias imagens de caráter fantasmagórico.

Às vezes, a alucinação tem aparência de realidade. Alguns pacientes garantem que "se vêem de fora" e podem incorporar à alucinação sensações táteis, olfativas e auditivas.

Nas alucinações hipnagógicas, são comuns as imagens de animais ou pessoas que aparecem e desaparecem de repente. Embora menos frequentes, às vezes também são descritas melodias repetitivas que acompanham esses sonhos.

Tratamento da narcolepsia

Consiste, antes de mais nada, em informar o paciente sobre a natureza de seus sintomas. Ressaltamos que não se trata de nenhuma patologia psicológica ou psiquiátrica. Os pacientes ao ouvirem pela primeira vez a palavra "narcolepsia", costumam pensar que se trata de um tipo de epilepsia, por causa da semelhança de sons entre as palavras.

O especialista o ajuda a regular seus hábitos de sono e pode recomendar sonecas frequentes – a cada três ou quatro horas –, com uma duração que não ultrapasse os dez ou quinze minutos. Esse é o método mais eficaz para combater a sonolência excessiva diurna.

É lógico que o paciente deve adaptar sua atividade laboral ou escolar à prática dessas breves sonecas. Se estas forem insuficientes ou não puderem ser feitas, o especialista poderá tentar um tratamento farmacológico.

"Há meses não consegue dormir bem." Se você sofre deste problema, leia com atenção tudo que apresentaremos a seguir.

Insônia no adulto

Esse é um dos problemas médicos mais frequentes. Calcula-se que um terço da população sofre dele.

Entre as pessoas que sofrem de insônia, 50% têm insônia crônica; dormem menos de cinco horas diárias por dois meses seguidos. Apenas 10% dos que sofrem esse tipo de insônia recebem um tratamento adequado.

Segundo os últimos estudos realizados sobre o assunto, cada vez há mais pessoas que sofrem de insônia, em especial as que trabalham de noite ou em turnos de revezamento. Só nos Estados Unidos, 70 milhões de pessoas são afetadas por insônia crônica.

Os transtornos do sono são mais frequentes em mulheres a partir dos 40 anos. Entre os jovens, observam-se dificuldades para pegar no sono. Por sua vez, as pessoas com mais de 45 anos têm mais dificuldades para manter um sono contínuo, porque passam por despertares noturnos frequentes.

Em termos gerais, as pessoas que apresentam um grau de ansiedade considerável ou passam por um episódio depressivo costumam sofrer de insônia.

Há uma série de fatores que podem aumentar a insônia, como as dificuldades socioeconômicas, uma doença crônica, estresse excessivo ou abuso no consumo de bebidas alcoólicas.

Diagnóstico

O que fazer diante de um caso de insônia? A primeira coisa é determinar o tipo de insônia e o que a provoca. *A insônia nada mais é do que um sintoma, e para realizar um tratamento correto é preciso tratar a causa.*

Para fazer um bom diagnóstico da insônia e prescrever o tratamento mais adequado, o paciente deve explicar quando surgiram os primeiros sintomas, a situação atual, as medidas que tomou em relação ao problema, os tratamentos que realizou até o momento. É importante também que compareça ao consultório acompanhado da pessoa com quem compartilha a cama, já que esta poderá fornecer dados que o próprio paciente talvez desconheça.

Na ficha clínica que o especialista preencherá, são considerados os seguintes aspectos:

1. Sintomas durante o sono e durante a vigília.
2. Hábitos e rotinas relacionados com o sono.
3. Consumo de medicamentos e/ou remédios caseiros.
4. Antecedentes médicos pessoais.
5. Antecedentes familiares.

Diário do sono

O próprio paciente faz esse diário em sua casa para que o especialista conheça mais a fundo seus hábitos de sono. Durante quinze dias seguidos, o paciente deve anotar toda manhã o número de horas que dormiu, o tempo que demorou para dormir e o número de despertares noturnos, se tiverem acontecido. Deve anotar também os medicamentos que toma e suas doses.

Causas internas da insônia

Sensação de sono insuficiente

É o transtorno em que o paciente se queixa de insônia ou sonolência excessiva durante o dia, mas não percebe evidência objetiva de alterações do sono.

Insônia idiopática

Esse tipo de insônia caracteriza-se por dificuldades para dormir desde os primeiros meses de vida da pessoa. O paciente é incapaz de dormir de modo contínuo durante a noite, passando por vários despertares.

Costuma ser consequência de maus hábitos de sono adquiridos durante o primeiro ano de vida. Por não ter aprendido a dormir corretamente, a pessoa carrega durante toda a vida uma insegurança sobre essa atividade. Ao chegar à idade adulta, ela tem propensão a se automedicar.

Insônia por doenças orgânicas

- *Doenças reumáticas.* Há um grupo de pacientes que têm um sono leve, fragmentado e de má qualidade por causa de doenças reumáticas como fibromialgia ou fibromiosite. Queixam-se de dores musculares e articulares, bem como de fadiga crônica. A dor é mais acentuada de manhã, ao se levantar; por esse motivo, costumam relacioná-la com um problema do sono.
- *Doenças cardíacas.* A causa mais comum da insônia, neste caso, é a angina noturna. Caracteriza-se por uma opressão no peito que surge durante o sono e se irradia pelo ombro, pescoço e peito. São as manifestações típicas da isquemia miocárdica durante o sono. Esses sintomas são mais frequentes durante o sono REM, em virtude das mudanças no ritmo cardíaco pelas quais passamos durante essa fase.
- *Doenças endócrinas e metabólicas.* A causa mais frequente é a insônia secundária decorrente do hipertireoidismo. Os pacientes têm dificuldades para conciliar o sono devido a um mau funcionamento da glândula tireoide.
- *Doenças infecciosas.* A picada da mosca tsé-tsé faz entrar no corpo da pessoa o protozoário denominado *Trypanosoma brucei*, responsável pela doença do sono. Esse transtorno total caracteriza-se pela insônia durante a noite e pela hipersonia durante o dia, por isso também é conhecido como "doença do sono".
- *Doenças neurológicas.* Há um grande número de doenças que causam transtornos do sono, como os acidentes vasculares cerebrais, o mal de Parkinson, o mal de Alzheimer ou os traumatismos cranianos.

• *Doenças respiratórias.* A asma e a insuficiência respiratória obstrutiva crônica também provocam alterações do sono. A maioria dos asmáticos sofre ataques durante o sono, o que causa despertares acompanhados de fadiga respiratória, dispneia, tosse, sudorese e taquicardia.

• *Doenças digestivas.* A esofagite – inflamação aguda do esôfago – ocasiona despertares bruscos, com sensação de ardência intensa e, às vezes, de muita dor. A obesidade e a gravidez são dois fatores que podem desencadear essa afecção. Esses ataques podem fazer a pessoa acordar, sobretudo no início do sono, ou impedir que adormeça. Manifestam-se com frequência depois de uma refeição farta ou forte.

• *Doenças psicológicas.* A ansiedade diurna, aliada a alguns hábitos errados de sono, é a causa da insônia crônica de origem psicofisiológica. Os pacientes com essa patologia apresentam grande dificuldade para pegar no sono e têm frequentes despertares noturnos. Chegam a ficar apreensivos no momento de deitar. Por causa do descanso deficiente, levantam com sensação de mal-estar geral, "cabeça pesada" e tensão, o que, porém, não costuma ser acompanhado de sonolência diurna. Muitas pessoas com esse problema tornam-se consumidoras crônicas de hipnóticos, que depois de algum tempo deixam de ser efetivos. O tratamento eficaz da insônia psicofisiológica deve procurar eliminar a causa do transtorno.

Causas externas da insônia

Higiene inadequada do sono

A partir da década de 1990, começou-se a dar importância ao que chamamos de "higiene do sono", que é fundamental para uma boa qualidade de vida. A falta de rotina e a diminuição das horas de sono provocam uma fadiga que reduz a capacidade física e mental das pessoas.

Quando falamos de uma higiene inadequada do sono, referimo-nos a uma alteração constante das rotinas diárias que influem nele. Alguns exemplos: não deitar todo dia na mesma hora, jantar fartamente, ingerir bebidas alcoólicas ou realizar exercício intenso poucas horas antes de dormir. Esses hábitos errados podem comprometer nosso descanso noturno. Repetir constantemente certas rotinas indutoras do sono antes de deitar nos ajuda, em compensação, a desfrutar uma noite de bom descanso.

Alteração do sono por motivos ambientais

Existem muitos fatores que podem dificultar o início do sono ou provocar frequentes despertares: barulho, luz, calor, frio. É por esse motivo que custamos mais a dormir nas noites quentes de verão, ou, ao contrário, um frio intenso propicia-nos um sono mais superficial, com numerosos despertares.

O barulho também pode dificultar o bom sono, mas existem inúmeros ruídos que o cérebro pode tolerar enquanto dorme. É natural, por exemplo, que uma mãe ouça o mais ínfimo gemido de seu filho recém-nascido e, por outro lado, não acorde durante uma tempestade noturna. Quando o barulho é forte mas se mantém em uma mesma intensidade, é mais bem tolerado do que quando não é contínuo. Por isso os roncos, que costumam ser intermitentes, dificultam o início do sono das pessoas que compartilham a cama com quem ronca.

A luz natural também pode alterar o sono. Algumas pessoas não suportam a claridade quando amanhece, porque ela as acorda cerca de uma hora antes do momento de levantar e não conseguem voltar a dormir. Por isso, é aconselhável dormir no escuro – para não provocar uma antecipação na hora de levantar; também se recomenda dormir sem barulho e a uma temperatura entre 18 e 22 °C.

Outras situações que provocam alterações importantes no sono são as internações hospitalares. Os exames médicos que acontecem a cada quatro ou seis horas quebram a continuidade do sono.

O desconforto da cama ou do lugar onde dormimos – a poltrona, em caso de viagens de avião, trem ou barco – também reduz a qualidade do sono. Sabe-se que, quanto mais erguido estiver o corpo da pessoa, mais superficial será seu sono e maior o número de despertares.

Os movimentos da pessoa com quem se compartilha a cama, se são intensos e persistentes, também alteram o sono. Nos estudos do sono realizados com pessoas que têm um companheiro de cama inquieto, observa-se que respondem aos diferentes estímulos com um pequeno despertar. Costumam passar de uma fase de sono profundo a outra mais superficial. Essas mudanças na estrutura do sono não são percebidas pelo afetado, mas podem causar, na manhã seguinte, a sensação de não ter descansado o suficiente.

Insônia pela altitude

Trata-se de uma insônia aguda e costuma vir acompanhada de enxaquecas, perda de apetite e fadiga. Como o nome indica, aparece em grandes altitudes, especialmente se a ascensão é brusca. Em geral ocorre quando se ultrapassa o limite dos 4 mil metros, embora possa ser observada em alguns pacientes a partir dos 2 mil metros.

Recentemente, foram publicados estudos sobre o sono dos alpinistas, em particular sobre um grupo que escalou o Everest. Demonstrou-se que, à medida que subiam, seu sono ficava fragmentado e dormiam períodos mais curtos.

Insônia por consumo de substâncias tóxicas

Pode ocorrer uma redução da sonolência – ou até uma supressão do sono – em virtude do consumo de substâncias que afetam o sistema nervoso central.

Vários tóxicos estão nesse grupo. O consumo de heroína, cocaína, LSD, anfetaminas, *crack* ou *ecstasy*, para citar apenas algumas drogas, ocasiona graves alterações do sono. A insônia por heroína é observada sobretudo durante a síndrome de abstinência, enquanto no caso de outras substâncias manifesta-se durante seu consumo.

Há um grupo de substâncias admitidas socialmente que denominamos xantinas (café, chá, mate, chocolate, colas) e também causam alterações do sono. O consumo excessivo de qualquer uma delas – ou mesmo um consumo moderado em pessoas sensíveis – pode dificultar o início do sono. São especialmente desaconselháveis às crianças, que tendem a abusar dos refrigerantes de cola.

Outros agentes tóxicos que modificam o sono são a nicotina e o álcool. A nicotina costuma dificultar o início do sono. Os fumantes inveterados, além disso, podem sofrer despertares noturnos em consequência de uma síndrome de abstinência, isto é, o organismo do fumante pede sua dose de droga – nicotina – durante a noite.

Desde a Antiguidade, o álcool tem sido uma das substâncias mais empregadas pelo homem como indutor do sono. No entanto, apesar de possuir uma leve ação relaxante – e, portanto, facilitar o surgimento do sono –, hoje sabemos que ele impede a chegada às fases profundas do sono. Portanto, o álcool provoca um sono mais curto e muito menos reparador.

Insônia por uso de medicamentos

Como especialistas, sempre perguntamos ao paciente se toma algum tipo de medicamento, já que alguns deles podem causar ou agravar a insônia.

Entre esses fármacos estão os corticóides, as teofilinas, os preparados tireóideos e os agentes anticancerígenos.

Os anti-hipertensivos e alguns antidepressivos, em compensação, podem provocar sonolência. Os diuréticos podem ser a causa da fragmentação do sono, ao provocar os despertares noturnos para ir ao banheiro.

Tratamento da insônia com métodos não-farmacológicos

A medicina do sono considera dois tipos de tratamento para a insônia: os farmacológicos – com medicamentos sintéticos – e os não-farmacológicos, em que são empregadas terapias psicológicas, medidas de higiene do sono, ioga, plantas medicinais etc.

De acordo com a gravidade e as características de cada caso, utilizamos um ou outro método, e há ocasiões em que é recomendável a combinação dos dois.

Visto que por trás de muitos casos de insônia estão o estresse e a ansiedade, é preciso procurar suprimi-los antes de recorrer a medicamentos sedativos.

Conselhos para combater o estresse e a ansiedade

Para um dia melhor

1. Mantenha horários e rotinas regulares.
2. Faça exercícios suaves ao meio-dia ou à tarde.
3. Aprenda a não ficar sempre disponível.
4. Procure locais para "se desligar" e refletir sobre sua vida atual.
5. Aceite que na vida temos tarefas a cumprir que requerem um procedimento.
6. Organize seu tempo e faça listas de prioridades.

7. Reserve pequenos períodos de tempo (duas vezes ao dia, durante 5 minutos) para respirar e relaxar.

Para uma noite melhor

1. Levante-se todo dia à mesma hora, mas deite-se apenas quanto tiver sono.
2. Tome um banho quente antes de deitar.
3. Evite os estimulantes (café, chá, mate, chocolate ou refrigerantes de cola).
4. Não beba álcool pelo menos seis horas antes de deitar.
5. Deixe passar pelo menos duas horas depois do jantar antes de deitar.
6. Mantenha uma temperatura constante no quarto (18-22 °C).
7. Evite o barulho e a luz excessiva no quarto.
8. Leia um pouco antes de dormir ou ouça música suave.
9. Não use a cama para atividades alheias ao sono, como trabalhar, estudar, comer ou ver tevê.

Recomendações higiênicas para a vida cotidiana

1. Levante-se todo dia à mesma hora.
2. Cumpra sempre as mesmas rotinas após levantar: higiene pessoal, café-da-manhã, vestir-se...
3. Pratique exercício leve pelo menos três dias por semana. Por exemplo, você pode caminhar durante 45 minutos, quatro horas antes de deitar.
4. Quebre seu agitado ritmo de vida com pequenas interrupções de 5 minutos de duração para relaxar, respirar fundo e pensar em outras coisas.
5. Dedique pelo menos 30 minutos diários a algo de que realmente gosta: ler, ouvir música, frequentar reuniões de amigos, jogar baralho, estudar um idioma, cuidar das plantas, fazer um curso de culinária, pintar etc.

Tratamento da ansiedade com sedativos naturais

As terapias naturais são indicadas para o tratamento das alterações ocasionadas pela ansiedade.

Algumas ervas têm poder tranquilizante e vêm sendo usadas há muitos séculos. São os célebres "remédios da vovó". Algumas das mais utilizadas são a camomila, a tília, a erva-doce, a hortelã, o espinheiro-branco, a semente de papoula, o tomilho e a valeriana.

No entanto, não existem estudos clínicos concludentes sobre a eficácia da maioria das ervas mencionadas. São confiáveis apenas os estudos realizados com a valeriana, que demonstrou melhorar a qualidade do sono.

É recomendável o consumo dosado de infusões durante o dia para alcançar um estado de tranquilidade que permita enfrentar melhor as situações de estresse. O uso exclusivo dessas ervas antes de deitar, no entanto, pode ser insuficiente para ajudar a conciliar o sono.

Medicamentos anti-histamínicos

Trata-se de fármacos cuja indicação principal é o tratamento de processos alérgicos. Dois dos efeitos secundários que apresentam são a sonolência e o aumento de apetite. Por isso também vêm sendo utilizados como estimulantes do apetite em crianças que parecem não ter fome.

A sonolência provocada por esses medicamentos é bem conhecida, e os próprios laboratórios que os fabricam sugerem dirigir com precaução quando são ingeridos durante o dia.

Esses medicamentos são vendidos sem receita nas farmácias, o que leva muitas pessoas a supor que são "mais fracos" que os demais. Isso nem sempre é verdade. Há remédios de venda livre que podem ser muito mais perigosos que outros que precisam de receita. Isso acontece com os medicamentos contra a insônia comercializados sem receita nas farmácias.

É preciso sempre consultar o farmacêutico ou, melhor ainda, pedir orientação ao médico. Já vimos que existem muitas causas da insônia, com tratamentos diferentes para cada caso. Nunca se deve fazer automedicação.

"Dorme sem problemas, mas acorda às 3 da manhã e não consegue voltar a pegar no sono." O despertar precoce é um dos sintomas de doenças psiquiátricas, por isso é importante saber o que se segue:

Insônia por doenças psiquiátricas

Assim como as doenças neurológicas, grande número de doenças psiquiátricas tem a insônia entre seus sintomas. Costuma ser o primeiro sinal que pode levar ao diagnóstico.

Os pacientes com transtornos depressivos costumam se queixar de que dormem com facilidade, mas acordam muito rápido após duas ou três horas de sono. Por ser o primeiro sintoma da doença, muitos pacientes acham que estão desanimados porque dormem mal e custam a aceitar que sofrem de um transtorno depressivo. Alegam que, se dormissem bem, seu estado de ânimo melhoraria. Com menos frequência, mencionam dificuldades para pegar no sono.

Os pacientes com transtornos de ansiedade também apresentam alta incidência de insônia, sobretudo na hora de pegar no sono. Costumam ser insônias complexas, com longas evoluções, já que muitas vezes não são diagnosticadas corretamente e acarretam os sintomas por muitos anos.

Os transtornos somatoformes (hipocondria e dores psicogênicas) também ocasionam insônia. Os pacientes costumam mencionar dificuldades para conciliar o sono e, com mais frequência, sono insuficiente ou pouco reparador.

Nos casos de transtornos de personalidade é menos habitual o aparecimento da insônia, mas os pacientes apresentam alterações nos hábitos de sono, como parte de certas rotinas inadequadas, com horários totalmente irregulares.

Nos casos de transtornos esquizofrênicos, costumam ser observados longos períodos de vigília com escassas horas de sono. Os pacientes ficam muito ativos e parece que não precisam dormir. Isto ocasiona graves alterações em seu ambiente, porque mantêm-se ativos enquanto os outros descansam. Costumam dormir de duas a quatro horas nas fases agudas da doença. A duração do sono aumenta quando cessa o período agudo.

"Há mais de um ano toma comprimidos para dormir. Continua sem conseguir dormir, mas não consegue largá-los." Se este é o seu caso, você deve saber o seguinte:

TRATAMENTO FARMACOLÓGICO DA INSÔNIA

Medicamentos hipnóticos

Denominamos hipnóticos ou soníferos todos os medicamentos que nos ajudam a iniciar e manter o sono. Desde a Antiguidade, o homem vem procurando substâncias que lhe proporcionem um sono agradável. Uma das primeiras substâncias utilizadas foi o álcool. Era usado como "preparador" do sono desde a época dos romanos, apesar de sabermos que propicia um sono de má qualidade, com vários despertares, além de atordoamento e possível dor de cabeça na manhã seguinte.

Os primeiros medicamentos usados com eficácia para combater a insônia foram os chamados barbitúricos. Tinham excelente capacidade para "fazer dormir", mas o paciente costumava acordar com a "cabeça pesada". Além disso, se a dose fosse exagerada, haveria sérios riscos de sofrer uma intoxicação, o que, em casos extremos, acarretava a morte.

A maioria dos médicos que tratam de pacientes insones considera que a eficácia é um fator primordial na hora de escolher um hipnótico. Preferem um medicamento que não aja logo depois de ter sido tomado e que seus efeitos se prolonguem o tempo necessário para preservar o sono noturno. Esses médicos também almejam que, no dia seguinte, o paciente acorde bem-disposto e sem ressaca.

A ciência médica atual considera que os hipnóticos mais seguros e eficazes são os antigos benzodiazepínicos e as recém-descobertas ciclopirrolonas. Estas últimas apresentam menos efeitos secundários e caracterizam-se por sua rápida absorção e eliminação por parte do organismo. Além disso, ao contrário dos barbitúricos, em caso de superdose existe um composto que anula seus efeitos. Esses medicamentos são muito eficazes se receitados e controlados por um médico.

Não existem comprimidos bons ou ruins, apenas medicamentos bem ou mal empregados. Os comprimidos que ajudam uma pessoa a dormir de forma adequada podem não produzir o mesmo efeito em outra. De fato, o uso crônico e sem controle médico desse tipo de medicamento pode provocar grande dependência e, com isso, torna-se necessário aumentar a dose para conseguir o mesmo efeito, mas multiplicam-se os efeitos secundários.

Esses efeitos costumam estar relacionados a doses excessivas, interrupções bruscas, associação com outros medicamentos – para não falar do coquetel explosivo "sedativos mais álcool" – ou mau uso por parte do paciente. É por esse motivo que nunca podemos nos automedicar; esses remédios só devem ser tomados sob rigoroso controle médico.

Às vezes, a insônia pode estar relacionada com um quadro de ansiedade. Neste caso, o especialista receitará uma medicação com ansiolíticos, distribuídos em várias doses ao longo do dia. Se o paciente estiver relaxado durante o dia, terá um melhor descanso noturno.

"Sente 'um não-sei-quê nas pernas' quando tenta dormir." O mais provável é que você tenha a seguinte patologia:

Insônia pela síndrome das pernas inquietas

Esse tipo de alteração caracteriza-se por uma desagradável sensação de incômodo nas pernas durante os períodos de repouso. Geralmente manifesta-se antes do início do sono. Esses mal-estares costumam diminuir ou desaparecer com o movimento dos membros inferiores, o que gera dificuldades para pegar no sono.

É importante entender que não são cãibras, nem dor, nem problemas de circulação, mas uma sensação real de inquietação. Os pacientes precisam realmente mexer as pernas para amenizar essa sensação desagradável.

A intensidade e a frequência variam conforme o caso. O problema pode aparecer de forma ocasional ou ter uma incidência tão grave que ocasione incapacitação no paciente por déficit crônico de sono.

Costuma acontecer em diferentes membros de uma família e algumas vezes também se manifesta durante o dia, embora seja mais evidente à noite. Durante o dia é muito mais tolerável, porque a sensação de inquietação não modifica os hábitos da vigília. A pessoa simplesmente levanta e dá alguns passos, o que faz cessar a sensação desagradável.

"Mexe as pernas a noite toda de modo rítmico." O mais provável é que você apresente a seguinte patologia:

Insônia por movimentos periódicos dos membros

Esse tipo de agitação durante o sono, também conhecido como "mioclonia noturna", provoca insônia. É uma alteração que consiste em tremores bruscos dos membros inferiores, com um a cinco segundos de duração, que aparecem a cada vinte ou quarenta segundos, em forma de surtos. Por se repetirem durante toda a noite, provocam despertares e mudanças de fase do sono do paciente. Como resultado, na manhã seguinte sua sensação é de ter descansado mal. Esses tremores podem acontecer em ambos os membros ou em uma única perna.

O movimento mais característico é a flexão do pé, combinada com uma flexão parcial do joelho e da perna. Esse despertar nem sempre é completo, podendo levar apenas a uma mudança na fase do sono – de mais profundo para mais superficial –, com sua consequente fragmentação.

Essa patologia é mais frequente entre as pessoas mais velhas. Os idosos que sofrem dela dizem ter um sono fragmentado e superficial; qualquer barulho os acorda e custam a manter o sono durante toda a noite. Por isso, durante o dia, sentem-se muito cansados, como se tivessem dormido poucas horas.

Para um diagnóstico correto, é necessário realizar um estudo do sono ou polissonografia, que nos indicará a duração desses tremores, sua frequência e a estrutura do sono ao longo da noite.

Quando um paciente nos explica que seu sono está repleto de vários despertares, sempre devemos pensar – como primeira possibilidade – nessa patologia. É preciso perguntar à pessoa com quem o paciente dorme se ele "dá chutes" ao descansar, pois, muitas vezes, o primeiro a perceber esse transtorno é o companheiro ou a companheira de cama.

Antes de terminar... a antirreceita

Se, apesar de todo o esforço, experiência e dedicação que dispensamos a este livro para ajudar você a dormir bem, você preferir não investir nisso – ou mesmo insistir em alguns hábitos –, eis algumas dicas para garantir não uma, mas muitas noites de sono ruim:

- Transforme o quarto no principal cômodo da casa e faça tudo na cama: trabalhe, estude, veja televisão...
- Levante e vá dormir cada dia em um horário diferente.
- Tome café, chá, mate e refrigerantes de cola a qualquer hora do dia, especialmente a partir das 6 da tarde.
- Pratique um esporte de competição altas horas da noite.
- Jante fartamente, com muitas frituras e temperos. Tudo regado a uns bons copos de vinho e um licor de sobremesa.
- Leve trabalho para a cama e preocupe-se com as coisas, em vez de "se ocupar" em resolvê-las. Este também é um bom momento para discutir com sua companheira.
- Se não estiver disposto a discutir, comece a ver um programa de tevê que terminará depois da uma da manhã ou ligue o seu *notebook* e entre numa sala de bate-papo com outros internautas.
- Antes de apagar a luz, coloque vários despertadores no criado-mudo: escolha um com o marcador luminoso de frente para você, para poder acompanhar a passagem das horas.

Não desejaríamos nem a você nem a ninguém uma noite de sono ruim. Por isso, pense duas vezes antes de adotar qualquer um desses hábitos. Seu sono agradecerá, e seus dias ganharão em lucidez, energia e otimismo.

Sobre os autores

"Conheci a doutora Mirta Averbuch em 1992. Ela é neurologista e participava do Congresso da Sociedade Latino-Americana de Sono que se realizava na cidade do México. Naquela época, a medicina do sono estava tentando abrir caminho em nossos países, seguindo a tendência do que vinha sendo feito nos Estados Unidos. Concordamos em várias das exposições, e a doutora Averbuch rapidamente mostrou seu interesse pelo assunto.

Estudou durante algum tempo no Sleep Medicine and Neuroscience Institut [Instituto de Neurociências e Medicina do Sono] de Palo Alto, Califórnia (Estados Unidos), cujo diretor era o doutor G. Nino Murcia (já falecido). Depois tive a oportunidade de partilhar conhecimentos com ela por ocasião de sua estada na Clínica do Sono Dr. Estivill do USP Instituto Universitário Dexeus, de Barcelona, dirigido por mim. Ao voltar a seu país, a Argentina, a doutora inaugurou um laboratório do sono no Hospital Italiano de Buenos Aires, onde trabalhou até 1997.

Sua ascensão foi espetacular. Chegou a presidir a Sociedade Argentina de Medicina do Sono, e atualmente, dirige o Centro Integrativo de Medicina do Sono de Buenos Aires (CIMS), que atende mais de mil pessoas por ano e realiza estudos de sono (polissonografias) toda noite, tanto em seu laboratório como em outros ambulatórios.

Além de ser uma pessoa de reconhecido prestígio mundial nessa área, a doutora Averbuch continua se dedicando à pesquisa e complementa seu trabalho com uma grande atividade de divulgação. Mostra disso é este livro *Receitas para dormir bem*, que escrevemos em conjunto.

Foi uma honra para mim poder trabalhar com a doutora Averbuch neste livro que você tem em mãos e que, espero, resolva diversas dúvidas sobre as alterações do sono."

DR. EDUARD ESTIVILL

"Conheci o doutor Eduard Estivill em 1992. Ele é pediatra e neurofisiologista, e o acaso fez nossos caminhos se cruzar naquele Congresso da Sociedade Latino-Americana de Sono, no México. Abrir caminho para uma nova especialidade médica é uma tarefa árdua e às vezes desanimadora, mas com seu exemplo, entusiasmo e camaradagem ele me incentivou a continuar nessa jornada.

Ao longo destes anos, o doutor Estivill ensinou-me uma das coisas mais importantes para quem trabalha na área da saúde: a capacidade de transmitir às pessoas, com nível científico mas de maneira simples, o que acontece com elas, como prevenir e enfrentar os problemas. Exemplo disso são os numerosos livros que escreveu e servem de orientação a milhões de pessoas que os lêem.

Amplamente reconhecido por seus trabalhos científicos e de pesquisa, seu crescimento profissional não se interrompeu nem por um momento. Suas contribuições continuam nutrindo a Medicina do Sono de todo o mundo, e a Clínica do Sono Dr. Estivill, em Barcelona, é um exemplo a ser imitado. Devo destacar e agradecer especialmente o apoio incondicional, a colaboração desinteressada e a enorme generosidade que tem dedicado à América Latina todos estes anos.

Depois de mais de uma década de trabalho árduo, o acaso novamente voltou a nos reunir em Buenos Aires, em 2004. Foi então que surgiu a ideia de escrever *Receitas para dormir bem.* Para mim, foi uma honra imensa e uma satisfação compartilhar a escrita deste livro com o doutor Estivill, e espero que estas receitas possam oferecer a você a mesma ajuda que proporcionam aos nossos pacientes."

DRA. MIRTA AVERBUCH

Cromosete
Gráfica e editora Ltda.
Impressão e acabamento
Rua Uhland, 307 - Vila Ema
03283-000 - São Paulo - SP
Tel/Fax: (011) 6104-1176
Email: adm@cromosete.com.br